일하는 시간을
줄여드립니다

일러두기

- 이 책은 《그들이 어떻게 해내는지 나는 안다》(2016)의 최신 개정판입니다.
- 본문은 한글 맞춤법 및 외래어 표기법을 따르는 것을 원칙으로 하되
  널리 통용되는 표기법이 있을 경우 포함했습니다.

일하는 시간을 줄여드립니다

크리스 베일리 **지음** | **황숙혜** 옮김

먼저 퇴근합니다~

1년간의 생산성
실험이 밝혀낸
잘되는 사람의 루틴

The Productivity Project

RHK
알에이치코리아

별걸 다 실험하는 남자의 생산성 프로젝트

예상 소요 시간 6분 41초

사람들은 보통 스포츠라든지 음악, 아니면 요리에 흥미를 갖는다. 별난 소리로 들릴 수도 있지만, 내가 심취했던 주제는 가장 생산적인 사람이 되는 것이었다.

생산성이라는 열병에 처음 걸려든 것이 언제였는지는 정확히 기억나지 않는다. 고등학교 시절 데이비드 앨런David Allen의 책을 접했던 때였을지도 모르겠다. 당시 십 대 소년이었던 나는 생산성에 관한 여러 블로그에 몰입하기 시작했다. 아니면 비슷한 시기에 부모님이 갖고 있던 심리학 책들을 파고들었던 것이 도화선이 되었을 수 있다. 어쨌거나 내가 생산성에 사로잡혀 보낸 세월이 거의 10년

4

에 이른다. 이 기간 동안 나는 생산성에 대한 애착을 일상의 거의 모든 면면에 접목시켰다.

고등학교 시절, 내가 찾아낼 수 있었던 모든 생산성 기법들을 동원해 실험을 하기 시작했다. 자유 시간을 만끽하면서 평점 95점의 우수한 성적으로 고등학교를 졸업할 수 있었던 것은 순전히 생산성 실험 덕분이었다. 캐나다 오타와의 칼턴대학에서 경영학을 공부했을 때도 마찬가지였다. 십 대 시절부터 매료됐던 개인 생산성 기법들을 동원해 도서관에서 골머리를 앓는 시간을 최소한으로 줄이면서 평점 A를 따냈다.

대학을 다니면서 나는 몇 차례의 풀타임 코업 인턴십co-op internship (캐나다 대학에서 발달된 제도로, 학생 신분으로 특정 기업에서 일을 하는 형태의 인턴십이며 계약 기간이 끝나면 해당 업체에 정규직으로 취직하는 경우도 많다-옮긴이)을 통해 기업에서 생산성 기법을 실험할 수 있는 기회를 가졌다. 1년 계약이었던 한 인턴십 과정에서 나는 글로벌 통신회사를 위해 약 200명의 학생들을 자체적으로 선발하는 업무를 맡았고, 또 다른 인턴십에서는 글로벌 마케팅 팀에 소속돼 재택근무를 했는데 마케팅 자료를 만들고 전 세계 곳곳의 비디오 영상물을 편성하는 것이 주 업무였다.

성실한 근무와 높은 생산성으로 말미암아 나는 칼턴대학에서 '올해의 코업 학생상Co-op Student of the Year Award'을 받았고, 두 건의 정규직 취업 합격의 영예를 안고 대학을 졸업했다.

보다 스마트하게 살아가기

군이 학창 시절에 이뤄냈던 일들을 끄집어낸 것은 당신을 감탄시키기 위해서가 아니라 생산성이라는 개념이 얼마나 강력한 힘을 발휘할 수 있는가를 일깨워주기 위해서이다. 아무리 생각해도 내가 대학을 졸업하면서 정규직 취업 관문을 두 건이나 통과했던 것은 특별히 머리가 좋거나 재능이 있어서가 아니었다. 단지 더욱 생산적이기 위해 그리고 하루하루 더 많은 일을 해내기 위해 필요한 것이 무엇인지 매우 분명하게 파악하고 있었기 때문이다. 물론 일도 공부도 재미있었지만 하루 일과가 끝났을 때 나는 정말이지 훨씬 더 신나 있었다. 직장과 학교를 생생한 실험장으로 삼아 실제로 효과를 내는 생산성 기법과 그렇지 않은 것을 가려낼 기회를 가질 수 있었기 때문이다.

생산성에 대한 투자로 얻어낼 수 있는 엄청난 효과를 확인하는 데는 대단한 자료 조사가 필요한 것도 아니다. 평균적인 미국인이 하루를 어떻게 보내는가를 살펴보는 것만으로 충분하다. 2014년 발표된 미국인 시간사용조사 American Time Use Survey 자료에 따르면 자녀를 둔 25~54세의 평균적인 직장인의 하루는 다음과 같다.[1]

- 회사 업무 8.7시간
- 수면 7.7시간

- 집안일 1.1시간

- 식사 1.0시간

- 주위 사람들과의 만남 1.3시간

- 그 밖의 잡무 1.7시간

- 여가 활동 2.5시간

우리에게는 하루 24시간이 주어진다. 하지만 각자 해야 할 일들을 모두 처리하고 나면 남는 시간이 그리 많지 않다. 정확히 말하면 대부분의 사람들이 갖는 여가 시간은 겨우 2시간 30분에 지나지 않는다. 앞서 열거한 일과를 원그래프로 옮기면 하루 동안 갖는 자유 시간이 얼마나 보잘것없는지 더욱 분명하게 드러난다.

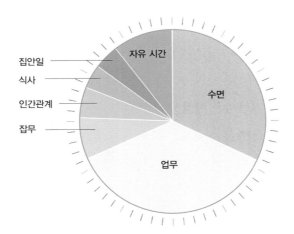

바로 여기서 생산성이 우리의 구원투수로 등장한다. 생산성 전략은 이 책에서 논하는 기법들처럼, 처리해야 할 모든 일들을 보다 짧은 시간에 해치워 인생에서 정말 중요하고 의미 있는 일들을 할 시간을 더 많이 창출하기 위한 것이다. 생산성은 또 기업을 경영하는 사람과 그 기업을 위해 일하는 직원을 구분 짓는 요소이기도 하다. 하루가 저물 때 시간과 에너지가 전혀 남아 있지 않은 이들과 원하는 대로 쓸 수 있는 시간과 에너지가 충만한 이들을 가르는 것 또한 생산성이다.

이 책에서 다루는 생산성 기법들은 얼마든지 당신이 원하는 형태로 활용될 수 있다. 나는 항상 의미 있는 일을 하는 데 할애할 수 있는 시간과 에너지를 늘리는 문제 그리고 더 많은 일을 성취하는 문제 사이에서 절충점을 찾아내는 데 초점을 뒀다. 이런 접근은 내가 생각하는 가치관에 들어맞는다. 나는 멋진 일들을 성취하거나 행하고 싶지만 이와 동시에 내 시간을 원하는 대로 쓸 수 있는 자유도 갖고 싶다.

지금부터 생산성을 향상시키는 데 시간을 할애하고, 그 과정에서 알아낸 노하우를 이용해 가장 중요한 일을 위한 시간을 늘리면 평균적인 하루 일과가 얼마든지 다음과 같이 바뀔 수 있다.

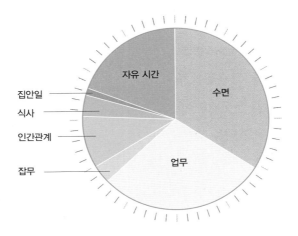

이것이 지난 10년간 내가 생산성 문제를 붙들고 치열하게 실험한 끝에 얻어낸 결론이다.

'생산성의 해' 프로젝트

대학을 졸업할 무렵 나는 진퇴양난에 빠졌다. 두 건의 취업 제안 모두 초봉이 꽤나 쏠쏠했고, 승진이 보장돼 있었을 뿐 아니라 최소한 겉으로 보기에는 업무 자체도 무척 흥미로울 것 같았다. 그런데 손에 놓인 두 가지 기회를 두고 좀 더 깊이 고민한 끝에 그건 내가 정말로 일생을 바쳐 하고 싶었던 일이 아니라는 사실을 깨달았다.

행여라도 오해 없길 바란다. 나는 하루 종일 18세기 프랑스 시집이나 붙들고 시간을 때우는 호사가와는 전혀 다른 부류다. 단지 나는 매달 둘째 주 금요일마다 월급을 받는 것 외에 다른 어떤 것도 기대할 수 없는 블랙홀에 주어진 시간을 쏟아버리고 싶지 않았다. 그래서 해결책을 고민하다 다른 선택 사항을 고려했더니 일시에 모든 일들이 제자리를 찾았다.

1960년대와 70년대 미국에서는 상당수 대학들이 길을 전혀 내지 않고 캠퍼스를 조성했는데 UC어바인이 그중 하나였다. 학생들과 교직원들은 이미 닦아놓은 길을 따라 걷는 것이 아니라 학교 내 건물 사이의 잔디를 밟으며 이동했다. 그렇게 1년가량 지나는 사이 건물 주변에 심하게 뭉개진 잔디가 뚜렷하게 드러나 보였고, 학교 측은 이를 따라 길을 닦았다.

UC어바인의 보행자 길은 단순히 미리 정해진 설계도에 따라 각 건물들을 연결한 것이 아니라 사람들이 걷고 싶어 하는 곳을 자연스럽게 드러내 보여준 셈이다. 조경사들은 이를 두고 '소망길desire paths'이라 일컫는다.

인생도 마찬가지다. 당시 내 앞에 놓여 있던 두 가지 인습적인 진로를 놓고 고민하면서 나는 학생들의 발길에 뭉개진 잔디처럼 내가 이미 삶 가운데 개척해놓았고, 실제로 계속해서 걷고 싶은 길이 무엇인가를 생각해보았다. 결론을 내리는 데는 몇 초도 걸리지 않았다. 내가 가장 열정을 태우는 것은 다름 아닌 생산성이었다.

하지만 계속해서 생산성이라는 문제만 파헤치며 살 수는 없는 노릇이었다. 대학을 졸업했을 때 내 수중에는 모아둔 돈이 1만 달러 정도 있었다. (캐나다 달러로 1만 달러였다. 미국 달러화로는 글쎄, 30달러쯤?) 대략 계산해봤더니 1년간 나의 '소망길'을 따라 걷는 데 전념하기에 충분한 금액이라는 판단이 섰다. 생산성 연구에만 몰입하며 1년을 버틸 수 있다는 얘기였다. 갚아야 할 학자금 대출금이 1만 9000달러나 됐기 때문에 사실 도박에 가까운 결정이었다. 컵라면으로 끼니를 때우는 날이 비일비재하겠지만, 미래를 걸고 한판 승부를 벌이기에 타당한 시기가 있다면 바로 지금이라는 생각이 들었다. '1년'짜리 프로젝트라는 발상이 다소 진부했지만, 사실 이건 단지 내게 주어진 재정적 여유의 함수 관계에서 나온 결정일 뿐이었다.

대학을 졸업한 뒤 나는 곧바로 두 건의 취업 제안을 정식으로 거절하고 '생산성의 해A Year of Productivity'라는 타이틀을 내건 나만의 프로젝트에 착수했다. 프로젝트의 배경에 깔린 발상은 단순했다. 1년을 통째로 할애해 손에 잡히는 생산성 관련된 것들을 닥치는 대로 섭렵하고, 그렇게 해서 배운 것들을 별도로 만든 웹사이트에 모조리 올리자는 것이었다.

365일 동안 나는 생산성에 관해 수많은 책과 논문을 읽으며 이 주제의 권위 있는 연구 자료들을 파고들었다. 생산성 전문가들을 만나 인터뷰하며 이들은 하루하루를 어떻게 생산적으로 살아가는지 살폈다. 보다 생산적이기 위해 필요한 것을 알아내고자 나 자신

11

을 실험 대상으로 동원해가며 힘닿는 데까지 최대한 많은 실험을
단행했다.

　가장 생산적이기 위해 필요한 조건이 무엇인가에 관한 본질을
파헤치려고 대부분의 시간을 자료 조사와 인터뷰에 쏟았지만, 생
산성 '실험'이 곧 내 프로젝트에서 가장 시선을 끄는 부분으로 부상
했다. (실험을 통해 다른 곳에서 배울 수 없었던 것들을 너무도 많이 알아
낼 수 있었거니와 실험 중 상당수는 미친 짓에 가까웠기 때문이다.) 생산성
실험의 항목들을 열거해보면 다음과 같다.

- 일주일에 35시간 명상하기
- 일주일에 90시간 일하기
- 매일 아침 5시 30분에 일어나기
- 일주일에 70시간 테드**TED** 시청하기
- 순수 근육량 4킬로그램 늘리기
- 열흘 동안 완전히 고립된 상태로 생활하기
- 한 달 동안 생수만 마시며 생활하기

이 밖에도 많은 실험들을 했다.

　'생산성의 해' 프로젝트는 평소 관심을 갖고 있었지만 시간이 여
의치 않아 덤비지 못했던 모든 생산성 기법들을 실험하는 데 완벽
한 여건을 제공했다. 내 프로젝트의 목적은 1년간 생산성에 대해

빠져들 수 있는 만큼 깊숙이 파고들어 습득한 모든 것들을 세상 사람들과 나누는 데 있었다.

가장 생산적인 25가지 비결

《일하는 시간을 줄여드립니다*The Productivity Project*》는 1년에 걸친 치열한 연구와 실험의 결정판이다. 지난 10년간 나는 수천 가지에 이르는 생산성 기법들에 관해 읽고 연구하고 실험하며 실제로 작동하는 것과 그렇지 않은 것을 가려냈다. 그리고 내가 접했던 수천 가지의 생산성 기법들 가운데 일상에서 가장 커다란 효과를 낼 것으로 판단되는 25가지를 선별해 이 책에 담았다. 이것들은 모두 실험을 거쳤고 또 내가 개인적으로 일상에서 적용하는 기법으로, 당신에게도 큰 도움이 될 것이라 확신한다.

지금부터 소개할 생산성 기법들은 당신에게 다음과 같은 길잡이가 되어줄 것으로 믿는다.

- 직장에서 핵심 업무 파악하기
- 업무를 보다 효율적으로 처리하기
- 시간을 닌자처럼 관리하기
- 굼벵이처럼 업무를 미루는 버릇에서 벗어나기

들어가는 말

- 더 열심히 일하는 것이 아니라 더 지혜롭게 일하기
- 고도의 집중력 기르기
- 하루 종일 수도승과 같은 명료한 정신상태 유지하기
- 과거 어느 때보다 많은 에너지 얻기
- 그 외에 수많은 혜택

책을 읽기도 전에 압도당한 느낌인가? 걱정할 것 없다. 신나는 경험이 시작될 것이다. 앞서 열거한 내용들을 하나씩 차근차근 다룰 것이다.

자, 준비되었다면 바로 시작해보자.

차례

CHAPTER 1 | 중요한 일부터 먼저 한다

CHAPTER 2 | 생산적으로 일 미루는 법

비결의 핵심:
시간, 집중력, 에너지

예상 소요 시간 9분 13초˚

● 이후 살펴볼 본문에서는 본격적인 설명에 앞서 각 절의 핵심 내용을 요약 정리해 독
자들이 앞으로 접하게 될 내용을 머릿속으로 미리 그려볼 수 있도록 했다. 아울러 영
어 단어를 기준 삼아 1분당 평균 250단어를 근간으로 각 절을 읽는 데 예상되는 소
요 시간을 제시했다.

별난 도전에서 발을 뺄 인물이 결코 아닌 나는 7년 전 4개월 치 요가 수업에 등록했다. 요가 수업료는 한 강좌당 25달러가량인데 당시 학교에 4개월 과정에 60달러짜리 대박 할인 공고가 붙은 것을 보고 한 치의 망설임도 없이 질러버렸다. 내 눈에 요가는 일시적인 유행에 지나지 않는 것처럼 보였지만 주변에 예쁘장한 여학생들이 하나같이 등록하길래 나도 덩달아 해보기로 했다. 꽤 호들갑

이었다!

그런데 학기가 지나면서 점점 목요일 밤 요가 수업에 빠져들었다. 놀라운 점은 여학생들보다 요가 자체에 더 재미를 느꼈다는 사실이다. 요가는 나의 바쁘고 허둥대는 일상과 완벽한 대조를 이루었다. 그뿐 아니라 삶의 속도를 늦추고 생산성에서 비롯된 모든 성과들을 제대로 음미할 수 있는 소양을 길러주었다.

요가 수업에서 가장 마음에 들었던 부분은 수업을 마치는 방식이었다. 프랑스(국가명이 아니라 강사 이름)는 학생들을 숨 가쁜 대학 생활로 복귀시키기에 앞서 강의 마지막에 단순한 명상 심호흡을 시켰는데, 이 과정에서 그는 학생들이 각자의 호흡을 주의 깊게 살피도록 했다. 명상 시간은 5분밖에 되지 않았지만 마음의 평온과 정신적 명료함, 안식을 느끼는 데 어떤 방법보다 더 효과적이었던 것을 아직도 생생하게 기억한다.

명상을 중단하다

대학 생활을 하면서 명상에 대한 애착은 갈수록 깊어졌다. 명상에 점점 더 깊이 빠져들면서 시간이 매일 5분에서 10분, 20분으로 길어졌고, 마침내 몇 년 전에는 하루 30분으로 늘어났다. 이는 대다수 사람들의 명상 시간보다 길었지만 너무나 좋아하는 일이었기 때문에 나는 다른(보다 '생산적인') 일 대신 명상을 하기로 했다.

많은 사람들이 명상을 실제보다 훨씬 더 복잡한 것으로 여긴다. 하지만 여기서는 명상의 기술적인 부분에 대해 너무 깊이 들어가지 않을 생각이다. (혹시 궁금하다면 21절에서 좀 더 자세한 내용을 접할 수 있다.) 기본적으로 나의 명상 방법은 대개 업무 복장으로 의자나 방석에 앉아 호흡을 관찰하는 것이 전부다. 요가 특유의 발성을 내는 챈팅 chanting 이라든지 '제3의 눈'(정확히 무엇을 말하는 것인지도 모르지만)에 집중하는 방식의 명상에는 관심이 없다.

나는 30분 동안 단순히 호흡에만 집중하는데, 주의가 흐트러지면 조심스럽게 심호흡을 하며 다시 주의를 모은다. 30분 뒤 명상 종료를 알리는 알람이 울릴 때까지 이 같은 자연스러운 호흡의 흐름을 계속 관찰한다. 잘 안 될 때도 있었지만 시간이 지나면서 명상은 내게 하루 중 가장 고요하고 정적인 시간으로 자리 잡았다.

지난 몇 년간 명상에 깊이 빠져들면서 나는 생산성에도 더욱 깊이 천착하게 됐다. 일을 최대한 효율적으로 추진하지 못할 때마다 생산성 향상에 관한 책을 탐독했고, 새롭게 등장한 생산성 기법을 따라잡는 한편 팔로잉하는 모든 생산성 블로그와 웹사이트의 최신 정보들을 확인했다. 요가와 생산성에 대한 관심이 동시에 눈덩이처럼 커져 감당할 수 없는 지경에 이르자 나는 '생산성의 해' 프로젝트를 시작하기로 결심했다.

그때까지 나는 명상과 생산성이 어떻게 연결고리를 형성하고 있는가에 대해 깊이 고민하지 않았다. 그런데 내 삶의 모든 부분들이 어떻게 생산성을 향상시키거나 떨어뜨리는가를 연구한 끝에 충격적인 결론에 이르게 됐다. 일상으로 자리 잡은 명상과 새롭게 뛰어든 1년짜리 프로젝트가 그토록 다르지 않다는 사실이었다.

문제는 일상 그 자체와 큰 상관이 없었다. 그보다 나의 인식과 관련돼 있었다. 나는 명상을 더 적은 일을 더 느린 속도로 처리하는 방법으로 인식했고, 생산성은 더 많은 일을 더 빨리 해내는 길로 여겼다. 몇 개월 동안 프로젝트를 진행하면서 명상 시간을 갖는 데 대해 죄책감마저 들기 시작했다. 30분 동안 명상 자세를 하고 앉은 채로 아무것도 하지 않을 것이 아니라 그 시간에 실제 일을 했어야 하지 않나 하는 생각이 들었다.

30분 더 일을 할 것인가 아니면 그 시간에 명상을 할 것인가를 놓고 결정을 내려야 할 때마다 나는 언제나 명상을 하지 않고 더 많은 일을 해치우는 쪽을 택했다. 결국 프로젝트를 두어 달 진행하는 사이 명상을 완전히 중단했다.

습관적으로 일하기

그로부터 몇 주 후에 나는 완전히 다른 방식으로 일하기 시작했다. 프로젝트에서 한발 물러나 빈번하게 휴식을 갖는 대신 피곤하고 지친 상태로 할 수 있는 만큼 글쓰기와 실험을 계속했다. 일을 더 급하게 처리하자 하루 종일 평정심과 집중력이 떨어지는 것을 느꼈다. 머릿속이 그다지 명료하지 않았고, 가장 깊은 열정을 가진 일을 하면서도 흥미가 떨어졌다. 최악의 문제는 업무 처리의 신중함이 떨어지고 일을 점점 더 습관적으로 해치우기 시작했다는 점이었다. 이 때문에 나의 생산성은 오히려 떨어졌다. (생산성을 어떻게 측정했는가에 대해서는 2절에서 다룰 것이다.)

물론 이 책이 명상에 관한 내용도 아니고, 모든 사람이 명상에 매료되지도 않을 것이다. 사실 지극히 소수만이 시도해볼 것으로 생각된다. 하지만 명상 이면의 마음가짐에 대해서는 짚고 넘어가야 할 부분이 있다. 일을 집중도 있게 빨리 끝내는 열쇠가 여기에 있기 때문이다.

명상이 긴 하루를 마친 뒤 머릿속을 정리하고 스트레스를 해소하는 데 도움이 되는 정도로 생산성에 대단한 영향을 미쳤다는 것은 아니다. 명상으로 인해 업무 처리 속도를 충분히 낮추면서 일을 습관적으로 하는 것이 아니라 의식적으로 할 수 있었기 때문이다.

사람들이 생산성을 향상시키고자 할 때 저지르는 가장 큰 실수 중 하나는 밀려드는 업무를 계속 습관적으로 처리한다는 점이다. 그런데 실상 일을 습관적으로 할 경우 한발 물러나 중요한 업무를 가려내고 보다 창의적으로 생각하기란 근본적으로 불가능하다. 단순히 더 열심히 일하는 것이 아니라 더 슬기롭게 일하는 방법을 고민하고, 이메일을 포함해 다른 사람들이 던져주는 일에 묶이는 것이 아니라 업무를 주체적으로 통제하기가 힘들어진다.

매일 하던 명상을 중단한 뒤 나는 닥치는 대로 일했을 뿐 오히려 신중함은 떨어졌고 그 결과 더 지혜롭게 일할 수 없었다. 그때까지 쌓았던 생산성 결실이 무너져 내렸다.

수도승과 주식 트레이더

물론 모든 사람이 업무를 동일한 정도의 신중함을 기해 처리하지는 않는다. 세상에서 가장 독실한 수도승을 예로 들어보자. 그는 하루 종일 명상을 하고, 그게 뭐든 간에 한 가지 일을 처리하는 데 1시간이 걸린다. 느긋하게 그리고 유념해서 일하고 싶어 하기 때문이다. 수도승은 최대한 적게 일하는 동시에 최대한 의식적으로 일한다. 또 달팽이와 같은 속도로 움직이기 때문에 목적의식을 갖고 일을 처리할 수 있다.

수도승의 반대편에 위치한 사람은 약(코카인) 기운으로 질주하는 주식 트레이더다. 그는 잽싸게, 자동적으로 그리고 인간이 상상할 수 있는 최대한의 속도로 일을 해치운다. 수도승과 달리 주식 트레이더는 업무에서 한발 물러나 일의 의미와 가치를 곱씹는 일이 지극히 드물다. 최대한 많은 일을 최대한 빠르게 처리할 뿐이다. 너무 잽싸게 해치우는 나머지 주식 트레이더는 목적의식을 갖고 일을 의식적으로 처리할 시간적, 정신적 여유가 없다.

수도승과 주식 트레이더의 업무 처리 속도를 실험한 결과 생산성에 관한 한 어느 쪽도 이상적인 접근 방식이 아니라는 사실이 확인됐다. 온종일 명상을 하면 내면의 평화를 채울 수 있고, 빛의 속도로 일할 때는 대단한 자극을 불러일으키겠지만 생산성은 '얼마나 많은 양의 일을 해치우는가'의 문제와는 전혀 무관하며, 전적으로 '얼마나 많이 성취하는가'의 문제. 수도승이나 코카인에 찌든 주식 트레이더나 많은 것을 성취하지는 못한다. 수도승처럼 일하면 업무 처리가 너무 느려 어떤 일도 완수할 수 없고, 주식 트레이더처럼 일했다가는 너무 성급해서 중요한 것을 가려내고 더 지혜롭게 일하는 것이 처음부터 불가능하다.

가장 생산적인 사람들은 수도승과 주식 트레이더 사이에서 적정한 속도로 일한다. 처리해야 할 일을 모두 해낼 수 있을 만큼 충분한 속도를 갖춘 동시에 일의 경중을 따져 신중하고 의식적으로 일할 수 있을 만큼 느긋하다.

생산성의 세 가지 요소

습관적으로 일하면서 생산성을 높이는 것은 지금이야 불가능하지만 늘 그랬던 것은 아니다. 약 50년 전 미국 근로자 가운데 약 3분의 1은 공장에서 일했다.[2] 과거의 공장이나 조립 라인과 같은 체계적인 직무의 경우 생산성이라는 개념이 보다 단순했다. 같은 시간 안에 더 많은 부품을 생산해내면 더 효율적이고 더 생산적인 직원으로 평가받았다. 업무 변화가 크지 않았고, 더 열심히 일하는 대신 더 현명하게 일할 수 있는 여지가 지극히 제한적이었다. 개인에게 주어진 업무 내용이나 시간에 대한 권한 혹은 재량도 많지 않았다.

지금도 많은 사람들이 이와 유사한 형태의 일을 하고 있지만 이 책을 집어든 사람이라면 과거보다 지적 자산과 연관된 일을 할 가능성이 높고, 복잡하고 늘 변화하는 분야에서 종사할 여지가 크다. 원하는 일을 원하는 시간에 할 수 있는 자유가 과거보다는 많을 것

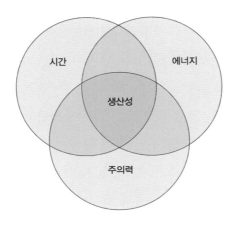

이다. 업무에 대해 전적인 권한을 갖지는 않더라도 반세기 전 공장이나 조립 라인에서 일했던 근로자들보다는 훨씬 많은 재량을 갖고 있을 것이다.

이 책을 집필하기 위해 인터뷰했던 이들이 하는 성취도 높은 일을 포함해 오늘날 대다수의 직업은 효율성만으로는 불충분하다. 과거에 비해 할 일은 많고 주어진 시간은 짧다. 또 업무 처리 방식의 자율성이나 유연성이 전무후무한 수준으로 높아졌다. 이 경우 생산성은 더 이상 일을 얼마나 효율적으로 처리하는가의 문제가 아니다. 이들에게 생산성은 얼마나 많이 성취하는가의 문제다. 더 많은 것을 성취하려면 더 지혜롭게 일을 해야 하고 시간과 주의력, 에너지를 효과적으로 관리해야 한다.

프로젝트가 끝나갈 무렵 나는 한 가지를 깨닫게 됐다. 내가 배운 모든 것들이 시간이나 주의력, 에너지 가운데 어느 것 한 가지를 더 잘 관리하는 문제에 직결되더라는 것이다. 연구와 실험으로 배운 점들 가운데 상당수가 한 가지 이상의 범주에 해당됐고, 세 가지 가운데 어느 범주와도 상관없는 것은 단 하나도 없었다. 나는 이후 프로젝트를 진행하면서 몇 가지 광적인 접근 방식을 탐구했다.

과거 스타일의 직무는 주의력과 에너지를 관리하는 일이 그다지 중요하지 않았다. 단순하고 반복적인 일은 대단히 많은 주의력이나 에너지를 요구하지 않기 때문이다. 시간만 제대로 관리하면 충분했다. 아침 9시에 출근해 오후에 퇴근할 때까지 8시간 동안 성실하게 일하면 두툼한 월급봉투를 받아 행복한 삶을 살았다.

오늘날은 어떤가. 말 그대로 상전벽해다. 과거 어느 때보다 시간에 대한 수요가 많아졌고 주변에 집중을 방해하는 일들이 부지기수다. 어디 그뿐인가. 사방에서 스트레스와 압박이 밀려들고 퇴근할 때 회사 업무가 집까지 따라온다. 하루 종일 끊이지 않는 각종 호출과 통지가 주의를 산만하게 한다. 운동이라든지 웰빙 식사 혹은 충분한 수면으로 에너지 수위를 개선시킬 수 있는 시간은 과거 어느 때보다 줄어들었다.

이같이 달라진 환경 속에서 가장 생산적인 사람들은 시간을 훌륭하게 관리하는 것은 물론 주의력과 에너지 관리 역시 뛰어나다.

프로젝트 마무리를 앞둔 시점에 나는 생산성을 구성하는 이 세 가지 요소가 얼마나 강한 연결고리를 형성하고 있으며 또 얼마나 중요한가에 대해 경탄을 멈출 수 없었다. 예를 들어 충분한 수면을 취하기 위해서는 더 많은 시간이 필요하다. 하지만 잠을 충분히 자면 에너지와 주의력을 관리할 수 있는 능력이 향상된다. 소음과 집중을 방해하는 요인들을 제거하는 데는 시간이 걸린다. 하지만 그 결과로 하루 종일 일에 대한 집중력이 높아지고 명료한 정신 상태를 유지할 수 있어 주의력을 관리하는 데 도움이 된다. 사고방식을 바꾸는 데는 에너지와 주의력이 요구되지만 이를 통해 시간 소모를 줄이면서 더 많은 일을 해낼 수 있다.

시간과 주의력, 에너지의 세 가지 요소는 모두 무척 중요하다. 만약 시간을 현명하게 소비하지 않으면 얼마나 대단한 에너지와 집중력을 가졌는지와 상관없이 하루 업무를 종료하는 시점까지 많은 일들을 성취할 수 없을 것이다. 업무에 집중하지 못한다면 제아무리 천하장사의 에너지를 가지고 가장 똑소리 나게 해낼 수 있는 방법이 뭔지 안다고 해도 업무에 온전히 몰입하거나 생산성을 높일 수 없다. 또 에너지를 제대로 관리하지 않으면 시간이나 주의력을 아무리 잘 관리한다 해도 연료가 부족해서 목표한 일들을 모두 해내지 못한다.

가장 중요한 지점은 시간과 주의력, 에너지의 세 가지 요소를 모두 관리할 수 없다면 온종일 목적의식을 가지고 신중하게 업무를 처리하기란 사실상 불가능하다는 사실이다. 시간을 낭비할 때 우리는 일을 미루게 된다. 주의력을 제대로 발휘하지 못하면 산만해지고 만다. 또 에너지 수위를 끌어올리지 못하면 쉽게 지치거나 정신적으로 무기력해지는 번아웃 증후군을 겪게 된다.

흥미로운 것은 '번아웃burnout'이라는 단어가 의외로 새로운 어휘에 해당한다는 점이다. 이 표현이 처음 인식되기 시작한 것은 1970년대였다. 즉 직장 생활이 공장식 사고방식에서 생산성 사고방식으로 전환되는 과도기의 어느 시점에 번아웃이라는 단어가 등장한 셈이다.

생산성의 새로운 정의

이 책에서는 지난 10년간 생산성 실험을 진행하면서 내가 접했던 가장 강력한 시간 관리 기법을 소개할 것이다. 하지만 주의력과 에너지를 관리하는 최선의 방법에만 시간을 쓸 생각이다. 우리는 대부분 단순한 업무에서 멀어졌다. 생산성의 개념이 일을 얼마나 많이 하는가의 문제에서 얼마나 많은 것을 성취하는가의 문제로 기준점을 옮긴 만큼 시간과 주의력, 에너지의 중요성은 아무리 강조해도 지나치지 않다.

이 책은 생산성에 대한 새로운 사고방식과 개념에서 출발한다. 과거 어느 때보다 맡은 업무에 대한 통제력이 커지고 업무량이 많아진 만큼 최선의 출발점은 '보다 생산적이어야 하는 일이 무엇인가'를 결정하는 것이다. 가장 가치 있고 의미 있는 업무가 무엇인지를 먼저 따져보지 않으면 시간과 주의력과 에너지를 통제하는 데 쏟은 노력은 아무런 결실을 이루지 못할 것이다.

유감스럽게도 이것이 바로 내가 어렵사리 깨닫게 된 교훈이다.

The
Productivity
Project

CHAPTER 1

중요한 일부터 먼저 한다

01

진짜 목적을 찾기

 예상 소요 시간 8분 40초

누구나 덜 일하면서 많이 얻고 인생에 긍정적인 변화를 일으키고 싶어 한다. 하지만 실제로는 두 가지 모두 만만치 않은 일이다. 이때 보다 생산적이어야 하는 절실하고 의미 있는 이유를 찾는 것이 장기적인 동기 부여에 도움이 된다.

꿈의 실현

내가 기억하는 한 나는 줄곧 아침형 인간이 되고 싶은 열망에 강하게 사로잡혔다. 이 프로젝트를 시작하기 전, 아침 5시 30분에 맞춰진 알람이 울리기 몇 분 전에 눈을 뜨고, 침대에서 벌떡 일어나 세상 사람들이 잠에서 깨기 전 일상적으로 커피를 내리고, 뉴스를 보며 밤사이 일어난 사건 사고를 챙기고, 명상을 한 뒤 조깅까지 마치는 공상에 빠지곤 했다.

생산성의 해 프로젝트를 시작했을 때 나는 매일 아침 5시 30분에 일어나기로 결심했다. 목표를 달성하는 데 꼬박 1년이 걸리더라도 일단 해보기로 했다. 프로젝트에 뛰어들기 전 생산성에 푹 빠졌던 만큼 나의 밤 시간과 오전 일상은 아침형 인간으로 생활하기에 최악의 조건을 갖추고 있었다. 하루 일과를 (대개 최대한 효율적으로) 마친 뒤에는 책을 읽거나 친구들과 어울리거나 아니면 우주론에 관한 온라인 강의에 빠져 야심한 시각이 되고, 기운이 떨어질 때까지 시간 가는 줄을 몰랐다. 나는 아침 일찍 일어나기에 심취했지만 아침형 인간이 되는 것은 사실상 밤과 아침 일상의 전면적인 변화를 의미했고, 이는 내 능력 밖의 일로 느껴졌다.

생산성의 해에 진행했던 모든 실험들 가운데 아침 5시 30분에 일어나는 것은 분명 가장 어려운 일이었다. 처음에는 취침 목표 시각인 9시 30분이 매우 빠르게 다가오는 것처럼 느껴졌다. 할 일이

진짜 목적을 찾기

남아 있는 상태로 일과를 일찍 마칠 것인가, 아니면 늦게까지 할 일을 모두 마치고 나중에 취침할 것인가를 놓고 선택을 내려야 하는 상황이 종종 찾아왔다. 때로는 에너지와 집중력, 창의력이 최고조에 달했을 때 잠을 청해야 하는 경우도 있었다. 이건 내가 천부적으로 올빼미형 인간이기 때문이다. 이런 경우에는 잠을 자지 않기로 했다. 경우에 따라서는 하루 중 목표했던 자료 조사와 글쓰기를 마친 뒤 친구들이나 여자친구와 어울리고 싶었는데, 이건 일찍 잠을 자려면 불가능한 일이었다.

아침형 인간의 일상을 내 삶에 이식하기 위해 약 6개월에 걸쳐 셀 수 없이 많은 습관들을 걷어치워야 했다. 그 뒤 나는 새로운 아침 일상에 안착했다. 그러고는 아침에 일찍 일어난 것 이외에 저녁 8시부터 오전 8시까지 모든 전자 기기들을 끈 것, 점심시간에 카페인 마시기를 중단한 것, 아울러 약 2개월에 걸쳐 점차 취침 시간을 앞당기면서 새로운 밤 루틴에 적응해간 것에 대해 나 자신을 포상했다. 이 기법들에 대한 자세한 내용은 차후에 다루겠지만, 이 과정을 통해 나는 소중한 것들을 험난한 방법으로 배우게 됐다. 그럼에도 어쨌든 6개월이 지나는 사이 목표를 달성해냈다. 몇 주 동안 평일에 어김없이 아침 5시 30분에 기상했고 새로운 아침 일상에 정착했다. 내 아침 일과는 생산성이라는 꿈을 이루게 해줄 재료였다.

- **5:30~6:00** 기상 및 모닝커피 마시기
- **6:00~7:15** 헬스장에서 운동하며 하루 일과 계획하기
- **7:15~8:15** 푸짐하고 영양가 높은 아침 식사 및 샤워하고 명상하기
- **8:15** 인터넷 재접속하기(매일 저녁 8시 인터넷 차단)
- **8:15~9:00** 독서
- **9:00~** 업무 시작

이후에도 몇 달 동안 나는 이 같은 일과를 지켜나갔다. 저녁 8시면 어김없이 모든 기기들을 껐고 9시 30분에 반드시 잠자리에 들었으며 다음 날 아침 5시 30분이면 즉각 눈을 떴다. 어느 월요일 아침, 모든 일상을 딱 멈추게 하는 무언가를 깨닫기 전까지 나는 스스로의 노력에 우쭐해하며 아침형 인간 생활을 반복했다. 그러다 내가 일찍 자고 일찍 일어나기를 너무너무 싫어한다는 사실을 알게 됐다.

새로운 일상에 대한 초기의 흥분이 시들해진 뒤 단지 일찍 자야 한다는 이유 때문에 친구들과 만나기를 거절하는 데 점점 진저리가 나기 시작했다. 밤늦게 한창 일에 몰입한 상태에서 하던 일을 중단하는 것도 더 이상 계속할 수 없는 노릇이었다. 매일 아침마다 잠에서 깬 뒤 늘 1~2시간은 비몽사몽이었다. 명상과 운동, 독서, 하루 계획도 이른 아침보다 나중에, 이를 해낼 수 있는 에너지와 주의력이 충전됐을 때 하는 것을 훨씬 선호한다는 사실도 깨달았다.

진짜 목적을 찾기

최악의 문제는 아침형 인간의 일상이 나를 보다 생산적으로 만들지 못했다는 사실이다. 새로운 생활이 시작된 뒤 나는 예전만큼 원래 계획했던 일을 성취하지 못했고 매일 작성하는 글도 줄었으며 하루 종일 전보다 떨어진 에너지와 집중력을 보인다는 사실을 알게 됐다. 이와 함께 아침형 인간과 올빼미족 사이에 사회경제적 지위의 차이가 전혀 없다는 점도 발견했다. 사람들의 생체 리듬은 제각각 다르고, 어느 한 가지 일상이 다른 것보다 본질적으로 우월하다고 볼 수는 없다. 이 부분에 대해서는 뒤에서 더 자세히 다루겠지만, 우리가 얼마나 생산적인가를 결정하는 것은 깨어 있는 시간에 무엇을 하는가에 달려 있다는 사실을 깨달았다.[1]

나는 아침형 인간이 되기를 열망했지만, 실제로는 이보다 늦게 일어나는 쪽을 훨씬 더 좋아했다.

목적이 있는 생산성

생산성 그 자체도 마찬가지다. 모든 사람이 더 많은 것을 얻고 자신의 삶에 긍정적인 변화를 일으키길 선망하지만 실은 그전에 더욱 생산적인 사람이 되는 것 자체가 착수하기 가장 힘든 일 중 하나다. 이게 쉬운 일이었다면 내 인생 가운데 1년을 통째로 바쳐 생산성 문제를 연구하려고 나서지 않았을 것이다. 이 책이 세상에 존재해야 할 이유도 전혀 없을 것이다.

1년간의 실험을 통해 생산성에 대해 많은 것들을 배웠지만, 가장 큰 수확은 보다 생산적이고자 하는 이유에 대한 깊은 고찰이 얼마나 중요한지를 깨닫게 된 점이다. 만약 내가 이 책을 쓰는 것이 아니라 읽고 있다면 이 마지막 문장은 대충 읽고 넘어갈 것이므로 되풀이할 필요가 있다. "이번 실험으로 배운 가장 큰 교훈은 생산성 목표와 더욱 생산적이기를 원하는 이유에 대해 깊이 고민해보는 것이 얼마나 중요한가 하는 점이다."

매일 아침 5시 30분에 일어나기 위해 아침과 밤의 일상을 완전히 뒤바꾸었을 때 나는 일찍 일어나는 문제를 진지하게 고려했는가에 대해 깊이 생각하지 않았다. 단지 세상 사람들이 모두 꿈나라를 헤매고 있을 때 일어나 다른 누구보다 더 많은 일을 해내는 소위 '성공적인 인간'이 되는 허상에 빠져 있었을 뿐이다. 이를 실현하기 위해서는 무엇이 요구되는가, 그 변화를 보다 심층적인 차원에서 이루는 데 관련된 사안을 정말 고려했는가에 대해서는 크게 고민하지 않았다.

하루 종일 의식적으로 그리고 충분히 목적을 갖고 일하는 것이 생산성의 성패를 좌우한다. 하지만 그만큼 목적 그 자체도 중요하다. 어떤 행동 이면에 담긴 의도는 화살촉 뒤에 붙은 화살대와 같다. 수준급으로 성취하기를 원하는 것이 무엇인가에 대한 고민 없이는 꾸준히 생산성을 높이기가 무척 어렵다. 생산성에 관한 조언은 이 책에서 제일 따분한 부분이지만 가장 중요한 문제일 수 있다. 어떤 변화를 꾀하는가에 대해 실질적인 고찰을 하지 않고서는 생산성을 향상시키는 데 무수한 시간을 투자하더라도 새로운 습관이나 일상을 도입하는 일이 헛수고가 될 수 있다. 장기적으로는 그 변화를 유지하고자 하는 동기를 갖지 못할 것이다.

진짜 동기 찾기

지난 10년간 내가 지속적으로 생산성을 연구하고 분석했던 것은 생산성이 효율성과 의미, 통제와 규율, 성장, 자유, 학습 그리고 조직화된 상태를 유지하는 일 등 개인적으로 크게 가치를 두는 많은 사안들과 연결고리를 형성하고 있기 때문이다. 바로 이 가치들이 자유 시간의 상당 부분을 독서와 온라인 과학 강의에 할애하도록 동기를 부여했다. 매일 아침 5시 30분 기상은? 별다른 동기를 제공하지 못했다.

나보다 앞서 수많은 이들이 '자신의 가치에 걸맞게 행동하기'를 주제로 글을 남겼다. 하지만 가치에 대한 이런 유의 글을 읽을 때마다 솔직히 매번 덮어버리거나 별 생각 없이 읽어 내려갔다. 하지만 삶에 커다란 변화를 일으킬 작정이라면 가치만큼 고민해볼 가치가 있는 것도 없다. 아침에 일찍 일어나는 것이 내가 가장 진지하게 고민하는 것과 어떤 연관이 있는가를 단 몇 분만 생각해보았다면 몇 달간 쏟은 정신력과 희생으로 그 시간에 더욱 생산적인 일을 할 수 있었을 것이다. '왜 인생에 변화를 주고 싶은가'라는 질문은 무수히 많은 시간을 절약해줄 수 있다. 사실은 처음부터 변화를 추구할 생각이 없었다는 것을 깨닫게 되기 때문이다.

아는 것에서 행하는 것으로

이쯤이면 이 책에 푹 빠진 나머지 읽기를 중단하고 갑작스런 도전 과제를 푸는 데 흥미가 없을 것으로 사료되지만, 나는 도전 과제를 통해 당신의 생산성을 대폭 향상시킬 것이다. 아는 것에서 행하는 것으로의 도약이 생산성의 전부가 아닌가.

이제부터 조심스럽게 '읽기'에서 '하기'로 이동해보자. 그리고 이 책의 첫 생산성 향상 도전을 시도해보자. 생각보다 훨씬 쉬울 테니까 걱정은 붙들어 매도 좋다. 이 책에 제시된 대부분의 도전 과제는 10분 이상의 시간을 빼앗지 않을 것이다. 도전하는 데 필요한 도구는 펜과 한두 장의 종이가 전부다. 모든 절마다 도전 과제가 있는 것은 아니다. 시간을 할애할 만한 가치가 있다고 판단되는 부분에만 과제를 제시했다. 우리에게 시간은 가장 가치 있으면서 동시에 가장 제한된 자원이다. 따라서 단 1초도 낭비하지 않을 것이라고 약속할 수 있다. 도전 과제를 행하는 데 소모되는 시간 1분마다 적어도 10배 이상의 시간을 얻어낼 수 있을 것이다.

자, 준비되었는가?

펜과 종이를 준비하고 시작해보자.

더욱 생산적이기를 원하는 심층적인 이유에 접근하라. 단순히 더 많은 일을 하기 위해 이 책을 집었다면 주목해야 한다. 이제 당신이 중시하는 생산성 목표에만 집중해 잠재적으로 많은 시간을 절약할 수 있을 것이다. 이 도전으로 얻는 소득은 굉장할 수 있다.

에너지 및 집중력   가치   재미

   지금 마음속 깊이 품은 가치들을 열거하고 행동하기 위한 계획을 해보라고 하면 당신은 책을 내려놓고 서점 웹사이트에 들어가 악평을 달거나 이 부분을 건너뛰고 뒤를 훑어보려 할 것이다. 이런 사태를 막기 위해 매우 단순한 질문 몇 가지를 선정했다.

   이 질문은 내가 새로운 일상과 습관을 실험할 때 효과적이라 판단한 것들이다. 개인적으로 나도 이 책의 도전 과제들을 하나도 빠짐없이 실행해보았고, 하나하나의 효과를 보장할 수 있다. 도전 과제들은 분명 효과를 낸다. 단순히 당신의 시간을 낭비하려고 제시한 것들이 아니다.

▶ 이 책의 기법들을 실행한 결과 당신이 매일 여가 시간을 2시간 늘릴 수 있다면 이를 어떻게 활용하고 싶은가? 새롭게 해보고자 하는 것들은 무엇인가? 어디에 더 많은 시간을 사용할 것인가? 상상해보라.

▶ 이 책을 집어 들었을 때 당신이 마음속으로 이루고자 했던 생산적 목표 혹은 새로운 취미, 규칙적인 습관이나 의무적인 일은 무엇인가?

여기 당신의 가치와 목표와 관련해 생각해야 할 몇 가지 중요한 문제가 있다.

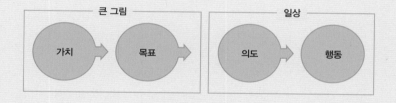

▶ 좀 더 깊이 들어가 자신에게 질문해보라. 당신의 생산적 목표와 연계된 뿌리 깊은 가치는 무엇인가? 당신은 왜 더욱 생산적이고 싶어 하는가? 만약 당신이 깊이 관심을 갖는 다수의 가치들(예를 들어 의미 찾기나 커뮤니티, 관계, 자유, 학습 등)을 제시해낸다면 당신은 심층적인 차원의 목표를 마음에 두고 있으며,

이루려는 변화가 시도해볼 만한 가치를 지녔을 것이다. 반면 질문에 억지로 답을 찾아내려 한다면 목표가 당신의 가치와 맥을 같이하지 않고 당신에게 그다지 중요하지 않을 가능성이 크다. (구글에서 '가치 리스트list of values'를 검색하면 몇 가지 훌륭한 목록을 찾을 수 있다.)

▸ 가치에 대해 생각하는 것이 다소 벅차다면, 다음의 괄호를 당신이 원하는 것으로 채워보라. '나는 (   ) 때문에 이것에 깊이 관심을 두고 있다.' 가능한 한 많은 이유를 파생시켜 이 일을 진지하게 고려하고 있는가를 판단해보라.

▸ 어떤 변화가 당신에게 의미 있는지 판단하기 위한 또 하나의 지름길은 당신이 임종을 맞는 순간으로 시간을 돌리는 것이다. 그리고 스스로에게 질문해보라. 임종을 앞두고 이것을 많이 혹은 적게 해서 후회하는가?

생산성 향상의 핵심은 자신에게 정말 의미 있는 일에 쏟을 수 있는 시간을 더 많이 창출해내는 데 있다. 과제나 전념하는 어떤 일이 단순히 당신에게 의미 있기 때문에 가치 있는 것은 아니다. 이것들은 당신에게 엄청난 영향력을 갖기 때문에 가치 있는 것이다.

진짜 목적을 찾기

가장 영향력 있는 일 가려내기

모든 일이 똑같은 것은 아니다. 어떤 일은 투입하는 1분 1초가 헛되지 않도록 다른 일보다 더 많은 것을 성취하게 한다. 일에서 한발 물러나 가장 영향력이 있는 업무를 가려낼 때 시간과 주의력, 에너지를 올바른 데 쓸 수 있다.

주 35시간 명상하기

명상을 중단했을 때 나는 업무 처리 속도를 늦추고 보다 의식적으로 일하는 것이 얼마나 중요한지 어렵사리 깨우쳤다. 나는 명상과 감속이 생산성에 정확히 얼마나 영향을 미치는가를 알아내기 위한 실험을 해보기로 했다. 6일간 총 35시간 동안 명상하는 실험이었다.

명상이라면 나름 달인의 경지였기 때문에 장시간에 걸쳐 명상하는 것이 그리 힘들지 않았다. 이 실험을 하기 전에 매일 30분씩 명상한 기간이 여러 해였고 매주 불교 단체와 함께 명상하기도 했다. 이 밖에도 가끔씩 열리는 명상 수련회에 참가했는데, 여기서는 다른 참가자들과 함께 하루 5~6시간씩 명상하면서 며칠 동안 입을 완전히 꿰맨 채 생활했다.

한 주 동안 35시간 명상하기는 무슨 일을 하든 1시간이 걸리는 노련한 수도승 친구에게도 엄청난 도전이었다. 하지만 호기심이 제대로 발동한 탓에 해보지 않을 수 없었다. 살짝 흥미를 더하기 위해 나는 한 주 동안 늘 처리하던 사소한 집안일과 업무를 똑같이 하되 이를 매우 의식하며 처리했다. 실험을 진행하는 동안 나는 명상하지 않는 시간에도 생산성을 최대한 유지하기 위해 모든 노력을 기울였다. 이렇게 해서 명상이 나의 에너지 수위와 집중력, 생산성에 하루하루 미치는 영향력을 보기 위함이었다.

6일에 걸쳐 매일 얼마나 오래 명상했는가를 기록한 수치를 집계했더니 다음과 같은 결과가 나왔다.

- 앉은 채로 명상하는 좌선 14.3시간
- 걸으며 명상하는 경행 8.5시간
- 의식하는 마음가짐으로 집안일 하기 6.2시간
- 의식하는 마음가짐으로 식사하기 6시간

생산성 측정하기

생산성 프로젝트에서 가장 흥미로운 부분 중 하나는 의도적으로 다분히 순환적이라는 점이다. 생산성 연구에 생산적이란 것은 어떻게 보면 글쓰기에 대해 글을 쓰는 것이나 같은 이치다. 그렇지만 무엇보다 생산성의 해는 연구 프로젝트였고, 내게 생산적인 하루를 보낸다는 것은 최대한 많은 것을 배우고, 이를 블로그 구독자들과 나눠 그들 역시 더욱 생산적일 수 있도록 돕는 일을 의미했다.

프로젝트를 시작했을 때 나는 웹사이트에 다소 현란한 랜딩 페이지를 개발했다. 여기서 매일 정확히 얼마나 많은 글을 작성하고 얼마나 많이 읽고 얼마나 오래 일했는가를 실시간 업데이트하는 그래프를 제시했다. 이 그래프는 아직도 움직이고 있다. 이 그래프를 만들게 된 배경은 간단하다. 많이 읽고 쓸수록 생산적일 것이라는 생각이었다.

짐작했을지 모르겠지만, 이런 식으로 측정할 때의 문제는 한 단면만을 보여줄 뿐이라는 점이다. 하루 종일 1000단어의 글을 썼다고 치자. 이 그래프상으로는 생산적이라고 볼 수 있을 것이다. 하지만 원래 2000단어를 쓰는 게 목표였는데 1000단어밖에 쓰지 못했다면 어떨까. 또 하루 종일 집중할 수 없었고, 넷플릭스에서 요리 채널을 보느라 몇 시간을 낭비했다면 어떨까. 작성한 1000단어 분량의 글이 아무런 쓸모가 없다면 또 어떨까. 링컨의 게티즈버그 연설도 총 272단어에 불과했다!

프로젝트를 한두 달 진행하면서 나는 웹사이트의 통계 페이지 설계에 오류가 있다는 사실을 발견했다. 이 실수는 사람들이 생산성에 관해 셀 수 없이 저지르는 것이리라 생각한다. 본질적으로 나는 과거 공장식 사고방식으로 되돌아간 셈이고, 얼마나 많은 것을 성취했는가를 살피는 것이 아니라 생산성과 효율성을 동일시해버렸다. 이런 사고방식을 버리고 얼마나 많이 성취했는가를 주시했더니, 그 결과 생산성이 급상승했다.

생산성을 측정하는 최선의 방법은 하루 일과를 마친 뒤 스스로에게 지극히 단순한 질문을 던지는 것이다. 계획했던 일을 해치웠는가? 만약 의도했던 일을 이뤄냈다면 스스로 설정한 생산성 목표에 대해 현실적이고 진지하다는 의미이며, 내가 보기에는 생산적인 사람이다. 하루를 시작하면서 1000단어 분량의 글을 작성하기로 계획하고 이를 해냈다면 당신은 생산적인 것이다. 회사에서 보고서 작성을 마무리하고 취업 면접을 마친 뒤 가족과 소중한 시간을 보내기로 계획하고 그대로 했다면, 당신은 완벽하게 생산적이다. 하루 동안 휴식을 취하기로 마음먹고 최근 1년 중 최고의 휴식시간을 보냈다면 당신은 완벽하게 생산적인 사람이다.

의도intention와 의식적임deliberateness은 동전의 양면과 같고, 보다 생산적으로 살기를 원한다면 두 가지 모두 필수적이다. 의도했던 것을 성취했는가를 자기 자신에게 묻는 일은 프로젝트를 진행하는 과정에서 내가 얼마나 생산적인지 측정하기 위해 동원했던 방법 중 하나였다.

두 번째는 각각의 새로운 실험이나 생산성 기법이 생산성의 세 가지 요소를 관리하는 능력에 어떤 영향을 미쳤는가 하는 문제였다.

- **시간**: 시간을 얼마나 지혜롭게 사용하고 하루 동안 얼마나 많은 일을 해냈는지, 얼마나 많은 분량의 글을 썼고 얼마나 자주 일을 미뤘는지 점검했다.
- **주의력**: 무엇에 집중했으며 얼마나 깊이 집중했는지, 얼마나 쉽게 주의가 흐트러졌는지 살폈다.
- **에너지**: 얼마나 많은 추진력과 동기, 에너지를 가졌는지, 실험 과정에서 에너지 수위가 얼마나 오르락내리락했는지 추적했다.

물론 이 변수들은 성취하고자 의도했던 것을 해냈는가를 따지는 것보다 다분히 주관적이다. 특정 주제가 시간과 주의력, 에너지 소모에 어떻게 영향을 미치는가에 눈을 떴을 때 생산성 실험은 연구 내용을 공부하도록 나의 지적 호기심에 발동을 걸었다. 천부적으로 냉소적인 나는 실험 결과를 설명하면서 최대한 과학에 의존했다. 게다가 이 실험 이면에 담긴 과학은 대단히 흥미롭다.

보다 영리하게 일하기

명상이 당시까지 시도했던 다른 어떤 것들보다 집중력을 향상시키는 데 큰 도움이 된 한편, 실험은 예상하지 못했던 또 다른 결과를 가져다주었다. 바로 시간을 더 잘 관리하도록 했다는 점이다. 더 중요한 것을 훨씬 쉽게 가려낼 수 있었고, 이를 통해 단순히 일을 더 열심히 하는 것이 아니라 더 슬기롭게 하도록 했기 때문이다.

이 실험을 하는 동안 더 지혜롭게 일하는 것이 쉬워진 것은 명상 그 자체 때문만은 아니었다. 단순히 실험을 진행했던 6일 동안 업무 처리에 할애할 수 있는 시간이 지극히 짧았기 때문이었다. 실험 기간에도 나는 최대한 많은 글을 쓰고 읽었다. 하지만 명상으로 일할 수 있는 시간이 줄었기 때문에 종종 업무에서 한발 물러나 쓰고 있는 글이 정말 중요하고 가치 있는 것인가를 곰곰이 짚어봐야 했다. 시간이 부족한 상황에서 이는 유일한 대응책이었다. (주 90시간 일하기 실험 과정에도 유사한 상황이 벌어졌다.)

여기서 가장 명백한 진리 한 가지가 도출됐다. 모든 업무가 다 똑같은 것은 아니라는 점이다. 바꿔 말하면 일을 처리하는 데 투입하는 1분 1초마다 더 많은 것들을 성취하도록 하는 업무가 있다는 얘기다. 이건 어느 곳에서 무슨 일을 하든 무관하게 성립하는 진리다.

예를 들어 이런 업무를 생각해보라.

- 주간 계획 짜기
- 신입사원 멘토링하기
- 학습에 투자하기
- 알맹이 없는 회의 건너뛰기
- 반복적인 업무 자동화하기
- 새끼 동물들 사진 보기(귀여운 아기 동물에 관한 내용은 챕터 8을 참조하라)

이런 업무를 처리할 때는 매 분초마다 다음과 같은 일에 비해 더 많은 것을 성취하게 된다.

- 알맹이 없는 회의 참석하기
- 소셜미디어의 최신 소식 확인하기
- 이메일 반복적으로 확인하기

- 뉴스 웹사이트 읽기
- 쓸모없는 잡담에 가담하기

　더 중요한 일에 더 많은 시간과 에너지, 주의력을 쏟을수록 같은 시간에 더 많은 것을 성취할 수 있고 훨씬 생산적이게 된다.

　한 주 동안 35시간 명상했던 기간에 실험 이외에 실제 업무를 처리하는 데에는 약 20시간이 주어졌다. 가장 중요한 업무가 무엇인지 결정하지 않았더라면 한 주 동안 계획했던 일을 모두 해치우지 못했을 것이다. 시간 부족으로 인해 나는 업무에서 한발 물러나 신중하게 주간 계획을 세워 제한된 시간을 가장 효과적으로 사용할 수 있었다.

　누구나 모든 업무가 다 똑같지 않다는 사실을 어느 정도는 인식하고 있다. 1시간 동안 유튜브를 보는 것보다 세금 문제를 처리할 때 더 많은 일을 해결한다는 사실은 대부분의 사람들이 인식할 수 있다. 하지만 상투적인 말처럼 상식이 곧 행위는 아니다. 어떤 것을 사실로 안다고 해서 반드시 그대로 행하지는 않는다는 얘기다. 더욱 생산적이기 위해 알고 있는 대로 행하는 것이 우리가 정확히 해야 할 일이라는 것을 알면서도 실상은 그렇지 않다.

가장 영향력 있는 일

특정 업무나 프로젝트, 과제가 중요한 것은 두 가지 이유 때문이다. 그것이 자신에게 의미 있기 때문이다. 자신의 가치와 연관돼 있다는 뜻이다. 아니면 업무에 엄청난 영향을 미치기 때문이다. 깊이 뿌리박힌 당신의 가치와 관련된 활동들은 당신을 더욱 행복하게 하는 한편 더 큰 동기를 부여할 것이다. 같은 시간을 일해도 업무에 결정적인 활동들을 하면 생산성은 높아질 것이다.

직장에서 의미 있는 동시에 효율적인 업무를 맡는다면 대단히 운이 좋은 경우다. 일반적인 근로자들이 무엇이든 할당된 업무를 처리해야 하는 한편 기업가는 통제력을 갖고 핵심적인 일을 할 수 있다.

시간을 어떻게 쓰고 있는가를 진지하게 고민하기 시작하면서 나는 매일 얼마나 많은 생산성을 놓치고 있는가를 깨달았다. 일을 열심히 하지 않아서가 아니라 핵심적인 업무에 모든 노력을 다한 것이 아니었기 때문이다. 업무에서 한발 물러나 가장 영향력 있는 일을 결정하고 그 업무를 의식적으로 처리하지 않았기 때문에 보다 생산적이지 못했다. 나는 처리해야 할 업무로 끼어들어온 일들을 하는 데 시간을 허비하고 있었다.

이 깨달음은 나와 많은 사람들에게 생산성 프로젝트가 얼마나 중요한가에 대해 많은 것을 시사한다. 일을 붙들고 있을 때는 한발 물러나 얼마나 슬기롭게 일하고 있는가를 점검해볼 수 없다. 한 해 동안 생산성을 염두에 둔 덕분에 나는 이 밖에도 많은 깨달음을 얻었다. 일부 깨우침은 시간이 지나고 나서야 명료해졌지만 말이다.

80/20법칙으로 통하는 파레토 원리는 누구에게나 익숙한 개념이다. 80퍼센트의 결과물은 20퍼센트의 원인에서 창출된다는 뜻이다. 예를 들어 매출액의 80퍼센트는 20퍼센트의 고객에게서 나온다. 또 80퍼센트의 소득은 20퍼센트의 사람들이 벌어들인다. 이 원칙은 생산성에도 잘 들어맞는다. 지극히 소수의 일이 당신이 성취하는 것의 대부분을 이끌어낸다. 생산성은 더 많은 일을 하는 것에 관한 문제가 아니라 옳은 일을 하는 것이다.

명상 실험을 마친 뒤 나는 시간을 갖고 프로젝트에서 한발 물러난 뒤 해야 할 모든 일들의 목록을 작성했다. 그리고 가장 중요한 업무를 결정했는데 이때 대단히 흥미로운 사실을 발견했다. 내가 성취했던 것이 대부분 세 가지 업무를 통해 이뤄졌다는 사실이다. 순서대로 적어보자면 다음과 같다.

1. 프로젝트 과정에서 배운 것들에 대한 글쓰기
2. 나 자신을 대상으로 생산성 실험하기
3. 생산성에 관해 읽고 조사하기

물론 이 밖에도 처리해야 할 일들이 있었다. 웹사이트 관리와 뉴스레터 이메일 발송, 전문가 인터뷰와 소셜미디어 계정 관리, 이메일 답신 및 생산성 향상에 관한 코칭 등 할 일은 수없이 많았지만 내가 성취해낸 결실은 대부분 앞의 세 가지 업무를 통해 발생했다. 그 밖에 모든 책무를 통해 성취한 것은 동일한 시간을 기준으로 볼 때 미미했고, 이들 업무의 대부분은 폐지하거나 통합해도 되는 것이었다.

자신의 업무 중 가장 영향력 있는 일을 발견하게 될 것이다. 이를 통해 시간과 주의력, 에너지의 대부분을 어디에 투자해야 할지 알게 될 것이다. 생산성 향상에 투자하기에 앞서 생산성을 더욱 높이고자 하는 업무가 무엇인지 판단하는 일은 대단히 중요하다. 여기서 제시한 간단한 도전 과제가 이를 가능하도록 도울 것이다. 아울러 이 책의 나머지 내용을 위한 기반을 다져줄 것이다.

에너지 및 집중력　　　　　가치　　　　　재미

　다행히도 당신은 가장 영향력 있는 업무를 가려내기 위해 한 주 동안 35시간에 달하는 명상을 할 필요가 없다.

　나는 업무를 체계화하고 우선순위를 정하는 데 도움을 얻기 위해 셀 수 없이 많은 기법들을 실험했다. 일부는 대단히 효과적이었지만 대부분은 도중에 실패하고 말았다. 맡고 있는 모든 일들의 우선순위를 정한다는 것은 골치 아픈 얘기로 들리겠지만 사람들이 지나치게 복잡하게 생각하는 것일 뿐 실상 고통스럽지 않다.

　이 책에 제시된 모든 도전 과제들 가운데 이번 내용은 특히 중요하다. 정말로 생산적이어야 하는 업무가 무엇인가를 먼저 결정하지 않고서 생산성을 높인다는 것은 생각하기 어려운 일이다.

일의 경중을 따지는 데 내가 절대적으로 선호하는 기법은 브라이언 트레이시Brian Tracy에게서 나왔다.[2] 가장 영향력 있는 업무에 대해 나와 유사한 관점을 가진 트레이시는 자신의 책에서 "당신이 회사에 기여하는 가치의 90퍼센트는 (겨우)세 가지 업무에 압축돼 있다"고 말한다. 트레이시는 업무와 프로젝트, 그 밖의 책무 가운데 영향력이 높은 것들을 가려내기 위해 단선적인 과정을 권고한다.

그의 방법은 무척 단순하다. 나는 당신에게 좀 더 많은 도움을 주기 위해 여기에 약간의 수정과 확장을 단행했다.

1. 직장에서 맡은 모든 업무의 목록을 작성하라. 이 부분에 가장 많은 시간이 소모되지만 담당 업무를 한 장의 종이에(아니면 자신이 가장 선호하는 디지털 기기에) 모두 열거해두면 말할 수 없이 기분이 좋아진다. 당신은 그동안 주간 혹은 월간 단위로 잠시 시간을 갖고 업무에서 한발 물러나 직장에서 자신이 맡고 있는 모든 일에 대해 고민해본 일이 없었을 확률이 높다.

2. 맡은 업무를 모두 기록한 목록을 작성하고 나면 자신에게 질문해보라. 그 목록 가운데 매일, 하루 종일 한 가지 일만 할 수 있다면 어느 업무를 처리하겠는가? 물론 동일한 시간으로 성취도를 가장 높일 수 있는 일이어야 한다. 달리 말하면 목록

가운데 어떤 업무가 당신의 상사에게 혹은 (나처럼 프리랜서라 면)자신에게 가장 가치 있는 것인가?

3. 마지막으로 자신에게 물어보라. 목록 가운데 하루 종일 두 가 지 일을 더 할 수 있다면 동일한 시간 안에 성취도를 가장 높 일 수 있도록 하는 두 번째, 세 번째 업무는 무엇인가?

이들 세 가지(만약 세 번째와 동일하게 중요한 네 번째 업무가 있다면 네 가지) 업무가 최소한 80퍼센트의 가치에 기여하는 20퍼센트의 일에 해당한다. 여기서 '가치'라는 말은 중요한 단어다. 가장 의미 있는 업무와 달리 가장 결의에 찬 일이 반드시 당신에게 대단한 가 치나 의미를 부여하는 것은 아니다. 하지만 당신의 생산성에는 이 들 업무가 엄청난 가치를 부여한다.

성과가 가장 높은 업무에 의식적으로, 의도적으로 더 많은 시간 과 주의력, 에너지를 투입하기 시작하면서 나의 생산성은 천정부 지로 치솟았다. 단순히 더 열심히 일하는 것이 아니라 보다 슬기롭 게 일하는 것은 먼저 업무에서 한발 물러나지 않고서는 불가능하 다. 이것이 이 책의 토대를 닦는 내용의 핵심이다.

그렇다면 가장 중차대한 일이 무엇인가를 판단해 기초를 닦은 뒤 이어지는 과정은 무엇일까?

물론 해당 일을 처리하는 것이다.

가장 영향력 있는 일 가려내기

03

하루에
딱 세 가지
해내기

목적을 갖고 의식적으로 일하기 위해 내가 발견한 최고의 기법은 3의 원칙이다. 매일 일과를 시작하기 전에 그날 하루를 끝낼 때까지 성취하고자 하는 세 가지 일을 결정하는 것이다. 주간 단위로도 같은 원칙을 적용한다.

3의 원칙

가장 가치 있는 업무를 파악하는 것은 중요하다. 하지만 지아이 조G.I. Joe(미군 병사를 말한다 - 옮긴이)라면 '아는 것은 전투의 절반일 뿐'이라 말할 것이다. 내일 아침 컴퓨터 앞에 앉아 이메일을 확인할 때, 중요성이 떨어지지만 더 시급한 일들이 밀려들어 오는 순간 '가장 중요한 업무가 무엇인가' 하는 생각은 잊어버리기 십상이다. 일을 의식적으로 한다는 말이 이론적으로는 그럴듯한데, 실제 일상에 접목하면 어떤 형태가 될까.

나는 수중의 모든 일들을 처리하기 위해 수십 가지 방법들을 연구했다. 이른바 GTDGetting Things Done(할 일 해치우기) 시스템부터 사방에 할 일을 기록한 포스트잇을 붙여두는 소위 '칸반Kanban(간판)' 시스템 그리고 셀 수 없이 많은 생산성 관련 앱까지 말 그대로 안 해본 일 없이 다 시도해보았다. 이들 대부분은 처리해야 할 모든 일들을 정확히 파악하고 정돈하는 데 꽤나 효과를 냈다. 당신에게 가장 도움이 될 만한 기법이 무엇인지는 차후에 소개할 것이다. 그전에 이들 시스템에는 하나같이 커다란 맹점이 있었다. 업무 처리 속도를 늦추고 보다 의식적으로 일하는 데는 별다른 도움이 되지 않았다는 것이다.

맡은 업무를 관리하기 위한 훌륭한 시스템을 갖추는 것은 중요하다. 하지만 그 시스템을 이용해 정리한 일들을 목적을 갖고 의식적으로 처리하는 것도 이에 못지않게 중요하다. 바로 이 부분이 이번 절에서 다룰 내용이다. 시간과 주의력과 에너지를 더욱 효율적으로 관리하는 데 주력하기에 앞서 하루하루 무슨 일에 집중할 것인가를 결정함으로써 지속적으로 기초를 다지는 것이 중요하다. 바로 여기서 '3의 원칙'이 등장한다.

프로젝트를 절반가량 진행하면서 나는 마이크로소프트의 비즈니스 프로그램 부문 이사인 J. D. 마이어J. D. Meyer의 책《민첩하게 결과 내기Getting Results the Agile Way》를 집어 들었다. 겉보기에 이 책은 교과서에 가깝다. 서체가 파피루스체이기 때문이다. 하지만 내용만큼은 믿을 수 없을 만큼 강력했다. 생산성을 단순함이라는 렌즈를 통해 조명한 접근 방식 때문이다. 이 책에서 얻은 핵심 원리 중 한 가지가 다름 아닌 '3의 원칙'이다. 이 원칙의 이면에 자리 잡은 개념은 전혀 새롭지 않다. 파워블로그인 '젠해비츠Zen Habits'의 리오 바바우타Leo Babauta나 생활전문매체인 〈라이프해커Lifehaker〉의 지나 트라파니Gina Trapani 같은 생산성 블로거들도 앞서 입에 올렸던 개념이다.[3] 하지만 내게는 새로울 뿐 아니라 실제로 시도해보지 않을 수 없을 만큼 대단히 매력적이었다.

내가 가진 것을 포함해 세상에 존재하는 모든 생산성 관련 앱들을 다운로드하더라도 3의 원칙만큼 해야 할 일에 전념하도록 하는 프로그램은 찾을 수 없을 것이다.

원칙은 정말 단순하다.

1. 매일 하루를 시작할 때 그날이 저무는 시점으로 머릿속의 시계를 빠르게 돌려 자신에게 질문한다. 하루가 다 지나갈 때 성취하고 싶은 세 가지 일이 무엇인가? 그러고는 결정한 내용을 적어둔다.
2. 주간 단위로도 매주 초에 같은 방법을 적용한다.

이렇게 결정한 세 가지 일이 그날 하루, 또 한 주의 핵심이 된다. 이게 전부다.

3의 원칙의 실제 모습

이 원칙을 처음 실험했을 때 적응하기까지 1~2주가량 걸렸다. 처음에는 매일 성취할 세 가지 목표를 너무 사소한 것들로 골라 하루 동안 의도했던 것보다 훨씬 많은 일을 해냈다. 다음에는 지나치게 야심 찬, 때로는 심한 압박감을 느낄 정도로 원대한 목표를 설정해 계획을 달성할 수 없었고 하루 종일 동기 부여도 제대로 되지 않았다. 한 주 반가량 실험을 지속하면서 마침내 균형점을 찾았다. 다시 말해 매일 일을 처리하는 데 얼마나 많은 시간과 주의력, 에너지를 쏟았는가를 인식할 수 있는 경지에 도달한 셈이다.

3의 원칙을 실생활에 적용했을 때의 모습이 어떤가를 보여주자

하루에 딱 세 가지 해내기

는 차원에서 오늘 아침 내가 목표로 세운 세 가지를 공개한다.

1. 이 책의 3의 원칙에 관한 원고 완성하기
2. 받은메일함 정리하기 그리고 이메일은 하루 두 번만 확인하기
3. 세금 신고에 필요한 것들 모두 챙기기

오늘 아침 가만히 앉아 하루를 마무리하는 시점을 생각했을 때 이렇게 세 가지 일을 해내고 싶었다. 그리고 지금까지 일을 해내고 있다. 재미 삼아 얘기하자면 이번 주 달성하기로 한 세 가지 목표는 다음과 같다.

1. 이 책의 챕터 1을 마무리해 편집자에게 송고하기
2. 이달의 블로그 콘텐츠를 작성해 올리기
3. 1월로 예정된 두 건의 강연을 위한 마인드맵 그리기

이 밖에 나는 매일 그리고 매주 초에 세 가지의 '개인적' 목표를 세운다. 항상 세 가지를 정하는 것은 아니다. 일에 관한 목표 설정도 마찬가지다. 하지만 세 가지를 설정할 때 앞으로 한 주 동안 생활을 더욱 효과적으로 통제하고 있다고 느낀다. 아울러 내가 해내는 일에 대해 신이 나기도 한다. 궁금해하는 사람들을 위해 오늘과 이번 주 나의 세 가지 개인적 목표를 밝히자면 다음과 같다.

오늘

1. 여자친구와 차 마시며 시간 보내기

2. 일상의 재미를 위해 책 25쪽 읽기

3. 크리스마스 선물 목록 작성 마무리하기

이번 주

1. 크리스마스 계획 세우기와 선물 구입하기

2. 생일 파티를 위해 업무에서 완전히 벗어나기

3. 짐을 꾸리고 고향으로 가 크리스마스 보내기

이 목표들은 모두 단순하지만 내가 가치를 두거나 의미 있다고 여기는 것들과 맥을 같이한다. 계획했던 일들을 모두 해낸 뒤 삶의 일관성과 소속감을 느끼는 것은 물론이다. 자신의 업무와 인생 가운데 가장 의미 있는 일을 결정하라. 그리고 3의 원칙을 하루 및 주간 단위로 적용하라.

세 가지에 대한 발상

마이어에게 왜 하필이면 매일 그리고 매주 목표를 세 가지만 선택하는지 물었다. 한두 가지일 수도 있고, 혹은 네다섯 가지를 정할 수도 있지 않은가. 그의 답변이 기막혔다. "내 매니저가 한 주 동안 우리 팀이 무엇을 달성했는가를 물을 때 10장짜리 목록을 원하지 않더군요. 가장 괄목할 만한 세 가지 결과를 요구했어요. 그래서 그냥 3의 원칙에 주목하게 됐죠."

이후 마이어는 자신의 팀원들에게 하루 동안 무엇에 주력했는가를 물었을 때 그 역시 세 가지 이상의 결과물, 즉 가장 의미 있는 세 가지 일 외에 더 많은 것을 듣고 싶어 하지 않는다는 사실을 알게 됐다. "나도 마찬가지예요. 세 가지가 따로 적어두거나 확인할 필요 없이 유념하기에 매우 쉽더군요. 세 가지 결과물 정도는 길 가다가도 줄줄 말할 수 있어요. 그때그때 우선순위를 매기고 일을 순조롭게 진행하는 데 이 방법이 결정적인 효과를 냈죠."

세 가지는 아무렇게나 집어 든 숫자로 보일 수도 있지만 수행하고자 하는 중대한 업무를 포괄할 만큼 충분히 많으면서, 중요한 사안에 생각을 집중할 수 있을 만큼 충분히 적은 수다. 세 가지는 일을 보다 슬기롭게 해내는 데도 도움이 된다. 성취하고자 하는 일을 결정함으로써 결과적으로 하지 않을 일을 결정하게 되기 때문이다. 또 3의 원칙은 얼마나 많은 일을 해치우는가를 강조하는 것이 아니라 원하는 목표를 달성하는가에 중점을 두기 때문에 생산성의 원리와도 훌륭하게 접목돼 있다.

사람들이 세 가지를 생각하기 좋아한다는 근거는 멀리서 찾을 필요가 없다. 마이어에 따르면 "세 가지 성취가 효과적인 가장 단순한 이유는 태초부터 인간의 뇌가 세 가지를 생각하도록 훈련됐기 때문이다". 예를 들어 "군대에서는 군인들에게 생존 정보를 기억하도록 하기 위해 3을 이용한다. 공기 없이 3분을 버틸 수 있고, 물 없이는 3일 그리고 아무것도 먹지 않은 상태로는 3주 동안 생존할 수 있다".

주위를 살펴보라. 3이라는 숫자가 곳곳에 포진하고 있다. 곰 세 마리와 아기 돼지 삼형제, 삼총사는 또 어떤가. 여기서 그치지 않는다. '피와 땀과 눈물', '좋은 놈, 나쁜 놈, 이상한 놈the good, the bad and the ugly', 또 금메달과 은메달과 동메달이라는 예도 있다. 그리스도교의 세 가지 덕인 믿음, 소망, 사랑도 빼놓을 수 없다. 인간의 사고는 세 가지를 근간으로 생각하도록 설계돼 있다.

3의 원칙이 실생활에 제대로 통하는 이유는 또 있다. 제아무리 최선의 주의를 기울인다고 해도 비상 상황이 닥치게 마련이고, 더욱 다급히 처리해야 할 일이 밀려들면 비명이 터져 나올 수밖에 없다. 세 가지 목표를 설정하는 것은 이런 와중에 등대가 되어줄 것이다. 처리하고 싶었던 10장짜리 업무 목록과 씨름하다 결국 아무것도 해내지 못한 채 좌절감에 빠지는 상황과 정면으로 대조된다.

앞으로 중요성이 떨어지는 일을 피하고 영향력이 낮은 업무를 줄이는 한편 주위 잡음을 최소화할 수 있는 방법을 깊이 다루겠지만, 먼저 하루 그리고 한 주 동안 집중할 일을 세 가지로 압축하면 모든 일이 엉망이 되는 상황에서도 집중력을 유지할 수 있고, 오히

려 더 많은 것을 성취할 수 있을 것이다. 그런 의미에서 마이어의
말은 매우 적절하다.

"단순함으로 인해 복잡함을 보다 쉽게 다루고 쇄신해서 전개할
수 있다."

하루를 시작하면서 한발 물러나 가장 생산적인 업무가 무엇인지 그리고 시간과 주의력과 에너지를 쏟아야 할 일이 무엇인지를 결정할 수 있을 것이다. 이를 통해 하루 종일 집중할 대상을 알게 될 것이다.

에너지 및 집중력　　　　　가치　　　　　재미

3의 원칙을 당장 내일 아침부터 적용해보라. 더 많은 것을 성취하고 가장 영향력 있는 업무에 시간을 투입하기 위해서는 매일 이 원칙에 따라 일을 처리해야 한다.

내일 일과를 시작하기 전 혹은 이메일을 열어보기 전 펜과 종이를 앞에 두고 앉아 하루를 마무리하는 시점으로 시간을 빨리감기 해보고 그때까지 해내고 싶은 세 가지 주요 일을 적어보라. 이메일을 확인하고 싶은 충동을 뿌리치기 힘들겠지만 욕구에 저항하는 것은 상당히 가치 있는 일이다. 중요한 업무가 무엇인가를 고민하는 사이 한발 물러나 머릿속을 명료하게 할 수 있기 때문이다.

성취하고 싶은 일이 무엇인지 생각하기가 쉽지 않다면 '승리와 성취, 하이라이트'라는 측면에서 생각해보라고 마이어는 권한다. 프로젝트의 이정표를 세우거나, 밀린 일들을 해치우거나, 고객을 내 편으로 이끌어들이는 것처럼 말이다.

달력을 보면서 앞으로 예정된 회의와 전념할 과제들을 확인하는 것도 효과적이다. 업무를 처리할 시간과 주의력과 에너지를 조절할 수 있기 때문이다. 생산성을 향상시키는 것은 제약 조건들을 파악하고 시간과 주의력과 에너지가 일을 적절하게 처리해내는 데 얼마나 많은 도움이 되는가를 관찰해가는 과정이다.

3의 원칙을 더 깊이 이해하고 싶다면 다음의 조언을 참조하라.

▶ 하루 중 각각의 업무를 언제, 어디서 그리고 어떻게 이행할 것인가를 생각해보라. 연구 결과에 의하면 이를 통해 목표 달성을 보다 쉽게 자동적으로 이뤄낼 수 있다.[4] 특히 즐겁지 않은 업무를 처리할 때 효과적이다.

▶ 이행하고자 하는 세 가지 주요 업무를 결정하는 한편 하루 동안 처리하고 싶은 그 밖의 사소한 업무들을 골라보자. 앞서 세 가지 업무는 그날의 으뜸가는 업무이지만 그 외에 중요성이 다소 떨어지는 다른 과제들이 늘 있기 마련이다. 다만 제약 조건들을 늘 염두에 두도록 하자.

▶ 우선 하루 일과부터 시작하라. 3의 원칙이 일간 기준으로 얼마

나 효과적인가를 알면 주간 단위로도 이 원칙을 시도하게 될 것이다. 믿어도 좋다.

▶ 계획을 짤 때 가장 영향력 있는 업무들을 늘 유념하라. 개인 생활에 3의 원칙을 적용해보기로 했다면, 이는 특히 개인적 목표가 많은 사람에게 상당히 가치 있는 시도인데, 이 세 가지 목표가 자신의 가치들과 어떻게 연결되는가를 점검하라.

▶ 일하는 시간 중 두 차례의 시계 알람을 설정하라. 그리고 알람이 울릴 때 자신에게 질문하라. 오늘의 업무 목표가 무엇인지를 기억하고 있는가. 주간 단위의 세 가지 목표도 기억하는가. 그렇다면 계획들을 성취해나가고 있는가.

▶ 하루 혹은 한 주를 마칠 때 세 가지 성취가 얼마나 현실적이었는가를 점검해보라. 목표가 너무 소소해 계획했던 것보다 훨씬 많은 일들을 해내지는 않았는가. 혹은 목표치가 너무 높아 압박감을 느끼지는 않았는가. 각각의 업무를 처리해내기 위해 필요한 시간과 주의력과 에너지를 정확히 파악했는가. 목표가 얼마나 현실적이었는가를 점검해보면 앞으로 더욱 현실적인 목표를 설정할 수 있다.

업무를 더욱 의식적으로 처리하고 하루 동안 더 많은 것을 성취하는 데 목표를 둔다면 3의 원칙만 한 해법은 없다.

04

생물학적
황금 시간대
파악하기

 예상 소요 시간 11분 3초

하루 동안 에너지 수위가 얼마나 오르락내리락하는지 시간을 갖고 관찰하면 생물학적 황금 시간대, 즉 에너지와 집중력이 최고조에 이른 시간에 가장 영향력 있는 업무를 처리할 수 있다. 이와 유사한 방법으로 한 주 동안 시간을 어떻게 보내는가를 추적하면 시간을 얼마나 현명하게 사용하는지 그리고 하루 동안 얼마나 집중을 잘하고 있는지를 파악할 수 있다.

가장 영향력 있는 업무와 매일의 주안점을 확인하는 것만으로 완벽하게 생산적일 수 있다면 이 책은 여기서 마무리해도 좋다. 하지만 얘기는 이제부터 시작이다. 정확히 옳은 일에 매달리려는 최선의 의도에도 불구하고 수많은 이유로 인해 이를 실천하지 못하기 때문이다.

　모든 원인은 시간이나 주의력, 에너지 중 어느 한 가지의 관리 문제와 접목된다. 나 역시 예외가 아니다. 거의 매일 시간을 낭비하면서 산만해지고 집중하는 데 문제를 겪고 무력함을 느낀다. 생산성에 대한 연구와 실험 덕분에 많은 사람들보다 나을지 모르겠지만 완벽하게 생산적이라 한다면 그건 거짓말이다. 생산성에 관한 다른 전문가들도 마찬가지다.

　당신도 같은 문제를 안고 있을 수 있다. 최선의 의도에도 원하는 만큼 시간과 에너지, 주의력을 갖지 못한다. 아니면 일을 미루거나(챕터 2) 여기저기서 밀려들어 오는 하찮은 업무에 지나치게 많은 시간을 투입하거나(챕터 3) 시간을 현명하게 사용하지 못하거나(챕터 4) 압도당한 느낌에 빠진다(챕터 5). 아니면 끊임없이 산만해져 집중할 수 없거나(챕터 6) 에너지를 적절하게 배양하지 못한다(챕터 7). 내 경험에 비춰볼 때 이건 매우 정상적인 현상이다.

　이 책의 나머지 부분을 통틀어 시간과 주의력과 에너지를 더 잘 관리하기 위해 내가 알아낸 최고의 방법을 제시할 것이다. 하지만 생산성을 구성하는 이들 세 가지 요소의 보다 나은 관리 방법을 배우기에 앞서 기초 작업의 결정적인 마지막 조각을 맞추는 것이 필수적이다. 이어 현시점에 시간과 주의력과 에너지를 얼마나 제대로 관리하고 있는가를 파악해야 한다.

지금부터 공개할 두 가지 실험은 내가 이 세 가지 요소를 어떻게 관리하는가를 측정한 것인데 매우 가치 있는 정보를 제공했다. 한 가지 실험에서는 하루 중 에너지를 측정했고, 다른 한 가지 실험에서는 시간과 주의력을 어떻게 사용하는가를 추적했다.

생물학적 황금 시간대

이미 눈치챘을지 모르지만 당신의 에너지 수위는 하루 종일 끊임없이 상승과 하락을 반복한다. 아침형 인간이라면 이른 아침의 에너지가 더 높다. 올빼미족들은 밤늦은 시간에 더 많은 에너지를 발산한다. 커피를 마신 뒤 기운이 갑작스럽게 치솟는 것을 느끼지만 이후에 다시 에너지가 곤두박질친다. 대부분의 사람들과 유사하다면 당신의 에너지 수위는 푸짐하게 점심 식사를 한 후 이른 오후에 가파르게 뛰었다가 다시 급격히 떨어질 것이다.

나는 에너지를 더욱 생산적이기 위해 하루 동안 태우는 연료라 여긴다. 그렇기 때문에 현명한 에너지 관리는 절대적으로 중요하다. 일을 훌륭하게 해내기 위한 연료가 탱크에 없으면, 혹은 영양가를 갖춘 식사와 충분한 수면을 통해 하루 중 에너지 수위를 배양하지 않아 녹초가 돼버리면 제아무리 시간과 주의력을 잘 관리해도 생산성은 추락하고 만다. 나는 프로젝트를 진행하는 과정에 평범한 하루 중 에너지 수위가 어떻게 등락하는지 그 실태를 파악하는 실험을 설계했다. 내가 가진 에너지의 양을 측정하기 위해 3주에 걸쳐 매 시간마다 에너지 일지를 작성했다.

실험이 진행되는 사이 나는 다음과 같이 행동했다.

- 카페인과 알코올을 모든 식단에서 전면 배제했다.
- 설탕 섭취를 최대한 줄였다.
- 하루 종일 적은 양의 식사를 자주 하며 필요한 연료를 채웠다.
- 알람을 맞추지 않고 저절로 잠이 깰 때 눈을 뜨고 졸릴 때 취침했다.

실험의 이면에 깔린 추론은 단순하다. 자극제를 최대한 줄인 상태로 몇 주 동안 에너지의 자연적인 흐름을 추적해 하루에 자연 발생적인 에너지를 얼마나 가졌는지 정확하게 파악하려는 것이었다. 그러면 더욱 생산적이기 위한 조치를 취할 수 있을 것이다. 즉 가장 중요한 일을 자연적인 에너지 수위가 가장 높을 때 처리할 수 있다. 혹은 신체와 뇌의 에너지가 떨어질 때 이를 보강할 수 있다. 사람들은 모두 본질적으로 다르고[5] 따라서 모든 사람의 하루 중 에너지 패턴도 생물학적 시계가 어떻게 설정됐는가에 따라 제각각 다르다. 나의 생물학적 시계는 어떻게 맞춰져 있는가를 알아보고 싶었다.

3주에 걸쳐 매 시간마다 에너지 수위를 입력했더니 흥미로운 패턴이 나타났다. 나는 매일 오전 10시부터 정오까지 그리고 오후 5시에서 8시 사이에 하루 중 다른 시간대보다 많은 에너지를 가진 것이 확인됐다. 에너지가 최고조에 이른 시간대에 붙이는 용어는 전문가들마다 다른데, 나는 샘 카펜터Sam Carpenter가 창안한 '생물학적 황금 시간대Biological Prime Time'라는 용어를 가장 선호한다.[6]

하루 일과 중 에너지가 어떻게 상승과 하락을 반복하는가를 관찰하면 가장 영향력 있는 업무를 생물학적 황금 시간대, 즉 최고의

나의 평균적인 하루의 에너지 수위

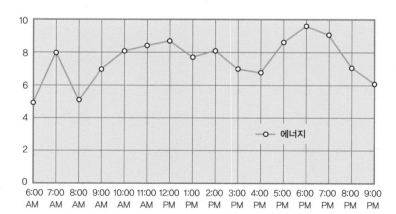

에너지와 집중력을 발휘할 수 있는 시간대에 처리할 수 있다. 중요성이 떨어지는 업무는 에너지 수위가 낮을 때 처리하면 된다. 가장 생산적인 사람들은 시간을 잘 관리하는 데서 만족하지 않고 에너지와 주의력도 노련하게 관리한다. 가장 높은 에너지를 보유하는 시간대를 중심으로 하루 일과를 재배치하는 것은, 일을 단순히 더 열심히 하는 것이 아니라 더욱 지혜롭게 처리하기 위한 간단한 방법이다.

생물학적 황금 시간대를 확인한 뒤 나는 이에 맞춰 일과를 재배치하기 시작했다. 매일 오전 10시부터 정오까지 그리고 오후 5시와 8시 사이에 가장 의미 있고 영향력이 높은 업무를 처리했다. 반대로 하루 중 기력이 떨어지는 시간대에는 중요성이 떨어지는 일을 하거나 녹차를 마시며 기력을 재충전하기 위한 시간을 가졌다.

맡은 업무와 그 일을 처리할 시간을 전적으로 통제할 수 없다 하더라도 업무의 경중에 따라 가장 현명한 시간을 선택해 처리하면 생산성에 큰 변화를 이끌어낼 수 있다. 예를 들어 오후 12시에 에너지가 가장 높다면 굳이 이 시간에 일을 중단하고 점심 식사를 할 필요가 있겠는가. 재충전이 절실하게 필요할 때까지 식사를 늦추면 될 일이다.

에너지가 가장 높은 시간대를 활용하는 방법에 대해서는 이후 보다 깊이 다룰 것이다. 신체의 자연적인 리듬을 파악하는 것은 단순히 더 열심히가 아니라 더 슬기롭게 일하기 위한 최선의 방법이다. 물론 에너지는 생산성의 세 가지 요소 가운데 하나에 불과하다. 시간과 주의력을 얼마나 현명하게 사용하는가를 인식하는 것도 이에 못지않게 중요하다.*

시간 일지 작성하기

나는 여간해서 일을 미루지 않는 편이지만 항상 꾸물거린다. 아침에 샤워를 하기 전에 서성거리면서 집 안을 정리하고, 심부름하러 나가기 전에 책을 몇 쪽 읽거나 과자를 집어 먹는다. 그렇지 않으면 딴생각에 잠기곤 한다.

시간을 크게 낭비하지 않는 편이고, 계획했던 일을 거의 매번 해치우지만 온종일 소소한 꾸물거림으로 생산성을 단절해버린다. 서성거리는 행위는 일에서 오는 압박감을 줄이고 다음 업무로 넘어가는 데 도움이 된다. 심지어 꾸물거리는 사이에 더 출중한 아이디어가 나오기도 한다(17절 참조). 물론 주위 사람들, 특히 어머니와 누나, 여자친구를 포함해 내 삶 속의 거의 모든 여성들을 제대로 짜

---

* 연구에 따르면 인간의 뇌 가운데 창의적인 생각을 주관하는 전두엽 피질은 아침에 잠에서 깨어난 직후 가장 왕성하게 활동한다. 창의적인 직업에 종사한다면 잠을 깬 뒤 에너지 수위가 낮더라도 아침 시간에 업무를 처리하는 것이 좋다는 얘기다. 하루의 첫 출발을 중요한 일을 붙들고 시작하는 것은 굉장한 것이다.[7] 남은 하루 동안 멈출 수 없음을 느낄 것이다.

증나게 하고, 때로는 그들의 입에서 '그만 꾸물대라'는 말이 튀어나오지만 나는 좋기만 하다.

생물학적 황금 시간대를 파악하는 것과 마찬가지로 한 주 동안 시간을 어떻게 사용하는가를 추적하는 것은 이론적으로 단순하다. 하지만 실제로 적용하는 일은 무척이나 따분했다. 실험을 위해 나는 엑셀 화면처럼 생긴 종이를 한 장 프린트한 뒤 가로에는 하루 중 시간대를 열거하고 세로에는 한 주간의 일자를 기입했다. 시간 일지 작성의 결과를 다루기에 앞서 이 일지 작성이 왜 효과적인가를 간략하게 언급하는 것이 좋겠다.

개인적으로 나는 시간 일지를 자주 작성하지 않는다. 엄청난 노력이 필요하기 때문이다. 하지만 몇 개월마다 한 번씩 일지를 기록해 시간을 어떻게 쓰는가를 파악하는데, 이건 한정된 시간을 얼마나 현명하게 사용하고 있는가를 보기 위해서다. 생산성을 향상시킬 수 있는 세 가지 요소 가운데 시간은 가장 제한적인 자원이다. 주의력이나 에너지를 충전할 수 있는 방법은 상당수에 이르지만 시간을 더 많이 확보할 수는 없다.

시간을 보다 총명하게 사용하기, 즉 가장 영향력이 크고 의미 있는 일에 시간을 할애하기 위해서는 먼저 현재 시간을 어떻게 사용하고 있는가를 파악해야 한다. 현재의 시간 사용 패턴이 파악돼야 조정을 할 수 있다. 예를 들어 외모나 영적인 부분에 높은 가치를 두고 있지만 한 주 동안 두 가지 일에 단 1분도 소비하지 않을 수도 있다. 아니면 팀 훈련을 가장 중요한 업무 중 한 가지로 결정하고는 한 주 동안 이 일에 1분도 투입하지 않을 수도 있다. 현시점에 시간을 어떻게 사용하는가를 인식하지 않고서는 자신이 가치를 두는 것이나 가장 영향력 있는 업무와 일치하는 형태로 행동하고 있는가를 점검하기 어렵다. 시간 일지 작성은 자신의 출발점과 기초 수준을 파악하는 한편, 가장 의미 있고 영향력이 높은 업무를 얼마나 빈번하게 처리하는가를 점검하는 최적의 방법이다.

시간 일지는 하루 동안 얼마나 집중하는가를 파악하는 데도 훌륭한 길잡이가 된다. 매 시간마다 하고 있는 일을 적어두었다가 번번이 중요한 업무들을 제쳐두고 있다는 사실을 발견하게 되면 미루는 버릇을 극복하고(5절), 주의력 근육을 개발하는 한편(18절) 주의를 산만하게 하는 요인들을 줄일 필요가 있다(19절).

《시간 창조자*168 Hours*》의 저자 로라 밴더캠*Laura Vanderkam*은 시간 일지가 실제로 시간을 어떻게 보내고 있는가를 파악하는 데 매우 쓸모 있는 도구라고 말한다. "다소 따분하고 지루한 일 같지만 말 그대로 일주일에 몇 시간을 업무에서 해방시켜준답니다." 밴더캠의 얘기다. "관건은 자신에게 맞는 시스템을 찾아내는 것이죠."

매 시간을(혹은 30분 아니면 15분을) 어떻게 보내는가를 기록하다 보면 하루 일과를 마친 뒤 그날 계획했던 업무를 모두 완료했는지를 돌이켜보는 시점이 아니라 매 시간마다 자부심을 느낄 수 있다. 연구 결과에 의하면 음식 일지를 작성할 경우 체중 감량 효과를 두 배로 늘릴 수 있다.[8] 이와 유사한 결과가 시간 일지를 관리하기 시작한 뒤 나타난다.

밴더캠은 보통 시간 일지를 분기마다 일주일씩 30분 단위로 기록한다. 평범한 한 주를 골라 기록하는 것이 중요하고, 컴퓨터 스프레드시트 프로그램이든 아니면 생산성 앱이든 가장 수월한 방법으로 기록하는 것이 중요하다고 그녀는 말한다. "시간 일지는 시간을 낭비하는 부분을 찾아내는 데 훌륭한 도구이지만, 덤비기가 겁나 미뤄두고 있는 업무들이 실제로는 생각하는 것보다 오랜 시간이 걸리지 않는다는 것을 깨닫는 데도 도움이 됩니다." 밴더캠은 말한다. "미루는 버릇을 극복하는 데 좋아요."

나는 프로젝트를 절반 정도 진행하던 중에 처음 시간 일지를 작성했다. 이 부분을 본격적으로 얘기하기 전에 이 책의 나머지 부분을 읽기 위한 기초 다지기용 마지막 도전을 거쳐야 할 시간이다.

이번 도전은 수차례 거듭해 본전을 뽑을 것이다. 자신의 에너지
흐름을 추적해 생물학적 황금 시간대를 파악하라. 그리고 시간 일
지를 작성해 자신의 시간과 주의력을 얼마나 제대로 관리하고 있
는가를 평가하라.

에너지

자신의 자연적 리듬을 관찰하고 싶다면 얼마나 많은 에너지를
가졌는가를 기록하기에 앞서 반드시 다음의 일들을 해야 한다.

▸ 카페인과 알코올, 설탕을 끊고 그 밖에 다른 자극제들의 섭취를 가능한 한 차단해야 한다. 적응 기간이 며칠 걸린다면 해당 기간 동안은 통계 데이터 기록을 중단하는 것이 좋다. 결과를 왜곡할 수 있기 때문이다.

▸ 하루 동안 소량의 식사를 자주 해야 한다.

▸ 가능하다면 알람을 사용하지 않고 자연적으로 아침에 눈뜨고 밤에 취침해야 한다.

이 책에서 제시하는 도전 과제 중 카페인과 알코올을 끊는 부분이 가장 어려운 일에 해당할 것이다. 하지만 자연적인 상태로 언제 에너지가 가장 충만한가를 정확히 파악하려면 이는 필수적이다. 나는 알코올을 마시는 것은 내일의 에너지를 차입해오는 행위라고 생각한다. 또 카페인 수위가 고조된 후에는 예외 없이 졸음이 밀려들기 때문에 카페인 섭취는 하루 중 나중에 쓸 에너지를 빌려오는 셈이다. 자연적으로 가장 생산적인 시간이 언제인지 일관된 측정치를 확보하려면 두 가지 모두 철저하게 배제해야 한다. 설탕 역시 때로 일시적인 에너지 촉진 작용을 하지만 에너지와 생산성의 관점에서 볼 때 장기적으로 도움이 되는 것은 아니다.

개인적으로 나는 에너지 수위를 추적하기 일주일 전부터 세 가지 모두를 끊어버릴 것을 권한다. 당신의 생물학적 황금 시간대는 시간이 흐르는 사이 크게 달라지지 않는다. 따라서 자연적으로 언제 에너지가 가장 충만한가를 알면 몇 년간은 도움이 될 것이다.

시간과 마찬가지로 에너지 수위를 추적하기 위해 필요한 것은 한 주 동안의 날짜와 하루 중 시간대가 기록된 종이 한 장이 전부다. 시간을 절약하기 위해 나는 일주일 동안 시간과 에너지 수위를 관찰하는 데 필요한 모든 것들을 포함한 그래프를 만들었다.

시간

매 시간 정각에 자신의 에너지가 얼마나 높은가를 1에서 10까지의 범위 내에서 기록하면서 생각해보자.

▶ 무엇을 하고 있는가?
▶ 해당 시간 동안 몇 분이나 꾸물댔는가?

다음 몇 가지 정보가 이번 도전 과제를 수행하는 데 도움이 될 것이다.

▶ 컴퓨터로 장시간 일하는 경우라면 시간을 어떻게 소비하는가를 펜과 종이로 기록하는 것 외에 효과적인 앱을 이용해 추적하는 방법도 있다. 업무용 컴퓨터에 프로그램을 설치할 수 있다면 레스큐타임Rescuetime.com(무료)과 토글Toggl.com(무료)을 강력 추천한다. 이 중 레스큐타임은 드러나지 않게 자동적으로

시간을 추적하고 토글은 수작업으로 시간을 기록한다.

▶ 일을 뭉개는 자신의 모습을 발견하게 되더라도 크게 걱정할 것 없다. 이는 정상적인 현상이다. 내가 인터뷰했던 이 분야 전문가들에 의하면 모든 사람이 때로 일을 미룬다. 세상에서 가장 유명한 전문가들도 예외가 아니다. 얼마나 오래 미루는가를 기록할 때 자신에게 지나치게 엄격해지지 않도록 하라. 정직하게 기록하는 걸 겁내지 마라.

▶ 일주일 혹은 그 이상 시간과 에너지를 추적하는 일에 흥미가 없다면 며칠 동안만이라도 기록해보도록 하자. 일정한 패턴을 발견하기 시작하면 두 가지의 추적을 더 하고 싶은 의욕이 생길 것이다. 개인적으로 나는 시간 추적을 한 주 동안 그리고 에너지 수위는 가능하다면 2~3주 동안 기록하도록 권한다.

▶ 시간과 에너지 추적은 따분한 일이지만 두 작업을 통해 얻는 결실은 엄청나다. 첫 측정치와 비교하면 효과가 떨어졌는데도 여전히 몇 개월에 한 번씩 시간과 에너지 기록을 계속할 정도다. 이 작업의 가치는 굉장하다고 믿어 의심치 않는다.

이 작업만으로도 사소한 업무에 낭비하는 시간을 줄이도록 동기 부여할 수 있다. 이제 더욱 생산적이기 위한 토대를 다졌으니 여태껏 덮어두고 있던 문제, 즉 나의 첫 번째 추적 실험의 결과를 본격적으로 밝히겠다.

The
Productivity
Project

CHAPTER 2

생산적으로
일 미루는 법

05

거들떠보기
싫은 일과 친해지기

 예상 소요 시간 16분 54초

일을 미루는 것은 지극히 인간적이다. 가장 영향력 있는 일이 가치 있는 이유는 지레 겁먹게 하는 측면이 더 크기 때문이다. 이런 일은 대개 영향력이 떨어지는 업무에 비해 더 많은 시간과 주의력, 에너지를 요구한다. 또 일반적으로 따분하고 좌절감을 주거나 어렵고 비체계적이며 마땅한 보상을 주지도 않는다. 이런 모든 특성들이 맞물려 일을 미루게 하는 도화선이 된다.

주 70시간 테드 시청하기

2013년 10월, 한 주 동안 테드 강의를 296건 시청해가며 생산성 실험을 진행했을 무렵, 테드 제작진 중 한 명이 인터뷰를 요청해왔다. 나는 황홀경에 빠졌다. 1년을 기약하고 시작한 실험을 이제 절반가량 진행했는데 사람들 사이에 내 블로그가 알려지기 시작했고, 게다가 테드 인터뷰라니 말 그대로 '대박'이었다. 빌 클린턴과 말콤 글래드웰Malcolm Gladwell, 제인 구달Jane Goodall, 빌 게이츠 등 쟁쟁한 권위자들과 나란히 테드닷컴TED.com의 1면을 장식하다니!

일주일 뒤 인터뷰 내용이 게시됐을 때 나는 또 한 번 행복한 비명을 질렀다. 나를 흥분하게 만든 것은 다름 아닌 첫 문장이었다. "크리스 베일리는 우리가 만난 인물들 가운데 가장 스마트하게 사는 사람이다." 테드가 나를 가장 스마트하게 사는 사람이라 평가했다. 내 책의 표지에 대문짝만 하게 새겨야 마땅하지 않겠는가.

영광을 손에 쥐었던 그 주간, 나는 실험의 일부분으로 일을 미루는 것까지 포함해 시간을 어떻게 사용하고 있는지를 추적해보았는데 그 결과는 나를 겸허하게 했다.*

• 자세히 털어놓자면, 그 5일간 나는 잠자는 데 39.5시간을 할애했고, 집안일과 개인적인 일에 9시간을 소모했으며, 운동과 명상에 각각 6시간과 2.5시간 그리고 여가 활동에 10.5시간을 소모했다. 여가 활동의 대부분은 독서와 친구들 만나기였다.

- 독서와 자료 조사 19시간

- 글쓰기 16.5시간

- 인터뷰 참석 4시간

- 관리 업무 8.5시간

- 업무 미루기 6시간

어떤 잣대를 들이대더라도 내가 보낸 한 주는 특출하게 생산적이었다. 내가 참석한 인터뷰가 테드에 실렸고 4683단어의 원고를 작성했으며 두 권의 책을 다 읽었고 그 밖에도 많은 생산성 관련 글을 읽었다. 그뿐 아니라 가장 영향력이 있는 업무에 37.5시간을 투입했다. 원래 처리하려 계획했던 일과 실제로 해낸 일이 한 치의 차이도 없이 일치했다. 금상첨화로 한 주 내내 에너지와 집중력이 충만했다. 그렇지만 원래 하려고 했던 일을 미루는 데 6시간을 보냈다. 이건 휴식을 취하면서 보낸 시간을 제외한 수치다.

한 주 동안의 시간 추적 결과를 공개하는 게 신이 났지만 결국 나는 이를 블로그에 올리지 않기로 결정했다. 프로젝트 진행 과정에서 솔직하기를 꺼린 일이 거의 없었고 실패한 일도 매번 공개했다. 그런데 이번에는 자존심이 걸림돌로 등장했다. 내게 새롭게 붙여진 '세상에서 가장 스마트하게 사는 사람'이라는 수식어에 흠집을 낼 수 있는 것이라면 어떤 것도 공개하지 못하도록 완강히 가로막았다. 그러나 업무 미루기는 부끄러워할 일이 아니었다.

누구나 일을 미룬다

프로젝트를 시작했을 때 내린 가장 현명한 결정 중 한 가지는 연구와 실험으로 알게 된 모든 것들을 블로그에 매일 공개하기로 한 것이었다. 점점 더 많은 사람들이 생산성을 탐구하기 위해 내 접근 방식을 따르기 시작하면서, 사람들의 관심을 촉매제로 삼아 더욱 생산적이기 위해 필요한 것에 보다 깊숙이 빠져들 수 있었다. 티모시 파이카일Timothy Pychyl을 인터뷰한 것이 그중 하나였다.

파이카일은 《START, 시작하라! Solving the Procrastination Puzzle》의 저자로, 일을 미루는 버릇을 20년 넘게 연구해오고 있다. 그는 걸음걸이가 활기차고 수도승과 같은 고요함으로 충만한데, 이 책을 위해 인터뷰했던 많은 명상 전문가들과는 확실히 달랐다. 겉보기에 인격과 품행이 꾸물거림에 관한 세계 최고 권위자라고 할 때 떠올릴 만한 모습과는 거리가 멀었다.

첫 인터뷰를 진행하면서 파이카일이 한 말은 이제까지 들었던 어떤 얘기보다 내 마음을 편안하게 했다. "누구나 일을 미룹니다." 미루기는 인간의 본성일 뿐이다. 《결심의 재발견The Procrastination Equation》의 저자인 피어스 스틸Piers Steel도 파이카일의 주장을 뒷받침한다.[1] "연구 결과에 따르면 약 95퍼센트의 사람들이 일을 미룬다는 사실을 인정하는 것으로 밝혀졌다." (나머지 5퍼센트는 거짓말을 했다는 얘기다.)

거들떠보기 싫은 일과 친해지기

물론 매일 일을 미루는 형태나 빈도는 사람들마다 다르다. 연구 결과에 따르면 약 20퍼센트의 사람들이 만성적으로 일을 미루는 것으로 나타났다. 만성적이든 그렇지 않든 당신도 스스로 인식하는 것보다 더 많은 일을 미루고 있을지 모른다. 내가 한 주 사이 일을 미룬 6시간은 전체 스펙트럼에서 낮은 범주에 속할 것이다.

최근 샐러리닷컴 Salary.com의 설문 조사에서 31퍼센트의 응답자들이 매일 최소 1시간을 낭비한다고 털어놓았다.[2] 매일 2시간 이상 낭비한다고 밝힌 응답자도 26퍼센트에 달했다. 이건 직원들이 낭비했다고 자각하는 시간일 뿐이다. 업무에 따라 사람들은 매일 2시간 이상을 허비하고 있을지 모른다. 파이카일은 연구를 통해 평균적인 학생들이 학업 시간의 3분의 1가량을 꾸물대며 허비한다는 사실을 밝혀냈다.

일을 미루게 하는 여섯 가지 도화선

우리가 할 일을 미루는 과학적인 배경은 단순하다. 이 문제와 관련해 높이 평가할 만한 연구 중 하나는, 우리가 일을 미룰 여지를 높이는 업무 자체의 특성들이 적지 않다는 사실을 밝혀냈다. (물론 일을 미루는 데는 업무를 맡은 사람의 성격에서 비롯되는 측면도 작용하는데, 이 부분에 대해서는 잠시 후에 다룰 것이다. 이보다는 업무 자체의 특성을 조명하는 것이 좋겠다. 업무가 사람의 성격보다 훨씬 바꾸기 쉽기 때문이다. 덧붙이자면 당신은 훌륭하다. 절대 변하지 마라.)

일을 미루게 하는 업무 특성은 무척 간단명료하다. 성격을 제쳐놓고, 업무나 프로젝트가 흥미롭지 않을수록 뒤로 미룰 여지가 높다. 상대적으로 미루게 할 여지가 높은 여섯 가지 업무 성향은 다음과 같다.

- 지루하다.
- 짜증 난다.
- 어렵다.
- 체계적이지 못하거나 애매모호하다.
- 개인적인 의미가 부족하다.
- 업무 자체의 보상이 부족하다. (재미가 없거나 호감이 가지 않는다.)

이 같은 특성이 많을수록 그리고 이런 특성들이 강할수록 업무의 호감이 떨어지고 일을 미루게 될 가능성이 높다. 특정 업무를 마지막 순간까지 제쳐두는 이유는 바로 여기에 있다. 세금 처리 대신 넷플릭스를 보거나 세금만큼 문제의 특성이 많지 않은 일을 하는 것이 한 가지 예다.

세금 처리는 가장 따분하고 짜증 나며 어려운 일 중 하나다. 체계적인 일도 아니다. 당신이 나와 비슷한 성향이라면 의미 있거나 재미있다고 느끼지도 않을 것이다. 대부분의 사람들에게 세금 문제는 일을 미루게 하는 여섯 가지 특성을 모두 가진 걸로 여겨진다. 그 외에 건강검진을 위한 병원 방문, 어머니와의 전화 통화, 재택근무, 마라톤 경주 그리고 책 쓰기도 미루기를 촉발하는 다수의 요인을 지니고 있다.

'왜' 업무를 미루는가를 생각해보는 것이 중요하다. 파이카일의 말대로 "때로 미루기는 당신이 실생활에서 흥미를 두는 것과 특정 업무가 일치하지 않는다는 사실을 드러내는 단면이다. 그러니 다른 일을 찾는 편이 나을 것이다".

세금 문제를 처리할 때보다 넷플릭스를 볼 때 느끼는 정신적인 저항감이 덜한 것은 넷플릭스가 훨씬 덜 지루하고 짜증도 덜 나고 어려운 부분도 거의 없을 뿐 아니라 더 자극적이고 체계화돼 있기 때문이다. 심지어 넷플릭스는 특정 시리즈의 한 편을 보고 나면 다음 에피소드의 예고편을 볼 수 있는 링크를 제공한다. 넷플릭스 시청은 미루기를 유발하는 촉매제가 거의 없기 때문에 사람들은 미루지 않는다.

가장 영향력 있는 업무가 가치 있는 이유는 해당 업무가 무척 골치 아프기 때문이다. 이런 일은 영향력이 낮은 업무에 비해 거의 언제나 더 많은 시간과 주의력과 에너지를 요구한다. 대개 더 지루하고 짜증 나며 어렵고 비체계적이고 본질적인 보상도 적다. 이들 업무는 어렵기 때문에 가치와 의미를 지니며, 바로 이 특성 때문에 이런 일을 할 때 많은 연봉을 받는 것이다. 더 가치 있는 일을 할수록 더 골치 아플 것이다. 생산성을 높이는 일이 지극히 어려운 이유이기도 하다.

지구촌의 거의 모든 사람은 더 많은 것을 하고 싶어 하지만 더 많이 성취하는 문제일수록 더 골치 아픈 일들을 수반한다. 미루기는 더 많은 것을 성취하는 과정에서 촉발된다. 단순하게 보면 이는 의도와 실행의 차이이기 때문이다.

머릿속 들여다보기

일을 미룰 때 당신의 뇌에서 무슨 일이 일어나는지 들여다보자.

일을 미룰까 말까 생각하는 사이 뇌에서는 대단히 흥미로운 전쟁이 한판 벌어진다. 대개 사람들은 드라마 〈하우스 오브 카드House OF Cards〉를 한 편 봐도 괜찮다는 정당화와 세금을 처리해야 한다는 생각 사이에서, 혹은 페이스북이나 트위터를 한 번 더 확인하고 싶은 유혹과 다음 주 금요일까지 제출해야 하는 보고서를 작성해야 한다는 생각 사이에서 갈등을 빚는다.

이렇게 생각이 왔다 갔다 하는 것은 뇌의 변연계와 전두엽 피질 사이에 벌어지는 전쟁의 결과로 나타나는 현상이다. 변연계는 뇌의 감정적이고 본능적인 부분에 해당하며 무엇보다 쾌락의 중추를 포함한다. 진화론적으로 말하면 변연계는 뇌의 오래된 부분이다.[3] 인간을 동물과 마찬가지로 본능적이게 하고 감정과 유혹에 넘어가게 하는 것이 변연계다. 세금 처리를 미루고 〈하우스 오브 카드〉를 시청하도록 부채질하는 것이 바로 이 부분이다.

반면에 전두엽 피질은 뇌의 논리적인 부분에 해당하며 당신이 세금을 처리하도록 하기 위해 싸우는 주인공이다. 논리와 이성을 주관하며 장기 목표를 상기시키는 역할을 한다. 이 책을 펴보게 한 것도 다름 아닌 전두엽 피질이다. 지금까지 내가 언급한 생산성 실험을 실행해보았다면 전두엽 피질이 전쟁에서 이겼다는 얘기다. 반면에 실험을 제쳐두고 책만 읽었다면 변연계가 승리한 것이다.

감정적인 변연계와 논리적인 전두엽 피질 사이의 힘겨루기가 당신이 하루 동안 내리는 결정을 주도하는 동시에 당신을 인간이게 한다. 전두엽 피질이 100퍼센트 승리한다면 당신이 내리는 모든 결정은 완벽하게 논리적일 것이다. 영화 〈스타트렉Star Trek〉의 벌컨과 같이 모든 것을 순수한 논리와 이성에 근거해 결정을 내리고 자신이나 다른 사람들의 감정은 아랑곳하지 않을 것이다. 반면에 변연계가 100퍼센트 이긴다면 당신은 모든 것을 본능적으로 결정하는 동물과 다를 바 없을 것이다.

우리가 내리는 모든 결정은 변연계나 전두엽 피질 중 한 가지가 우위를 차지한 결과에서 비롯된다. 술집에서 만난 이성과 집에 가거나 모닝커피와 함께 도넛의 유혹을 이기지 못할 때, 아니면 일을 미룰 때는 변연계가 승리한 것이다. 파이카일은 업무를 미루는 행위를 '쾌감에 항복하기'라고 지칭하곤 한다. 미루는 사람의 뇌를 촬영하면 파이카일의 얘기가 실현되는 상황을 신경학적 차원에서 목격할 수 있을 것이다. 전두엽 피질이 변연계에 항복하면 사람들은 단기적으로 행복감을 맛보게 된다.

하지만 전두엽 피질이 이기는 경우도 무수히 많다. 은퇴에 대비해 따로 저축을 하거나 퇴근 후 헬스장에 가서 식스팩을 만드는 것도, 업무를 미루게 하는 여섯 가지 도화선을 극복하고 생산성에 관한 책을 읽는 것도 모두 전두엽 피질이 승리했기 때문에 가능한 일이다. 당장의 쾌감을 추구하기보다 장기적인 목표를 달성하기 위해 끊임없이 싸우는 것이 바로 뇌의 전두엽 피질이다. 강력한 전두엽 피질 없이 생산적인 사람이 된다는 것은 불가능하다.

골치 아픈 업무를 생각할 때마다 변연계와 전두엽 피질이 전투를 벌이고, 그 결과에 따라 우리는 일을 미루거나 덤비기 겁나는 업무에 뛰어든다.* 그런데 변연계와 전두엽 피질 사이에서 벌어지는 전투에 한 가지 문제가 있다. 이미 판이 짜여 있다는 점이다.

---

* 상황을 다소 단순화했다. 뇌는 인류가 이제 막 이해하기 시작한 난해한 시스템이다. 뇌의 기능에 관해 일반화된 어떤 진술도 그 복잡함과 경이로움을 모두 설명하지 못한다. 예를 들어 전두엽 피질은 감정적인 처리를 관리하는데, 《행복의 가설*The Happiness Hypothesis*》의 저자인 조너선 하이트Jonathan Haidt에 따르면 "인간이 가진 감정의 폭발적 확장을 가능하게 했다." 하지만 일반적으로 변연계는 감정적이고 전두엽 피질은 이성적이다.[4]

거들떠보기 싫은 일과 친해지기

뇌의 통제력 되찾기

지금까지는 뇌의 변연계와 전두엽 피질이 끊임없이 전투를 벌이는 장면을 묘사했다. 이는 미루는 문제에 관한 한 사실이지만, 그 밖의 시간에는 두 시스템이 기막히게 공조를 이룬다. 이성과 감정을 주관하는 이들 시스템은 인류에게 알려진 가장 높이 평가할 만한 혁신의 상당 부분에 함께 관여했다.

언어와 인쇄술, 백열전구, 바퀴, 인터넷 등이 대표적인 사례다. 이성이 바퀴를 창조했지만 이는 또한 더 나은 현대적 세상을 창조하고자 하는 소망에서 빚어진 결과다. 바퀴의 최초 발명가는 이후 남성들로부터 대대적인 지지를 얻고 여성들에게 높은 점수를 얻었을 것이다. 하지만 이는 단순히 나의 주관적인 짐작일 뿐 진화심리학에 근거를 둔 얘기가 아니다.

전두엽 피질과 변연계의 상호작용은 우리로 하여금 유쾌하고 흥미롭고 의미 있는 일을 추구하도록 한다. 첼로를 배우거나 잉카에서 마추픽추에 도달하는 잉카 트레일을 오르기 위해 돈을 모으고, 그 밖에 등산과 봉사 활동을 하고 장기 목표를 추구하는 것, 또 인간관계를 강화하는 한편 열정을 따르도록 하는 것이 모두 두 영역의 상호작용에서 비롯된다.*

변연계도 중요하지만 생산성의 상당 부분은 강력한 전두엽 피질의 형성과 연결고리를 갖는다. 전두엽 피질의 강화로 필요한 경우 변연계에 누가 우위인가를 보여주고, 가장 영향력 있는 업무를 처리하다 말고 페이스북이나 이메일을 한 번 더 확인하고 싶은 충동을 억제할 수 있다. 변연계를 행복하게 유지할 필요가 있지만 강력한 전두엽 피질 없이는 성취와 관계, 가치에 투자할 수 없다.

말보다 행동이 어렵다. 변연계와 전두엽 피질의 상호작용이 우리를 인간적이게 하지만 전두엽 피질은 변연계보다 약하다.[5] 변연계가 수백만 년에 걸쳐 진화한 반면에 전두엽 피질은 진화 기간이 수천 년에 불과하다. 가장 생산적인 사람들은 습관적인 업무 처리에서 벗어나는 방법을 배우는 것과 같은 방식으로 변연계보다 전두엽 피질을 더 많이 사용하는 방법을 배운다.

무게중심 옮기기

이번 절을 다른 절에 비해 길게 써내려간 데는 이유가 있다. 바로 전두엽 피질을 점화시키기 위해서다. 이 글을 읽는 사이 당신의

● 뇌에 관한 연구 중 흥미로운 점은 매일 이 같은 전투가 수천 번 발생하지만 우리가 이를 알아차리지 못한다는 것이다. 빙산의 90퍼센트가 수면 아래에 잠긴 것처럼 우리의 사고는 뇌에서 벌어지는 일의 일부분만 의식적으로 알아차릴 수 있다. 나머지는 무의식의 심연에 숨겨져 있다. 생산성이 대단히 강력할 수 있는 이유가 여기에 있다. 어떻게 생각하고 행동하는가에 관한 과학과 더 많은 것을 성취하는 방법을 배우려는 의도를 접목해야 이 힘을 활용할 수 있다.

거들떠보기 싫은 일과 친해지기

전두엽 피질은 전력 가동되며 지금 눈앞에 열거된 단어들의 의미를 파악하는 한편 기존에 알고 있던 정보와 연결한다.[6] 전두엽 피질을 활성화시키는 것이 바로 변연계를 함락시키고 가장 영향력 있는 업무를 처리하기 위해 당신이 할 일이다.

앞선 실험에서 한 주 동안 업무를 미룬 6시간은 통계 범주의 최저치에 해당하는 것이지만 나는 내 시간의 1분 1초에서 나올 수 있는 생산성까지 남김없이 짜내고 싶었다. 이 수치를 최대한 떨어뜨리고 싶었다. 일을 미루게 된 원인, 즉 변연계가 전두엽 피질을 함락시킨 요인을 찾아낸 뒤 나는 변연계가 쾌감에 항복하도록 유혹하는 일이 다시 발생했을 때 전두엽 피질을 강화하기 위해 할 수 있는 모든 것을 다했다.

가장 중요한 업무가 무엇인가를 가려내고 이를 처리하기로 마음먹은 뒤에도 당신은 어김없이 미루게 된다. 대부분의 사람들보다 당신의 전두엽 피질의 기능이 강력하다고 해도 마찬가지다. 하지만 꾸물거림에 관한 형세를 역전시키는 데 경탄할 만큼 강력한 효과를 내는 전략이 몇 가지 있다. 실제로 사전에 충분히 심사숙고하면 세금 처리도 〈하우스 오브 카드〉를 1회부터 마지막 회까지 보는 것만큼 흥미를 당기는 일로 탈바꿈시킬 수 있다.

덜 미루는 방법

'세상에 이럴 수가! 벌써 날짜가 이렇게 지났네! 마감이 한 달밖에 안 남았잖아. 아직 시작할 생각도 안 하고 있었는데!' 그래도 내 일까지 제쳐두고 있어도 별 문제 없다. 그렇지 않은가?

머릿속에서 일 처리를 할 것인가 말 것인가를 놓고 전투가 일어나고 있다는 사실을 알아차리거나 속으로 '나중에 할 거야'라거나 '지금은 별로 하고 싶지 않아', 혹은 최악의 경우 '시간 날 때 할 거야'라고 말하는 자신을 발견하게 된다면 손에 쥔 업무가 골치 아픈 일이라는 의미다. 이는 해당 일의 처리를 더 흥미롭게 만들 필요가 있다는 뜻이다.*

세금 처리는 하나의 거대한 산업이 생겨나게 할 정도로 두통을 일으키는 일이다.[7] 미국에서만 세금 관련 업무에 종사하는 인력이 32만 명에 이른다. 놀랄 일도 아니다. 만약 세금 처리가 버튼 하나를 누르는 것만큼 단순한 일이라면 이 산업 자체가 존재하지 않을 것이다. 미국에는 세금 처리 과정의 지루함과 짜증, 어려움을 일정 부분 완화시킨 소프트웨어 프로그램이 다수 있는데 그중 하나인

---

* 여기서 잠시 짚고 넘어가야 할 문제가 있다. 일반적으로 '시간이 없어'라는 말은 사람들이 가장 흔히 대는 핑계다. 누군가 '시간이 없어서' 어떤 일을 하지 못한다고 하면 실제 의미는 그 업무가 처리해야 할 다른 일에 비해 상대적으로 중요하지 않거나 흥미롭지 않다는 뜻이다. 모든 사람에게는 하루 24시간이 주어지며 이 시간을 개인적인 선택에 따라 사용하게 된다.

거들떠보기 싫은 일과 친해지기

터보택스^{TurboTax}를 개발한 회사인 인튜이트에 따르면[8] 전체 인구의 3분의 1에 달하는 사람들이 세금 관련 일을 뒤로 미루는 것으로 나타났다.

세금 문제를 싫증이 덜 나게 처리하는 나만의 방법은 관련 업무를 대행해줄 수 있는 세무사를 고용하는 것이다. 매년 세무사에게 소득 신고 업무를 맡기는데, 실제로는 200달러가량 비용을 지불하고 더 영향력 있는 업무와 프로젝트에 집중해 성과를 향상시키기 위한 시간과 주의력을 구입하는 셈이다. 이 글을 쓰는 지금이 소득 공제 신고 기간인데 나는 각종 영수증들을 모으고 수치들을 분석하고 현재 비즈니스와 관련해 공제를 받을 수 있는 항목과 그렇지 않은 항목을 가려내는 일 대신 원고를 작성하고 있다.

그런데 세무사에게 일을 맡길 수 없고 당신이 직접 서류에 모든 수치들을 기입해야 한다고 가정해보자. 세금 처리를 생각하는 것만으로도 당신의 변연계가 지금부터의 내용을 읽기를 거부하거나 겁을 집어먹고 있을지 모른다. 그러므로 세금 처리를 넷플릭스를 시청하는 것만큼 신나는 일로 개조해보자.

예를 들어 일 처리를 미루는 요인이 다음과 같다면 이렇게 해보자.

- 지겨워서라면 토요일 오후 가장 좋아하는 카페로 향한다. 고급 음료를 마셔가며 다른 사람들 틈에서 처리하기 위해서다.
- 짜증 나서라면 카페에 책도 한 권 들고 간다. 그런 다음 스마트폰으로

알람을 설정한다. 일 처리를 딱 30분만 하도록 제한해두기 위해서다. 그리고 일이 순조롭게 진행되고 계속 처리하고 싶은 경우에만 지속하도록 한다.

- 어려워서라면 앞으로 거치게 될 과정과 준비해야 할 서류가 무엇인지 알아보기 위해 세금 처리 절차를 조사한다. 그리고 생물학적 황금 시간대, 즉 생체 리듬상 에너지가 가장 충만한 시간에 카페로 가서 일을 처리한다.

- 체계적이지 않고 난잡한 것이 문제라면 앞으로 일을 처리하며 거쳐야 할 과정에 대해 조사하고 그 내용을 바탕으로 매우 상세한 계획을 세운다.

- 개인적인 의미가 부족해서라면 세금을 돌려받게 될 것을 기대하고 다음 달 소득이 얼마나 늘지 생각해본다. 그리고 그 돈으로 할 만한 의미 있는 일들을 정리해본다.

- 업무 고유의 보상이 부족해서라면 일 처리에 소모하는 시간 15분마다 2.50달러씩 스스로에게 당근을 준다. 아니면 그 밖에 의미 있는 형태로 보상을 제공해 목표 지점에 이르도록 유도한다.

세금 문제가 넷플릭스를 보는 것만큼 흥미진진한 것은 아니지만 그래도 꽤 가까워지지 않았는가.

뇌 통제력 회복을 위한 묘책

일단 업무에 발동을 거는 것은 일석이조의 효과를 낸다. 일을 미루게 하는 도화선을 무력화해 해당 업무를 덜 골치 아프게 하는 동시에 전두엽 피질이 변연계와 싸울 수 있도록 준비시킬 수 있기 때문이다. 만약 전두엽 피질을 더 강화시키고 싶다면 여기 뇌의 통제력을 회복해서 하기 싫은 일을 해치우게 만드는 강력한 세 가지 묘안이 있다.

첫째로, 미루기 목록을 만들어라. 일을 생산적으로 미루는 것이 실제로 가능하다. 일을 미루는 상황이 발생할 때 대신 할 가장 의미 있고 영향력 높은 업무의 목록을 만들면 전두엽 피질을 점화하는 한편 생산적인 상태를 유지할 수 있다.

프로젝트를 진행하는 사이 나는 길고 지루한 연구 논문을 제때 읽지 않고 미룬다는 사실을 발견했다. 그래서 글쓰기와 중요한 이메일 보내기, 컴퓨터 폴더 정리하기, 프로젝트 관련 비용 정리하기 등을 포함해 미루기 목록을 만들었다. 자신에게 딱 두 가지 업무를 제시하고 그중 한 가지만 선택할 수 있도록 하는 것도 도움이 될 것이다. 예를 들어 미루고 싶은 업무와 결실이 높은 다른 일 중 한 가지를 택하는 방법을 생각해볼 수 있다.

둘째로, 비용을 목록으로 열거하라. 일을 미룰 때 발생하는 모든 비용들을 빠짐없이 정리하는 것이다. 전두엽 피질을 활성화할 때 내가 가장 선호하는 방법이다. 무척 단순한 전략이지만 대단한 효과를 낸다.

셋째로, 일단 시작하라. 다만 '그냥 하라'는 것이 아니라는 사실을 분명히 밝혀둘 필요가 있다. 지하실 청소와 같이 크고 골치 아픈 일을 해야 한다면 일단 시작해보자. 알람을 15분 뒤에 맞춰놓고 타이머가 울리면 청소를 중단하고 다른 일을 하면 된다. 일단 시작한 뒤 청소를 계속하고 싶은 생각이 들면 계속하면 된다. 하지만 그렇지 않더라도 전혀 문제 될 것이 없다. 내 경험에 바춰볼 때 어떤 일을 일단 시작할 때마다 불과 몇 분만 해보더라도 생각했던 것만큼 일이 하기 싫거나 골치 아프지 않았다. 리타 엠멋**Rita Emmett**은 이른바 '엠멋의 법칙'을 통해 이 부분을 잘 정리하고 있다.[9] "실제 일을 하는 것보다 일하기를 두려워하느라 소비하는 시간과 에너지가 더 큽니다."

최선의 방법

그 후 몇 개월 동안 나는 미루는 습관을 정당화하려 한다는 사실을 알아차릴 때마다 이 방법을 동원해 전두엽 피질을 활성화하려 노력했다. 파이카일에 따르면 미루는 행위는 근본적으로 미룰 만한 요인이 내재된 일에 대한 본능적이고 감정적인 반응이다. 전

거들떠보기 싫은 일과 친해지기

두엽 피질에 불을 지피는 것이 여기서 벗어날 수 있는 최선의 방법이다.

첫 번째 시간 일지 작성 이후 나는 매일 시간 낭비를 줄이는 방법의 본질에 접근하고자 노력했다. 험난한 여정이었지만 이 과정에서 많은 것을 배우게 됐다. 가장 최근 시간 일지를 작성했을 때 나는 한창 이 책의 원고를 작성하고 있었다. 책 쓰기는 내게 프로젝트보다 미루게 하는 요인을 더 많이 지닌 일이었다. 나처럼 비즈니스 마인드를 가진 사람에게는 일의 체계성과 고유의 보상이 가장 저조한 업무에 해당하고, 때로 미치도록 지겹고 짜증 나고 어려운 일이기도 했다.

하지만 지난 몇 개월 사이 원고 작업을 미루고 싶을 때마다 가장 먼저 전두엽 피질의 활동을 점화시켰는데 이는 실제로 효과가 있었다. 가장 최근의 시간 일지를 통해 그 사실을 확인할 수 있다.

- 독서와 조사 17.5시간
- 글쓰기 15시간
- 인터뷰 참석 5.5시간
- 관리 업무 2.5시간
- 미루기 1시간

다행히도 훨씬 나아졌다. 마음 한구석에서 일을 미룬 시간이 단

1초도 없는 것으로 기록하고 싶은 유혹이 일었지만, 그렇게 해서 이번 절의 마지막을 화려하게 장식할 수 있을지언정 그건 전혀 사실이 아니다.

때로 우리의 전두엽 피질은 승리한다.

직장에서나 가정에서 거들떠보기 싫은 일이 훨씬 흥미로워지고 그 일을 처리할 때 낭비하는 시간도 줄어들 것이다. 이를 통해 보다 의미 있고 영향력 있는 업무를 위한 시간을 확보할 수 있다.

에너지 및 집중력   가치   재미

일을 제쳐두는 상황이 발생하면 이참에 업무를 미루게 하는 여섯 가지 요인 중 어떤 것이 원인이 됐는지 곰곰이 생각해보라. 그리고 해당 요인들을 기록한 뒤 이를 뒤집을 계획을 짠다. 전두엽 피질을 활성화시키고 싶다면 미루기 목록을 만들고, 미루기로 인해 발생하는 비용을 열거해보고 일단 무조건 일을 시작해본다. 아이러니하게도 당신을 가장 생산적이게 하는 업무는 가장 골치 아픈 업무다. 이 업무를 미루게 하는 감정적 충동과의 전투는 생산성을 높이기까지 장기간에 걸쳐 이어질 수 있다.

보다 생산적이기 위해 더 골치 아픈 업무를 처리하는 것은 필수적이지만 일을 끊임없이 미루고 있다면 다른 직업을 찾아야 한다는 강력한 신호일 수도 있다. 지겹고 짜증 나고 어렵고 체계적이지 않고 재미있지도 않으며 의미도 없는 일만 매일같이 하고 싶은 사람이 어디 있겠는가.

거들떠보기 싫은 일과 친해지기

06

미래의 자신과
접촉하기

 예상 소요 시간 7분 5초

미래의 자신을 낯선 사람으로 취급할수록 '미래의 나에게 맡긴다'라며 일을 미루게 된다. 그래서 미래 어느 시점의 자신에게 편지를 보내거나 '미래 추억'을 만들어보거나 아니면 심지어 미래의 자기 모습을 보여주는 앱을 다운로드받는 방법 등으로 미래의 자신과 접촉하는 일이 무척 중요하다.

어색한 편지

일주일 전쯤 나는 편지를 한 통 받았다. 특이하게 이메일이 아니라 종이 편지를 받았는데, 더 이상한 것은 보낸 사람이 바로 나 자신이라는 점이다.

편지의 전문은 이렇다. 8개월 전에 나한테 보낸 글이다.

안녕.

지금 너는 말하자면 기로에 서 있어. 직업과 돈, 인생, 이 밖에 선택해야 할 많은 사안들이 불투명하지. 나는 상황이 어떻게 풀리는가를 보려고 시간을 몇 달 앞당겨보기로 했어. 거짓말은 하지 않을 거야.

지금 넌 8명의 새로운 친구들에게 에워싸여 있고 불확실성으로 인해 신경이 곤두서긴 했지만 행복해. 네가 좋아하고 또 너를 좋아하는 사람들 틈에 있기 때문에 모든 것이 다 괜찮아.

아딘과는 어떻게 될지 잘 모르겠지만(예상컨대 그 상태로 간다면 아주 좋을 거야) 오늘 넌 그녀의 목소리를 들어 행복했어. 건강 상태는 네 생애에서 최고 상태야. 이 글을 보는 시점에 얼마나 행복한지, 얼마나 긍정적이고 의식적인지, 또 다른 면에서 어떤지 알 수 없지만(이건 우리 삶 속에 늘 따라다니는 문제인가?) 바로 이것이 진정한 아름다움이 아닌가 해.

미래의 자신과 접촉하기

진부한 얘기지만 너는 이렇게 믿고 있어. 행복은 변화를 받아들이는 것에 지나지 않는다고. 네가 행복하길 그리고 멋지게 해내고 있길 바라. 지금과 같다면 그럴 거라고 확신해.

사랑한다.
크리스

지난 5년간 나는 캠프퀄리티Camp Quality라는 단체에서 봉사활동을 했다. 캠프퀄리티는 세계적인 자선단체로, 암 투병 중인 아이들이 평범한 어린이로 돌아갈 수 있도록 돕기 위해 일주일간의 여름캠프를 진행한다. 봉사자들은 캠프 직원들과 짝을 이루어 함께 시간을 보내는데 나는 가끔씩 이런 행사에 참가한다.

일주일에 걸친 캠프와 함께 이 단체는 어렸을 때 암 투병을 했던 십 대들을 대상으로 매년 4일간의 리더십 캠프를 개최한다. 나를 포함한 많은 사람들은 배운 것들을 서로 공유해 우리가 먼저 겪은 십 대 시절의 경험들 중 일부를 캠프가 활용할 수 있도록 한다. 지난해 리더십 캠프에서 가졌던 행사 중 하나는 봉사자와 캠프 직원모두가 미래의 자신에게 편지를 쓰는 것이었다. 내 편지는 다시 읽어보기에 살짝 어색하지만 그래도 의미 있는 일이었던 것으로 기억한다. 사람들은 미래의 자신에 대해 생각해보는 일이 거의 없다는, 새삼스러운 이유 때문이다.

당신과 테일러 스위프트의 차이

혈류 변화를 살펴 뇌 활동을 측정하는 기계인 기능적 자기공명영상장치fMRI에 누워 미래의 당신을 생각한 다음 전혀 모르는 사람(예를 들어 테일러 스위프트)을 떠올리고, 두 경우의 스캔을 비교해보면 이상한 점을 발견하게 된다. 두 가지 스캔이 그다지 다르지 않다는 것이다.

이 분야를 연구한 UCLA 경영대학원 앤더슨스쿨의 할 허시필드Hal Hershfield 교수는, 평균적인 실험 참가자들이 현재의 자신과 모르는 사람을 각각 생각하며 찍은 뇌 스캔이 상당히 다른 반면, 미래의 자신과 전혀 모르는 사람을 각각 생각하며 찍은 스캔은 거의 같다는 사실을 밝혀냈다. 이 결과는 생산성에 엄청난 의미를 갖는다. 미래의 자신을 낯선 사람으로 여길수록 전혀 모르는 사람에게 던져줄 일을 미래의 자신에게 떠넘길 여지가 높다. 또 일을 미뤄 현재의 내가 아닌 미래의 자신이 처리하도록 할 가능성이 크다.

미래의 자신을 생판 모르는 사람과 전혀 다를 바 없다고 보기 때문에 그가 지금 이 책을 읽고 있는 당신에 비해 피곤하거나 바쁘지 않고, 집중력이 더 높으며 훈련이 잘 된 것으로 간주한다. 어떤 점에서 사실일 수도 있지만(특히 이 책에서 배운 기법들을 실행에 옮기기 시작했기 때문에 그렇겠지만), 미래의 당신은 전혀 모르는 사람에 비해 현재의 당신과 훨씬 더 많은 공통점을 지녔을 것이다. 미래의 자

　　　　　　　　　　　　　미래의 자신과 접촉하기

신과 더 크게 단절될수록 다음과 같은 행동을 하게 된다.

- 미래의 자신에게 현재의 자신보다 더 많은 일을 하도록 한다.
- 아득한 훗날 비생산적이고 의미 없는 회의를 하는 데 동의한다.
- 나중에 결국 보게 될 시시한 다큐멘터리 10편을 쌓아둔다.
- 짜증 나는 업무를 계속 다음 날 업무 목록으로 치워놓는다.
- 은퇴를 위한 저축을 게을리한다.

지금부터 10주 후에 열리는 마라톤에 참가 신청을 하고 싶은지 물으면 당신은 동의하지 않을 것이다. 42.195킬로미터를 달리기까지 앞으로 몇 개월 동안 해야 할 일이 어마어마하기 때문이다. 반면에 앞으로 2년 6개월 후에 열리는 마라톤으로 얘기를 바꾸면 여전히 흔쾌히 동의하지 않을지 모르지만 거부감은 한결 낮을 것이다. 미래의 자신이 마라톤 경주를 위해 해야 할 일보다 행사에 참가한다는 근사한 사실에 이끌릴 여지가 높다.

놀랍게도 일을 미룰 때는 변연계가 세력을 장악하지만 우리가 어떤 결정을 내릴 때는 전두엽 피질이 미래의 자신을 고려하지 않도록 만든다.

미래의 나와 만나는 법

사람들이 미래의 자신을 어떻게 생각하는지 알기 위해 허시필드는 매우 흥미로운 실험을 실시했다. 전문 애니메이터로 팀을 구성하고 실험 참가자들에게 각자 은퇴 시점의 모습을 3D로 보여주는 시뮬레이터를 마련했다. 참가자로 나선 학생들이 미동이라도 하거나 말을 하려고 입을 열거나 특정 방향으로 돌면 모델은 실시간으로 정확히 같은 동작을 구사했다.

허시필드는 시뮬레이터에서 실험 중인 학생들에게 많은 질문을 한 다음 과제를 내주었다. 1000달러를 현재의 자신과 은퇴할 시점의 자신에게 나누어주라는 것이었다. 결과는 놀라웠다.[10] 시뮬레이터에 올라섰던 학생들이 그렇지 않은 학생에 비해 두 배 이상 많은 금액을 은퇴 시점의 자신에게 배분했다.

허시필드는 말한다. "현재의 자신에게 하고 싶지 않을 일을 미래의 자신에게 시키기 십상이에요. 우리는 이걸 '계획 오류'라고 하죠." 우리가 미래의 자신을 위해 뭔가를 헌신할 때 최선의 의도를 갖는다고 하지만 통상 골치 아픈 일을 떠맡긴다는 것이 허시필드의 얘기다. 그러나 이건 우리의 생물학적인 구조에 해당하는 문제다.

"진화론적으로 말하면 사자한테 언제 잡아먹힐지 모르는 상황에서 미래라는 것은 별다른 의미가 없죠." 허시필드는 설명한다. 그렇지만 시간 여행을 떠나 미래의 자신과 접촉하는 것은 생각보다 쉬

미래의 자신과 접촉하기

운 일이다.*

나는 이미 미래의 나와 접촉하는 방법 중 가장 좋아하는 것을 공개한 바 있다. 다름 아닌 3의 원칙을 통해서다. 3의 원칙에서는 미래의 자기 자신이 중심이다. 머릿속으로 하루를 마무리하는 시점으로 시곗바늘을 돌리고 자신이 그날 성취하고 싶은 것을 고민해 전두엽 피질의 계획 중추를 활성화시킨다. 이와 동시에 미래의 자신의 입장에 서본다. 주간 단위로 매주 초 세 가지 성취 목표를 설정할 때도 마찬가지다.

허시필드의 연구를 접한 뒤 나는 미래의 자신과 접촉하기 위한 몇 가지 실험을 단행했다. 그중 내가 가장 좋아하는 실험은 다음 세 가지다.

● **에이징부스 작동하기**: 3D 가상현실 시뮬레이터를 만들기 위해 프로그래머를 고용하는 것은 큰 비용이 들 수 있지만, 개인적으로 나는 에이징부스AgingBooth라는 앱이 무척 마음에 든다. 이 앱은 현재 모습을 찍은 사진을 몇십 년 후의 얼굴로 변형시켜 보여준다. 이 밖에도 비슷한 앱이 여럿 있다. 그중 하나가 메릴엣지Merrill Edge라는 인터넷 앱faceretirement.merrilledge.com인데, 은퇴 시점의 자기 모습을 실황 아바타 형태로 보여준다.

● 그나저나 지금 당신이 이 글을 미래에서 읽고 있으리라 생각한다. 어떤 느낌인가?

- **미래의 자신에게 편지 보내기**: 캠프에서 내가 쓴 편지처럼 미래의 자신에게 편지를 부치는 것은 현재의 자신과 미래의 자신 사이의 간극을 이을 수 있는 훌륭한 방법이다. 나는 퓨처미 FutureMe.org를 이용해 종종 미래의 내게 이메일을 보내는데 특히 미래의 나 자신에게 부당하게 굴 때 자주 보낸다.

- **미래의 기억 만들기**: 뜬구름 잡는 상상 같은 데는 전혀 취미가 없다. 그런 얘기로 들리지 않기를 바란다. 켈리 맥고니걸Kelly McGonigal은 《왜 나는 항상 결심만 할까?The Willpower Instinct》에서 미래의 자신에 관한 기억을 만들어볼 것을 권했다. 이를테면 지금 꾸물대고 있는 보고서 작성을 미루지 않는 자신이라든지 넷플릭스에서 〈하우스 오브 카드〉 시즌 3을 보고 싶은 유혹을 떨치고 10권의 유익한 책을 읽는 모습을 그려보라는 얘기다. 단순히 더 나은, 더 생산적인 모습의 미래를 그려보는 것만으로도 미래의 자신에게 이로운 방향으로 행동하도록 동기를 부여하는 데 충분한 것으로 드러났다.˙

- 겨울이 끝나갈 무렵에 나는 코트 주머니에 20달러짜리 지폐를 넣어둔다. 다음 겨울에 코트를 다시 꺼내 입을 때까지 20달러에 대해 완전히 잊어버린다. 미래의 자신에게 부당하지 않게 하는 것도 중요하지만 더 나아가 미래의 자신에게 선물을 주는 것도 멋진 일이다. 나중을 위해 저축을 하거나 오늘 밤 피자를 먹지 않는 것, 운동을 하고 미적분을 배우는 것, 선크림을 바르거나 치실로 치아를 깨끗하게 하는 것 그리고 책을 더 많이 읽는 것이 여기에 해당한다. 물론 코트 주머니에 6개월 후에나 발견하게 될 돈을 넣어두는 것도 미래의 자신을 행복하게 하는 방법이다.

미래의 자신과 접촉하기

미래의 자신에게 떠넘기는 일을 줄이게 될 것이다. 더 이상 미래의 자신을 모르는 사람으로 보지 않기 때문이다.

에너지 및 집중력   가치   재미

뭔가를 미루거나 시간을 낭비할 때마다 실상 당신은 미래의 자신을 불공정하게 처우하는 셈이다. 미래의 자신과 접촉하기에 앞서 잠시 시간을 갖고 현재와 미래의 자신이 얼마나 친밀한가를 생각해보는 것이 좋다. 허시필드에 따르면 사람들이 미래의 자신과 동질감을 갖는 형태는 제각각 다르다. 그는 미래의 자신과 얼마나 가깝게 인식하는가를 '미래 자신 연속성'이라 지칭한다.[11] 미래의 자신과 접촉하기 전에 먼저 스스로에게 질문해보라. 다음의 그래프 중 어느 것에 해당하는가.

　자신이 어디에 해당하는지 파악한 뒤 미래의 자신과 거리가 벌어져 있다고 판단되면 에이징부스 같은 앱을 다운로드받거나 퓨처미 같은 사이트를 이용해 미래의 자신에게 이메일을 보내는 방법으로 거리를 좁혀보자. 좀 더 모험심을 느껴보고 싶다면 미래의 모습을 그려보거나 미래 기억을 만들어보자.

　믿어도 좋다. 나중에 분명 자신에게 감격할 것이다.

07

규칙적으로
인터넷 차단하기

 예상 소요 시간 9분 40초

인터넷으로 인한 시간 낭비를 차단할 수 있는 최선의 방법은 간단하다. 영향력이 크거나 골치 아픈 일을 할 때 인터넷 접속을 차단하면 된다. 그리고 온종일 인터넷을 최대한 꺼두면 된다. 초기 금단 증세를 극복하고 난 뒤 맛보게 될 평온함과 생산성은 다른 어떤 것과도 비교할 수 없을 것이다.

스마트폰 하루 1시간만 사용하기

프로젝트 과정에서 첫 번째로 실시한 생산성 실험은 가장 잊지 못할 실험 중 하나인데, 하루에 스마트폰을 딱 1시간만 사용하는 실험이었다. 실험은 3개월에 걸쳐 진행됐다. 실험 기간 내내 주머니 한쪽에는 메모장을, 다른 한쪽에는 스마트폰을 넣고 전화기를 사용할 때마다(대개 15분 단위로 발생했다) 내역을 꼼꼼하게 기록해 제한된 시간 이상 사용하지 않도록 했다.

이런 유형의 실험을 나는 무척 좋아한다. 업무에서 특정 요소를 제거한 뒤 일상과 습관과 의식에 어떤 일이 발생하는지 관찰하는 것이다. 업무의 특정 부분, 예를 들어 스마트폰 사용이나 지속적인 인터넷 접속이 생산성에 유익한 것인지 아니면 해로운 것인지 파악할 수 있기 때문이다.

인류는 지난 250만 년에 걸쳐 매우 일관된 속도로 진화해왔지만 최근 2세기 동안 테크놀로지는 거의 빛의 속도로 진보했다. 반도체 집적회로의 용량이 2년마다 두 배로 늘어난다는 무어의 법칙Moore's law은 과거 50년 이상 진리로 통했고, 오늘날 200그램에 지나지 않는 지극히 평범한 스마트폰이 불과 몇십 년 전 슈퍼컴퓨터 한 대를 꽉 채웠던 것보다 더 많은 데이터를 수용할 수 있다. 물론 이런 기술 진보와 함께 인류도 발전했다. 전 세계적으로 기대수명은 기원전 5000년부터 1820년까지 25세 내외였으나 산업혁명 이후 급속하게 늘어났다. 현재 미국의 평균 기대수명은 80세에 이른다.

하지만 우리가 가진 모든 테크놀로지 가운데 인간의 삶을 가장 크게 바꿔놓은 것은 단연 인터넷이다. 인터넷은 여기서 파생된 다른 테크놀로지와 접목해 세상을 평평하게 하고 이전보다 더 많은 사람들을 연결했다. 스마트폰을 특정 방식으로 누르면 20분 뒤 피자 배달원이 문 앞에 나타난다. 지금 사용하고 있는 아이폰을 200년 전으로 보낸다고 상상해보라. 사람들은 아마 당신을 마녀로 여길 것이다. 아이폰이 마술과 구분되지 않기 때문이다. 또 지금부터 10~20년 뒤 어떤 인터넷 기기가 등장할지 상상해보라. 현격한 진보를 이룬 나머지 미래에서 현시점으로 전달된 기기 역시 마술처럼 여겨질 것이다. (오늘 하루 종일 이런 생각에서 벗어날 수 없었다. 나 좀 도와주시길.)

인류의 역사에서 인터넷과 여기서 파생된 테크놀로지는 신이 내린 기적이다. 그렇지만 인간이 그리고 전두엽을 포함해 새롭게 출현한 인간의 뇌가 이런 테크놀로지와 함께 선형적으로 진보했기 때문에, 적어도 생산성에 관한 한 이 같은 기술이 우리의 업무에 얼마나 파괴적일 수 있는가의 문제를 다룰 준비를 제대로 갖추지 못했다. 주의하지 않으면 인터넷은 당신의 생산성을 완전히 말살할 수 있다.

단절의 선禪

스마트폰 실험 전에 시간 일지를 작성하지 않았더니 나의 거대한 일부분이 지워져버렸다. 의식적으로 일하는 것은 인터넷이 없으면 지극히 힘들다. 대강 짐작한다면 매일 인터넷 접속을 적극적으로 차단하기 전까지는 매주 10시간 혹은 그 이상 일을 미룬 셈일 것이다. 그렇더라도 평균치를 넘지 않을 것이다. 온라인에서 얼마나 많은 시간을 보내고 있는지, 인터넷을 사용할 때 얼마나 자주 업무에 방해를 받는지(19절 참조) 그리고 온라인상에서 여러 가지 일을 동시에 해치우는 데 따른 비효율성을 판단해보면 인터넷이 생산성에 가장 큰 방해 요인이라 해도 터무니없지 않다.

인터넷은 주의를 산만하게 하기에 나는 이 책의 한 절을 온전히 할애하여 이 문제를 다루었다(19절 참조). 우리의 뇌는 인터넷의 집중력 훼방에 대응할 수 있도록 구성되어 있지 않다. 만약 그런 구조로 되어 있다면 이메일과 각종 공지, 전화 통화 그리고 웅성거리는 소리와 진동, 소음의 홍수 속에 침몰하지 않을 것이다. 인터넷은 간접적인 형태로 생산성에 영향을 미친다. 표면적으로는 간과하기 십상이지만 인터넷은 매일 엄청난 양의 시간을 허비하도록 만든다.

스마트폰 실험의 첫 몇 주는 무척 힘들었다. 인정한다. 습관적으로 스마트폰을 집어 들기 위해 주머니로 손을 뻗었고, 전화기가 꺼

규칙적으로 인터넷 차단하기

져 있을 때조차 한쪽 다리로 환각 진동이 느껴졌다. 하지만 곧 새롭게 얻은 마음의 평정에 안주하게 됐고, 기기와 단절됐을 때 느끼는 평정에도 익숙해졌다. 원고 작성과 자료 조사, 인터뷰 진행을 위해 노트북은 여전히 사용했지만 뒷주머니에 하루 종일 꽂혀 있던 스마트폰으로부터 매일 점점 더 자유로워졌다. 처음 몇 주 동안의 실험에서 살아남은 뒤에는 상처 부위에 붙인 반창고를 뗀 기분이었다. 집중력과 명료함의 새로운 지평이 열렸고, 나는 매일 처리해야 할 일에 더욱 심층적으로 뛰어들 수 있었다.

인터넷은 흥미롭고 자극적이지만 거의 매번 가장 영향력 있는 업무 처리에서 손을 떼도록 유혹한다. 중차대한 업무와 비교할 때 인터넷은 넋을 잃을 정도로 흥미롭다. 지루함과 짜증, 난이도 측면에서 최하위에 해당한다. 그뿐 아니라 두둑한 보상이 즉각적으로 주어진다. 중독과 미루기를 양성하는 데 환상적인 조합인 셈이다. 게다가 체계적이기까지 하다. 인터넷은 우리 삶의 거의 모든 영역에 침투했다. 인터넷 없이 하루를 보내는 것이 불가능할 정도다. 하루를 시작할 때 얼마나 결연한 의지를 다지든 우리는 인터넷에 유혹당한 나머지 핵심 업무에서 멀어지게 된다.

인터넷으로 말미암은 시간 낭비를 방지하는 최선의 방법은 간단하다. 심적 부담이 크고 흥미롭지 않은 업무를 처리할 때 인터넷 연결을 끊어버리는 것이다. 이 방법이 늘 현실적인 것은 아니지만 대다수 사람들이 하루 중 인터넷 차단이 필요한 시간대가 있다.

이 글을 쓰는 지금 이 순간 내 스마트폰은 다른 방에 있고 컴퓨터는 인터넷이 단절된 상태다. 현재 시각은 오전 11시. 오늘 아침 알람 없이 7시 전에 일어났고, 지금까지 4시간 중 인터넷에 접속한 시간은 1시간에 불과하다. 인터넷을 싫어하는 것이 아니다. 오히려 지구상에서 내가 가장 좋아하는 것이 인터넷이다. 생산성에 너무도 커다란 가치를 두기 때문에 늘 인터넷에 접속한 상태를 유지할 수 없을 뿐이다. 특히 중요한 일을 처리할 때는 더욱 그렇다.

자료 조사 회사인 IDC의 최근 조사에서 18~44세 미국 성인 가운데 80퍼센트가 아침에 잠을 깬 직후 15분 이내 스마트폰을 확인하는 것으로 나타났다. 나 역시 그랬다. 아니, 한 수 더 떴다. 아침에 잠을 깬 뒤 즉각 스마트폰을 집어 들고는 30분가량 평소 좋아하는 앱들을 아무 생각 없이 헤집고 다닌다. 트위터와 이메일, 페이스북, 인스타그램, 몇 가지 뉴스 웹사이트를 계속 돌아다녔다.

오늘 아침은 최고로 힘들었다. 혹은 최고로 생산적이었다. 매일 나는 오후 8시부터 오전 8시 사이에 스마트폰을 완전히 꺼둔다. 이건 내가 가장 선호하는 일상 중 하나인데, 귀중한 시간을 낭비하지 않고 하루를 시작하고 마무리할 수 있기 때문이다. 이 같은 습관은 하루를 마치는 시점에 산만함에 저항하는 의지가 약할 때 특히 효과적이다. 나는 또한 수시로 스마트폰과 노트북을 비행 모드로 설정해 가장 지루하면서 영향력이 큰 업무를 처리할 채비를 갖춘다.

인터넷은 분명 인류의 발명품 가운데 가장 강력한 도구다. 앞으

규칙적으로 인터넷 차단하기

로 수년, 수십 년 후에도 인터넷은 지속적으로 우리 삶과 일하는 방식을 상상할 수 없는 형태로 만들어갈 것이다. 하지만 큰 영향력과 명령만 하면 끊임없이 새끼 고양이 사진을 제공할 수 있는 좋은 기능에도 불구하고 생산성에 관한 한 인터넷은 빛 좋은 개살구일 뿐이다.

세상에서 가장 거대한 사탕 가게

응답자의 26퍼센트가 매일 최소한 2시간을 낭비한다는 사실을 공개적으로 밝힌 샐러리닷컴의 조사에서 설문 참가자들은 시간을 낭비하게 하는 가장 큰 요인으로 인터넷을 꼽았다. 인터넷이 압도적인 1위를 차지한 가운데 뒤를 이은 그 밖의 요인에는 지나치게 빈번한 회의와 회사 동료들 상대하기, 중요하지 않은 이메일 답변하기 등이 포함됐다.[12]

여기까지는 그리 놀랄 만한 일이 아닐지 모른다. 하지만 파이카일의 또 다른 연구에서 나온 수치는 신랄하기 이를 데 없다. 그가 밝혀낸 바에 따르면 설문 참가자들은 업무를 미루는 시간 가운데 평균 47퍼센트를 인터넷에서 보냈다. 이 수치에 대해 파이카일은 '보수적인 추정치'라고 밝혔다.

사람들이 왜 그토록 많은 시간을 온라인에서 낭비하는가는 쉽게 알 수 있다. 인터넷은 근본적으로 우리의 변연계에 존재하는 거대한 사탕 가게와 같다. 엔터키와 마우스를 치고 누를 때마다 변연계로 지속적인 자극의 파장이 밀려든다. 니컬러스 카**Nicholas Carr**가 말한 것처럼 "인터넷은 인간의 모든 감각을 사로잡으며 이보다 심각한 문제는 감각들을 일시에 장악해버린다는 사실이다."[13]

스마트폰 안의 각종 앱을 톡톡 치거나 키패드로 문자를 입력할 때, 책상 위에서 마우스를 이리저리 굴릴 때 우리의 손이 점령당하고, 키패드나 마우스 소리, 스피커로 나오는 소리에 귀가 사로잡힌다. 눈은 어떤가. 화면에 뜨는 새로운 문자나 이미지, 동영상에 끊임없이 장악당한다. 인터넷은 우리의 변연계를 완전히 제압해버린다. 이건 매우 정확한 실상이다. 지난 6년간 하루도 빼먹지 않고 명상을 해온 나조차도 이성을 마비시키는 인터넷의 유혹을 의식적으로 경계한다는 것은 어려운 일이다.

단맛에서 멀어지기

파이카일의 연구는 우리가 매일 인터넷에서 얼마나 많은 시간을 허비하는가를 보여주지만 정작 생산성에 미치는 엄청난 파장, 즉 인터넷이 영향력이 낮은 업무에 무게를 두도록 부추긴다는 사실을 설명하지는 못한다. 수시로 이메일을 확인하는 것과 같은 사소한 일을 할 때 우리는 기술적으로 업무를 하는 것이지만 생산적이지는 않다. 이런 일을 통해서는 많은 것을 성취할 수 없기 때문이다.

인터넷과의 단절은 시간 낭비만 방지하는 것이 아니다. 이메일이나 메신저, 소셜미디어 확인과 같이 인터넷을 근간으로 한 영향력이 낮은 일에 안주하려는 유혹에 빠지는 것도 막아준다. 이는 인터넷 단절의 중요성을 두 배로 높인다. 아무 생각 없이 허비하는 시간과 주의력을 되찾게 하는 것은 물론 영향력이 높은 업무에 보다 집중할 수 있기 때문이다.

인터넷 사탕 가게에서 발을 빼고 끊이지 않던 유혹이 제거되자 자연히 영향력이 높은 업무에 더 많이 매달리게 됐다. 시간 낭비를 줄이고 산만함이 크게 개선된 한편 이메일을 쉴 새 없이 확인하는 버릇도 멈췄고, 트위터 타임라인의 갱신도 중단했다. 그리고 독서라든지 인터뷰 준비, 블로그에 올릴 원고 작성과 같은 일을 하고 있는 나 자신을 발견하게 됐다. 하루 일과를 마친 뒤 예전 같으면 인터넷 앞에 앉아 생각 없이 허비했을 시간에 명상을 하거나 여자친구를 위해 차를 준비하는 것과 같은 일을 하며 보냈다. 업무 뒤에 피곤할 때면 무아지경으로 일상을 보내는 것이 아니라 에너지 수위를 향상시키기 위한 조치를 취했다.

처음에는 인터넷과의 단절로 인해 업무나 개인 생활이 지루해졌다. 내 변연계가 인터넷 사탕 가게에서 끊임없이 제공되는 '단맛'에 푹 빠져 있었기 때문이다. 흥분제의 수위가 떨어진 새로운 환경에 적응하는 데는 몇 주일이 걸렸다. 하지만 일단 적응한 후에는 정말 중요한 일에 쏟을 수 있는 시간과 주의력이 더욱 충만해졌다.

인터넷을 끊어라

약 기운에 질주하는 주식 트레이더가 아니라면 대부분의 사람들에게 근무 시간 중 가장 커다란 흥분제는 인터넷일 것이다. 하루 24시간 이상 더 많은 시간을 구할 수 있는 방법은 어디에도 없다. 인터넷 차단은 생산성을 위한 최선의 묘책 가운데 하나다. 이는 시간 낭비를 줄여줄 뿐 아니라 직장에서나 가정에서나 더 높은 결실을 얻고 가장 의미 있는 일에 집중하도록 해준다.

연구에 따르면 인간이 가진 모든 성격 가운데 충동이 미루기와 가장 강력한 연결고리를 형성하고 있다. 충동적일수록 일을 더 미루게 마련이라는 얘기다. 이는 변연계가 전두엽 피질에 비해 그만큼 강하기 때문이다. 전두엽 피질의 활성화는 미루기를 극복하기 위한 효과적인 방법이지만, 시간 낭비를 멈추는 가장 효과적인 방법은 애초에 그 요인을 제거하는 것이다. 내가 가장 선호하는 방법은 인터넷 차단이다. 내 경험에 비춰보면 더욱 생산적이기 위해서는 인터넷을 생활의 필수가 아니라 하나의 요소로 보는 것이 중요하다.

도전 과제	과제 소요 시간 30분

시간 낭비를 크게 줄이는 동시에 직장에서나 가정에서나 영향력이 높고 의미 있는 업무를 더욱 빈번하게 처리하는 자신을 발견하게 될 것이다.

에너지 및 집중력   가치   재미

내일 30분 동안 인터넷 접속을 끊어라. 중요한 사람과 저녁 식사를 하는 동안 스마트폰을 비행기 모드로 전환하든, 3의 원칙에 해당하는 업무를 처리하는 사이 와이파이 접속을 차단하든, 아니면 기운이 떨어진 사이에 시간을 낭비하려는 충동을 피하기 위해 인터넷 접속을 차단하든 어쨌든 끊어라. 그리고 얼마나 많은 일을 처리하는지 점검해보라. 인터넷 차단으로 말미암아 얼마나 더 많은 일을 해냈는가를 확인한다면 이 기법을 수시로 동원하게 될 것이다. 어쩌면 인터넷 차단을 매일 밤 규칙적인 일상으로 정하고 싶을지 모른다.

습관적인 인터넷 서핑을 포착하는 일이 쉬운 것은 아니다. 하지만 주의를 환기시켜 페이스북에서 어떤 사람의 스물일곱 번째 프로필 사진을 보고 있다는 것을 알아차리면 자신이 실제로 무신경한 서핑을 한다는 사실을 인식하게 될 것이다. 이렇게 목적 없이 인터넷을 돌아다닌다는 사실을 인지하고 이를 계기로 인터넷 접속을 차단한다면 더 많은 시간 낭비를 방지하고 업무로 매끄럽게 복귀할 수 있다. 이는 업무를 보다 의식적으로 처리하기 위해 한발 물러나는 데도 도움을 줄 것이다.

인터넷 접속을 끊고 뇌에 자극제가 떨어진 상황에 적응하는 사이 약간의 지루함을 느낄 수 있다. 이건 단순히 변연계가 온라인 상태에서 공급받던 인터넷 기운을 구걸하기 때문이다. 시간 낭비를 줄이기 위해 이런 내면의 소리를 듣지 않도록 하라.

The
Productivity
Project

CHAPTER 3

오래
일하지 마라

08

'나인 투 식스'에서
벗어나기

 예상 소요 시간 7분 2초

오늘날 시간은 더 이상 돈이 아니다. 이제 생산성이 돈이다. 지식경제시대에 더욱 생산적이기를 원한다면 시간 관리는 에너지와 주의력 관리보다 부차적이어야 한다.

시간경제에서 지식경제로

수십 년 사이 물건을 직접 만들어 팔던 시대에서 노동력을 제공해 공장을 가동하고 상품을 대량 생산하는 시대로 옮겨갔다. 이는 우리의 시간과 급여를 교환하기 시작했다는 의미다. 이미 수십억 년이 흘렀지만 산업혁명 이후에야 비로소 인류는 분초까지 쪼개며 시간을 측정하기 시작했다. 마침내 그럴 만한 이유가 발생했기 때문이었다. 시간이 곧 돈이었고, 근로 시간과 생산량이 직접적인 연결고리를 형성했던 것이다.

사람들은 늘 돈을 위해 일했으며 얼마나 오래 일하는가를 정확히 측정하기 시작한 것은 제조업시대에 이르러서였다. 하루아침에 시간 관리가 탈공업화 세계에서 삶의 중추적인 부분으로 자리 잡았고 시간경제가 탄생했다. 인류의 일자리가 농경지에서 공장으로 이동한 것과 같이 1950년대 이후 많은 사람들이 공장에서 사무실로 이동했다.

지난 60년 사이 미국 국내총생산GDP에서 제조업이 차지하는 비중은 28퍼센트에서 12퍼센트로 낮아졌는데, 수치가 대폭 떨어진 것은 거듭된 자동화에 따른 결과다.[1] 같은 기간 미국 경제에서 경이로운 성장을 기록한 부문은 이른바 전문 비즈니스 서비스 산업이다. 이는 정보기술과 엔지니어링, 법률, 컨설팅, 회계 등을 포괄하는 거대한 경제 부문을 일컫는다. 애플과 구글, 보잉, 제너럴일렉

'나인 투 식스'에서 벗어나기

트릭 GE, 맥킨지앤드컴퍼니, 딜로이트 등의 기업들이 모두 여기에 해당한다. 지난 60년간 제조업이 하강 기류를 탄 사이 이들 업계는 세 배에 이르는 외형 성장을 이뤘다.

시간경제로 이행하면서 사람들은 시간을 급여와 교환했지만 지식경제로 이동하면서 인류는 시간 이외에 수많은 것들을 교환하기 시작했다. 비제조업계에 종사하는 대다수의 사람들은 시간과 주의력, 에너지, 기술, 지식, 사회적 지능, 궁극적으로 생산성으로 구성된 특정 형태의 조합을 급여와 교환하고 있다.

오늘날 시간은 더 이상 돈이 아니다. 이제 생산성이 돈이다.

나인 투 식스의 종말

그렇다면 지식경제시대에 시간 관리란 어떤 형태를 취해야 할까. 결론부터 말하자면 더욱 생산적이기를 원한다면 시간 관리는 에너지와 주의력 관리보다 부차적이어야 한다. 오해 없기를 바란다. 시간은 여전히 중요하다. 우리는 시간이 존재하지 않는 세상에 사는 것이 아니다. 다만 대다수의 사람들이 공장에서 일했고, 시간 관리에 대한 전통적인 관점이 부상했던 시대만큼 중요한 것은 아니다.

연대기 순으로 나열할 사건이 발생한 이후 시곗바늘은 쉬지 않고 움직였고, 어떤 것도 이를 멈추지 못했다. 예상컨대 시계추는 앞으로도 계속 같은 속도로 움직일 것이다. 하지만 우리의 일상에서 실제로 변동하는 것은 우리가 가진 에너지와 주의력의 크기뿐이다. 바로 이것이 지식경제시대에 우리의 생산성을 향상시키기도 하고 파괴시키기도 하는 것이다. 중요한 것은 이건 우리가 통제할 수 있는 부분이라는 점이다. 시간은 일과 자연의 필수 요소이지만 생산성에 관한 한 일의 배경에 불과하다.

예를 들어 시간경제의 최대 유물인 '나인 투 식스$^{9\text{ to }6}$'(오전 9시부터 오후 6시까지의 근무)를 생각해보자. 시간경제에서 '나인 투 식스'라는 개념은 매우 타당했다. 수많은 기계와 사람이 공조를 이뤄야 했고 시간은 곧 돈이었으며, 공장을 효율적으로 운영한다는 것은 기계와 근로자를 한자리에 동시에 확보하는 것을 의미했다. 근로자가 해내는 일이나 기계로 처리하는 일이 별반 다르지 않았기에 근무시간에 따라 급여를 제공하는 것도 적절했다.

그런데 오늘날 생산성은 '얼마나 많이 제조하는가'의 문제가 아니라 '무엇을 성취하는가'에 관한 문제이며, 소위 '나인 투 식스'의 근무 체제는 농경지에서 성실하게 시간을 추적하는 것과 마찬가지로 타당성을 갖지 못한다. 예를 들어 당신의 생물학적 황금 시간대가 일하지 않는 시간대에 해당한다면 어떨까. 오전 6~9시 혹은 밤 7~11시 사이에 에너지가 가장 왕성하다면 어떨까. 혹은 한번에 온갖 일을 처리하느라 집중하는 데 애를 먹는다면 어떨까. 아니면 주

'나인 투 식스'에서 벗어나기

의력 방해가 끊임없이 밀려오면 어떨까.

시간은 여전히 중요하다. 그러나 오늘날 시간은 생산성을 구성하는 세 가지 요소 중 하나일 뿐이다.

주의력과 에너지 관리하기

주의력과 에너지 관리에 대한 얘기를 빼놓고 시간 관리를 논하는 일이 불가능하다는 것은 무척 흥미롭다. 선뜻 납득하기 어렵다면 이렇게 생각해보자. 어떤 일을 위해 시간 계획을 짤 때 실제로 우리가 하는 것은 단순히 언제 우리의 집중력과 에너지를 특정 업무에 투입할 것인가를 결정하는 일이다. 시간 관리는 바로 이런 형태로 생산성 방정식에 접목된다. 어떤 일을 위해 시간을 할애하는 것은 실상 해당 업무와 관련된 주의력 및 에너지의 할당량을 정하는 일인 셈이다. 이런 이유로 시간과 주의력, 에너지는 서로 분리할 수 없다.

시간 관리는 하루 동안 얼마나 많은 에너지와 집중력을 확보할 것인지 파악하고 무엇을 성취할 것인가를 정한 다음에야 중요성을 갖는다. 기업가나 최고경영자CEO가 아닌 한, 시간에 대해 완전한 통제력을 가질 수는 없다. 한 명 이상의 동료와 같이 일한다면 회의도 불가피하고 어느 정도의 시간 관리가 필요할 수밖에 없다. 하루 중 발생하는 일들의 결과에 대해 완벽한 통제력을 갖지 못하기 때문에(이건 소수의 사람들에게만 가능하다) 다른 사람들과 공조를 이루기 위해 시간을 확보하는 것은 무척 중요한 일이다. 하지만 당신이 생산 라인에서 일하는 것이 아니라면 시간과 업무에 대해 적어도 어느 정도의 통제력은 가질 수 있다.

나는 어떤 날에는 하루 전체의 스케줄을 짜는데, 이 방법이 나를 대단히 생산적이게 한다는 사실을 발견했다. 특히 무엇을 해내려고 하는가에 대해 강한 의도를 가질 때 더욱 생산적이었다. 하지만 나는 하루 중 갖게 될 주의력과 에너지 그리고 가장 중요한 사안인 무엇을 성취할 것인가를 파악한 후에만 시간을 계획했다.

프로젝트 진행 과정에서 나는 더 열심히 일하는 법이 아니라 더 지혜롭게 일하는 법을 배웠다. 이는 지금 당신의 손에 있는 이 책을 쓰는 것과 같은 일들을 이루는 데 도움이 됐다. 내가 더 똑똑하거나 더 많은 재능을 가져서가 아니다. 더욱 생산적이기 위해 시간경제에서 벗어나 지식경제로 진입하는 방법을 어렵사리 습득했기 때문이다.

여기 내가 터득한 몇 가지 최고의 방법이 있다.

주 20시간 일하고
문제없이 살기

 예상 소요 시간 9분 29초

끊임없이 장시간에 걸쳐 일을 하거나 어떤 업무를 처리하는 데 너무 많은 시간을 보내고 있다면 통상 할 일이 너무 많다는 신호가 아니다. 이건 에너지와 주의력을 현명하게 사용하지 않고 있다는 의미다. 한 주 동안 90시간 일하기 실험을 통해 나는 주 20시간 일했을 때보다 성취한 것이 고작 눈곱만큼 많을 뿐이라는 사실을 알게 됐다.

주 90시간 일하기와 주 20시간 일하기

내 실험에서 가장 흥미로운 부분 중 하나는, 대부분의 시간을 독서와 자료 조사, 인터뷰 진행과 실험 그리고 원고 작성에 보냈기 때문에 내가 원한다면 기술적으로 매주 168시간(24×7) 동안 일할 수 있다는 점이었다. 내 업무는 시간을 얼마나 가졌는가에 따라 얼마든지 팽창이 가능했다. 매일 많은 일을 해치우려고 나 자신에게 가한 압박감을 제외하고 나는 몇 시간 동안 일을 할 것인가에 대해 매우 자유롭고 유연하게 접근했다. 이 때문에 한 주 동안 90시간 일하기와 같은 생산성 실험이 가능했다. (반면에 평소 내가 프로젝트를 진행하는 데 보낸 시간은 주당 평균 40~60시간이었다.)

프로젝트를 시작하기 전, 내가 가진 시간보다 처리해야 할 일이 더 많을 때면 언제나 맡은 업무를 마무리하려고 더 많은 시간을 할애했다. 처리해야 할 일의 목록이 우주의 팽창보다 더 빠른 속도로 늘어난다고 느낄 때, 사람들은 거의 예외 없이 더 오래 일하는 것이 최선의 방법이라 여긴다. 표면적으로 맞는 얘기다. 더 오래 일할수록 일을 처리하는 데 더 많은 시간을 동원할 수 있다.

하지만 실상 더 오래 일한다는 것은 업무를 재조명하고 재충전하기 위한 시간은 줄어든다는 의미다. 바로 이 부분이 나의 호기심을 자극했다. 특히 프로젝트를 진행하는 과정에서 처리할 일이 급속하게 쌓이기 시작하면서 이런 생각이 더욱 강해졌다. 모든 일을 처리할 수 있는 더 현명한 방법이 있을까. 그렇지 않으면 단순히 더 오래 일하는 것이 유일한 선택일까.

운 좋게도 나는 이 문제의 답을 찾아내기 위한 완벽한 실험 여건을 갖추었다. 업무를 처리하는 데 걸리는 시간과 생산성 사이의 관련성을 파악하기 위해 나는 미친 듯이 일할 때와 느긋하게 일할 때 생산성에 어떤 변화가 있는가를 알아보는 실험을 설계했다. 4주에 걸쳐 나는 매주 번갈아가며 주 90시간과 주 20시간 일하기 실험을 진행해 극단적으로 장시간 일할 경우와 단시간 일할 경우 매일 업무 처리량에 어떤 변화가 있는가를 알아보기로 했다. 실험 과정에서 나는 하루 그리고 한 주를 마치는 시점에 스스로에게 다음의 질문을 던졌다.

- 남은 에너지와 집중력이 얼마나 되나?
- 얼마나 쉽게 산만해졌는가?
- 의도했던 목표를 달성했는가?

매일 그리고 매주 달성한 모든 일들의 목록을 작성해 업무 시간이 생산성에 어떤 영향을 미쳤는지 비교해보았다. 과학광으로서 나는 이번 실험이 전혀 과학적이지 않다는 것을 얘기하지 않을 수 없다. 그렇지만 나는 곧 두 가지 놀라운 사실을 깨닫게 됐다.

두 가지 교훈

한 주씩 90시간과 20시간 근무를 묵묵히 버텨낸 뒤 실험 일지를 들여다봤을 때 나는 숨 막히는 사실을 발견했다. 주 90시간 일했을 때 성취한 것이 20시간 일했을 때보다 고작 쥐꼬리만큼 많을 뿐이었다. 이번 프로젝트를 통해 내가 발견한 충격적인 진실 가운데 하나다. 생산성에 대해 그동안 알고 있던 모든 것들과 상반되는 결과이기 때문이다. 나는 늘 더 오래 일할 때 할 일을 모두 처리할 수 있는 시간이 많아진다고 생각했다. 표면적으로는 그럴듯했다. 하지만 얼마나 많은 시간을 일에 투입했는가를 넘어 얼마나 많은 에너지와 주의력을 할애했는가를 주시하자 완전히 생각이 달라졌다.

일에 장시간을 투입하며 이른바 '광란의 주간'을 보냈을 때 업무의 시급성이 크게 떨어졌고, 매 1분 단위로 판단할 때 계획했던 모든 일들에 투입한 에너지와 주의력도 낮았다. 반면에 주 20시간 일하면서 업무에 할애할 수 있는 시간을 크게 제한했을 때 나는 짧은 기간에 훨씬 더 많은 에너지와 주의력을 쏟아내서 처리해야 하는 모든 일들을 해치우도록 스스로를 다그쳤다. 물론 실험이 진행되는 사이 느꼈던 압박감은 모두 나 자신에게서 초래된 것이었다. 내게는 직장 상사도 팀도 없고 어떤 형태든 눈앞에 닥친 마감 시간이라는 것도 없기 때문이다.

여기서 깨우치게 된 교훈은 강력하기 이를 데 없었다. 업무에 얼마나 오랜 시간을 쏟을 것인가를 통제함으로써 그 업무에 투입하는 에너지와 주의력이 통제된다는 것이다.

이번 실험으로 내가 발견해낸 눈에 보이지 않는 두 번째 진리는 기록상으로 장시간 일했을 때나 단시간 일했을 때 성취도가 거의 같았지만, 내가 느끼기에는 장시간 일했을 때 생산성이 두 배 높은 것 같았다. 분명 주의력과 에너지를 지혜롭게 사용하지 못했는데도 나는 생산적이라 느꼈다. 그렇지만 분주함이 성취라는 결실을 이끌어내지 못한다면 바쁜 것을 생산적이라 해석할 수 없다.

프로젝트를 시작하기 전, 하루와 한 주를 마치는 시점에 얼마나 생산적이었는가를 돌이켜봤을 때 나는 치명적인 실수를 범했다. '얼마나 성취했는가'를 본 것이 아니라 '얼마나 바쁘게 지냈는가'를 살폈던 것이다. 생산성은 한마디로 규정하기 어려운 개념이다. 매일 얼마나 많은 것을 성취하는가를 파악하기 어렵기 때문에 얼마나 바쁜가를 보는 것으로 생산성의 정도를 손쉽게 판단하지만 이는 즉흥적이고 교묘하며 대개 부정확하다.

20시간 일했던 주 중반 나는 스스로 바빠야 한다고 여겼던 것만큼 바쁘지 않았다는 자책감을 떨쳐버릴 수 없었다. 업무 시간이 짧았기 때문에 생산성이 떨어지는 것으로 판단해서 해야 할 일에 엄청난 에너지와 집중력을 쏟아냈고 장시간 일했을 때와 거의 같은 분량의 일을 성취했는데도 스스로에게 불필요하게 엄격해졌다.

이건 대부분의 사람들이 빠져드는 함정이다. 처리해야 할 일이 그 일을 위한 시간보다 더 많을 때 선택할 수 있는 길은 두 가지뿐이라고 자신을 속이기 십상이다. 평소처럼 일해서 할 일을 다 해내지 못하거나 혹은 더 많은 시간을 투입해 모든 일을 해치워야 한다는 것이다.

하지만 이 실험 과정에서 내가 알아낸 것처럼 쉽게 드러나지 않는 세 번째 비밀이 있다. 이는 일에 많은 시간을 소모하는 것보다 훨씬 더 효과적이다. 더 많은 에너지와 주의력을 투입해 짧은 시간에 같은 양의 일을 해내는 것이다.

중요한 일에 투입하는 시간 제한하기

한 주 동안 20시간 일했을 때 기이한 현상이 발생했다. 줄어든 업무 시간 동안 더 많은 에너지를 쏟아내도록 스스로를 압박해 더 빨리 일을 해낸 것이다. 중요한 일에 사용할 시간을 제한할 때 다음과 같은 일이 발생한다.

- 별도의 마감 시한을 정하게 된다. 이는 짧은 시간에 더 많은 에너지와 집중력을 분출할 수 있도록 동기를 유발한다.
- 일을 해치울 시간이 제한적이기 때문에 업무에 다급해진다.
- 일을 미루게 하는 요인 중 일부를 떨쳐낸다. 업무 시간을 제한하는 것

은 일을 더욱 체계화하는 한편 덜 지루하고 덜 짜증나고 덜 어렵게 하기 때문이다.

자신의 생물학적 황금 시간대에 업무를 처리한다면? 그건 생산성 방망이의 스위트 스팟에 해당한다. 이 실험을 실시한 후 중요한 원고 작성이나 강연 준비, 나머지 프로젝트 과정에 추진할 사안들이 생길 때마다 나는 해당 과제에 2~3시간만 할애했으며 그것들을 보통 나의 생물학적 황금 시간대로 배치했다. 일에 필요한 시간과 주의력, 에너지를 효과적으로 관리할 때마다 이를 완수할 수 있었다. 시간 제한으로 달리 선택의 여지가 없었던 것이다.

주 단위의 이상적인 업무 시간

특정 업무 처리에 사용하는 시간을 줄이는 기법이 일을 더 효율적으로 해내는 결실을 이뤘다면, 같은 원칙이 전반적인 업무 시간에도 적용될까? 흥미롭게도 몇 가지 연구가 그 가능성을 제시했다.

일주일에 딱 1시간만 일하기로 했다면 그 시간에 에너지와 주의력을 제아무리 훌륭하게 관리해도 전혀 생산적이지 못할 것이다. 일주일에 1시간은 무엇이든 중요한 것들을 해내는 데 충분한 시간이 아니기 때문이다. 반대로 지나치게 장시간 일할 때도 생산성은 형편없어진다. 주 90시간 근무를 한 주 이상 지속하는 것은 녹초가 되는 지름길이다. 이런 경우 에너지나 집중력을 재충전하기도 힘 들다.*

지나치게 짧은 시간을 일하는 것이 가능한 것처럼 지나치게 장 시간 일할 수도 있다. 그렇다면 매주 업무 시간의 스위트 스팟은 어 디인가? 프로젝트 과정에서 나는 주 40시간 업무의 훌륭한 균형점 에 안착했다. 이는 모든 일들을 해내는 데 충분한 시간이면서 하루 동안 에너지 수위와 주의력을 보충하기 위해 필요한 휴식을 취하 는 여유도 가능했다. 그렇지만 여러 연구 결과에 따르면 이상적인 주간 근무 시간은 이보다 낮은 것으로 밝혀졌다.

최적의 시간은 약 35~40시간이라는 얘기다. 표면적으로 볼 때 일주일에 35~40시간 업무는 짧은 것으로 보인다. 처리해야 할 업 무의 목록이 하루 동안 일할 수 있는 시간보다 길 때 주 40시간 근 무 체제를 가동하면 자책감을 느낄 수 있다. 특히 주위 사람들이 50시간이나 60시간, 혹은 그보다 더 많이 일할 때 이런 현상이 나

---

* 업무 시간을 축소하는 것은 뒤로 미루고 싶은 어려운 업무에 애착을 갖는 데도 대단 히 효과적인 방법이다. 예를 들어 운동이나 명상을 정말 하기 싫은 날, 나는 거부감 을 느끼지 않을 때까지 머릿속으로 시간을 줄여보았다. '1시간 동안 운동할 수 있을 까?' 이때는 엄청난 거부감을 느낀다. '그렇다면 30분은?' 한결 낮지만 여전히 부담 스럽다. '그러면 20분은 어떨까? 딱이다. 20분만 운동하기로 하자!' 업무 시간 축소 는 매번 기막힌 효과를 가져다주고 새로운 일상 습관을 형성하는 데 도움이 된다. 또 한 가지, 일단 시작하면 처음에 거부감을 느낀 한계치를 넘어 일을 계속하고 싶어질 가능성이 높다.

타날 수 있다.

그렇지만 연구 결과에서는 주 35~40시간 이상 근무는 생산성이 수직 하락하는 것으로 나타났다. 단기적으로 초과 근무를 해서 생산성을 크게 높일 수 있다. 마감일이 코앞으로 다가왔을 때가 대표적인 사례다. 어떤 경우 할 일이 산더미처럼 쌓여 더 많은 시간을 업무 처리에 쏟아야 한다. 그러나 장기적으로 장시간 업무는 재앙의 원흉이다. 앞으로 이 부분에 대해 따로 다루겠지만 주의력과 에너지를 배양할 시간을 빼앗길 때 더욱 그렇다.

연구 결과에서는 주 35~40시간 이후부터 한계 생산성이 떨어지기 시작하는 것으로 나타났다. 어느 정도인가 하면, 주 60시간씩 8주 동안 근무할 때 처리한 일의 총량은 주 40시간씩 8주 동안 근무했을 때와 같았다. [2] 같은 연구에서 주 70~80시간 근무할 때는 불과 3주 만에 같은 분기점에 도달하는 것으로 밝혀졌다. 한 주에 90시간 일했을 때 나는 딱 2주 만에 동일한 분기점으로 떨어졌다. 2주 동안은 한량처럼 20시간만 일했는데도 소용없었다.

장시간 근무는 종종 단기간 근무에도 생산성을 떨어뜨리는 결과를 초래한다. 한 연구에서는 주 60시간 근무할 때 1시간 분량의 일을 더 해내기 위해 2시간의 초과 근무가 필요한 것으로 나타났다. [3] 또 다른 연구에서는 주 55시간 이상 근무할 때 생산성이 자유낙하한다는 사실이 밝혀졌다. [4] 한 주 동안 70시간 근무할 때 15시간에 이르는 초과 근무를 해봐야 어떤 성과도 더하지 못할 정도다.

특정 임계치를 넘어서면 우리는 중요하거나 의미 있는 일이 아니라 그저 바쁘기만 할 뿐 쓸모없는 일에 매달리게 된다. 이 경우 내가 주 90시간 일했을 때처럼 우리가 느끼는 자책감은 훨씬 줄어들지만 생산성이 크게 저하될 것이다.

시간경제시대에는 업무가 요구하는 에너지와 주의력이 현저하게 낮을 때 근무 시간과 생산량에 직접적인 상관관계가 있었다. 미친 짓에 가까운 장시간 근무로 훨씬 더 생산적인 사람이 될 수 있었다. 하지만 지식경제시대인 오늘날엔 상황이 달라졌다. 시간과 주의력, 에너지가 모두 생산성에 기여하므로 장시간 일할 경우 에너지와 집중력이 낮아져 오히려 생산성을 떨어뜨릴 수 있다.

지식경제시대에 대다수의 생산적인 사람들은 시간 관리를 잘할 뿐 아니라 에너지와 주의력도 훌륭하게 관리한다. 중차대한 과제든 전반적인 일이든 업무에 투입하는 시간을 제한하는 것이 시간과 주의력, 에너지를 지혜롭게 사용하기 위한 효과적인 방법이다.

일을 언제 할 것인가에 대해 얼마나 재량을 가졌는가에 따라 전반적인 업무 시간에 제한을 두는 일이(주 35시간 업무처럼 합리적인 제한이라 할지라도) 현실적이지 않을 수 있다. 그러나 가능하다면 특정 업무에라도 시간을 제한해 일하는 데 시간보다 에너지를 더 많이 쏟는 것이 보다 가치 있는 일이다.

제한된 시간에 업무를 해내기 위해 더 많은 에너지와 주의력을 쏟아내는 방법을 습득하게 될 것이다.

에너지 및 집중력   가치   재미

    내일 중요한 업무에 사용할 시간을 제한하고 이를 지켜내라.

    어떤 일을 처리하는 시간을 제한할 때 내가 선호하는 방법은 업무 처리에 예상되는 시간의 절반가량 지나는 시점에 스마트폰 알람을 설정하는 것이다. 중요한 발표를 준비하는 데 4시간이 필요하다고 판단되면 가능한 경우 생물학적 황금 시간대에 2시간만 할애한다. 이 기법은 중요성이 높고 마감일이 코앞에 가까이 다가온 일에 대단한 효과를 낼 것이다.

    특정 업무에 사용할 시간을 제한하기 시작하면 다른 전반적인 일에 대해서도 같은 원칙을 적용하게 될 것이다. 지속적으로 주

35~40시간 이상 근무하면 시간이 지나면서 오히려 생산성은 떨어진다. 이로 인해 실수가 늘어나고 현명하지 않은 결정을 내리게 되는데 이들 두 가지를 모두 바로잡는 데는 상당한 시간이 걸린다.

　장시간 근무는 이 밖에도 새로운 아이디어나 기회, 보다 빠른 업무 처리, 더 열심히 일하는 대신 더 슬기롭게 일할 기회에서 멀어지게 만든다. 계속해서 장시간 근무를 하거나 어떤 업무에 지나치게 많은 시간을 소모하고 있다면 이는 시간과 에너지, 주의력을 현명하게 사용하지 않고 있다는 의미다. 할 일이 많은 것이 아니다.

메이커 스케줄인가,
매니저 스케줄인가

 예상 소요 시간 10분 0초

가장 중요하고 의미 있는 일을 시간이 가장 많을 때가 아니라 에너지가 가장 충만할 때 처리하면 훨씬 더 많은 것을 성취할 수 있다. 자신의 황금 시간대가 언제인지 파악하라. 신성한 시간이므로 지혜롭게 사용할 가치가 있다.

시간대별 에너지 수위 추적하기

　테드에 내 인터뷰가 게재됐을 무렵 생산성 프로젝트가 궤도에 오르면서 많은 사람들이 생산성에 관해 나와 얘기를 나누고 싶어 했다. 그때마다 사람들이 질문한 것은 나의 평범한 하루가 어떤가 하는 것이었다.

　처음에는 이 질문을 그처럼 자주 받을 것이라 예상하지 못했는 데 상황을 접하고 보니 지극히 당연한 일이었다. 가장 생산적인 일 상에 정착하게 될 때까지 나는 약 10년에 걸쳐 매일의 일과로 실험 을 거듭했다. *

　매일 새벽 5시 30분에 일어났던 만행을 포함해 프로젝트를 진행 하는 과정에서 일상생활을 통해 꽤나 다양한 실험을 해본 끝에, 나 는 가장 많은 것을 성취할 수 있는 하루의 대략적인 일과를 찾게 됐다. **

- **오전 6:30~7:00** 알람 없이 저절로 기상
- **오전 7:00~9:00** 아침 식사와 운동, 명상, 샤워

* 타인의 생산적인 하루 일과는 가장 순수한 개념으로 볼 때 '생산성 음란물'이다. 알 아보기 쉽고 즐길 만하면서 기억에 남지 않는다. 그렇다고 걱정할 것 없다. 이번 절 의 내용을 최대한 실용적으로 풀어낼 것이다! 아울러 이제 그만 시간의 장대한 우주 적 기원에 대한 글에서 나 자신을 해방시켜야 할 때다.
** 1년이 지난 뒤 이 원고를 작성하는 현재 나의 일상은 이와 거의 같다.

- **오전 9:00~오후 1:00** 원고 작성

- **오후 1:00~3:00** 휴식

- **오후 3:00~8:00** 독서, 인터뷰 참석, 회의

- **오후 8:00~11:00** 여가 및 취침

이 일과는 표면적으로 볼 때 지극히 단순하지만 그 이면에는 무척 많은 것들을 포함하고 있었다.

몇 주에 걸쳐 시간과 에너지 수위를 추적하는 일은 분명 성가시고 골치 아픈 작업이다. 이 과정에서 카페인과 알코올, 설탕을 제거하는 것은 적잖은 고통이다. 그렇지만 4절에서 제시한 도전 과제가 수십 년간 지속될 경이로운 통찰을 가져다줄 것이다. 도저히 실험을 감당해낼 수 없다면 최소한 스마트폰에 매 시간마다 알람을 맞추고 하루 중 에너지 수위가 어떻게 등락하는지 살펴보는 일 정도는 실천해보자.

명상 실험을 마친 뒤 나는 파급력이 가장 높은 업무가 있었다는 사실을 깨달았다. 생산성의 해 프로젝트에 가장 큰 가치를 창출한 업무였는데, 바로 글쓰기와 실험 그리고 독서와 자료 조사였다.

파급력이 가장 높은 업무를 처리하기 위한 최상의 시간은 자신의 생물학적 황금 시간대다. 이유는 설명할 필요조차 없다. 생물학적 황금 시간대에는 무슨 일을 처리하든 그 일에 최소한 두 배 이상의 에너지와 집중력을 쏟을 수 있기 때문이다. 황금 시간대에 파

급력이 가장 높은 일을 하면 더욱 빠르게 마칠 수 있고 일에 몰입할 수 있으며 눈에 띌 만큼 훨씬 더 훌륭하게 해낼 수 있다. 업무를 한층 탄력 있게 처리할 수 있고, 단순히 더 열심히 하는 것이 아니라 더 지혜롭게 해치울 수 있다.

나의 생물학적 황금 시간대는 오전 10시부터 정오까지 그리고 오후 5시부터 8시까지다. 프로젝트를 진행하는 사이 나는 거의 매일 이 시간대를 두 가지 일에 할애했다. 웹사이트에 올릴 글쓰기와 생산성 조사였다. 나는 하루에 1시간만 스마트폰 사용하기와 같은 생산성 실험은 부수적인 것으로 설계했고, 명상 실험과 같은 것들은 1~2주일에 걸쳐 핵심 실험으로 진행했다. 또 실험을 진행할 때마다 이를 일정에 포함시켰다.

언제 에너지 수위가 가장 높은가를 측정한 후 나는 생물학적 황금 시간대를 매일 달력에 표시해뒀다. 이 시간을 파급력이 높은 업무에 온전하게 투입하는 동시에 다른 중대한 일이 발생하는 경우에 대비해 비워두자는 의미였다. 생산성 전문가를 인터뷰할 때나 내가 중요한 인터뷰에 응할 때, 3의 원칙에 해당하는 세 가지 업무에 몰두할 때, 혹은 여자친구와 저녁 식사를 하는 것처럼 큰 의미를 갖는 일에 최선을 다하고 싶을 때 나는 이를 생물학적 황금 시간대에 배치하려 노력했다.

방해 요인이 전혀 없지는 않았다. 누구도 자신의 시간을 완벽하게 통제할 수는 없기 때문이다. 그렇지만 나는 즉각 생물학적 황금 시간대는 현명하게 사용하고 엄격하게 방어할 가치가 있다는 사실을 깨우쳤다.

이 조합은 단순하지만 무척 심오하다. 보다 중요하고 의미 있는 업무와 전념하려는 일을 생물학적 황금 시간대에 몰아갈수록 일과 삶이 더욱 영향력 있고 더 큰 의미를 갖게 될 것이다.

에너지 수위 인식하기

어떤 날은 크게 힘들이지 않고 맡은 업무들을 해치우고 다른 날보다 더 많은 일을 해낸다. 반면에 어떤 날은 모든 것들을 계획대로 하는데도 좀처럼 집중할 수 없고 일을 제대로 처리하지도 못한다.

이게 생산성의 가장 강력한 특징 가운데 하나이면서 생산성의 본질을 파악하기 힘들게 하는 요인이다. 어떤 날은 모든 일들을 제대로 해내기는 하지만 훌륭하게 해내기에는 에너지와 집중력이 턱없이 부족하다.

프로젝트의 말미에 정착하게 된 일과에 따라(이는 지금까지도 적

● 지금 당장 이메일 아웃룩, 구글 캘린더 아니면 무엇이든 선택할 수 있는 달력을 펼쳐라. 그리고 당신의 생물학적 황금 시간대를 앞으로 수주일간 따로 분리하라. 황금 시간대가 시작되기 15~30분 전 알람을 설정하는 것도 잊지 말자. 이는 곧 가장 중요하고 파급력이 높은 업무에 몰입하게 될 것이라는 신호다.

용하고 있다) 나는 명상을 하고 인터넷을 차단하며 의식적으로 일하고 운동하며 충분한 수면을 취하고 업무 후 긴장을 푼다. 그렇지만 어떤 날은 기적같이 수천 단어를 써내려가고 수백 쪽을 읽는 반면에, 어떤 날에는 일을 할 에너지도 의지도 집중력도 모두 고갈되어 컴퓨터의 빈 화면 앞에 멍하니 앉아 있다.

생물학적 황금 시간대를 파악하는 것은 중요하다. 그렇지만 이와 동시에 에너지와 집중력의 수위가 예상과 다른 형태로 오르락내리락할 것이다. 직장 동료가 스타벅스로 달려가 느닷없이 커피를 사다주기도 하고, 승진을 하고는 퇴근할 때까지 억제할 수 없는 기력을 느낄 수도 있다. 아니면 팀원들이 점심시간에 성대한 생일 파티를 열어준 덕에 나머지 오후 시간에 쓸 에너지가 바닥날 수도 있다. 어떤 이유에서든 사건은 발생하게 마련이고, 에너지와 집중력 수위는 100퍼센트 예측 가능한 것이 아니다.

어제 나는 자로 잰 듯 빈틈없는 하루 일과를 설계했다. 하지만 일을 마쳐야 할 시간이 됐을 때 이 책의 원고를 물 흐르듯 써내려가는 중이었고 제대로 발동이 걸린 사실을 알아차렸다.

그 흐름을 깨고 싶지 않아 계속 일을 했다. 예상했던 것보다 에너지가 넘쳐났고 늦게까지 일을 계속했다. 원고 작성은 야심한 시각까지 이어졌고 아침에야 잠자리에 들었다. 밤 10시에 에너지와 집중력이 충만한 가운데 어떤 프로젝트에 몰입하고 있다면 좀 더 늦게까지 일할 수 있는 시간적 유연성이 있을 때 생산성을 높이는 것이 당연하지 않겠는가.

한편 시각이 밤 10시인데 에너지와 집중력이 전혀 없다면 일찍 잠을 청하고, 다음 날 아침 에너지와 집중력이 높을 때 일을 처리하는 것이 최선이다. 물론 이건 상식이지만 인간이 늘 상식에 따라 행동하는 것은 아니다.

보다 의식적으로 일하기 위해서는 자신의 에너지 수위에 대한 인식이 무엇보다 중요하다. 에너지 수위를 인식하고 하루 종일 에너지를 보다 현명하게 사용하는 것이 필수적이다. (수도승과 같은 인식이 저절로 생겨나지 않더라도 걱정할 것 없다. 이 책의 후반부에 인식과 생산성에 관한 내용만을 별도로 다룰 것이다.)

원칙적으로 나는 시간 관리를 최소화하려 애쓰고 가능한 한 최소한의 과제를 추진하기 때문에 하루 일과를 진행하는 사이 충분히 조율 가능하다. 이 방법을 통해 나는 파급력이 높은 업무를 에너지가 가장 왕성한 시간대에 처리할 수 있고 파급력이 가장 낮은 일을 에너지가 가장 낮을 때 해치울 수 있다.*

대부분의 일상이 매일 자연적인 에너지 주기의 변동에 동조하지만 그렇지 않은 날도 적지 않다. 이런 경우 에너지 수위에 맞춰 업무를 처리할수록 생산성이 높아진다. 시간 관리는 무엇을 성취할

---

* 평소보다 에너지가 더 많거나 적은 경우 나는 3의 원칙에 입각한 세 가지 업무가 각각 얼마나 많은 에너지를 필요로 할 것인가를 1~10의 기준으로 적어둔다. 이렇게 할 때 처리 중인 업무를 해당 시점의 에너지 및 집중력에 쉽게 맞출 수 있다.

것인가를 결정하고, 온종일 필요한 에너지와 집중력을 파악한 후에야 비로소 중요성이 드러난다.*

업무 일정 계획하기

생산성 프로젝트를 진행하면서 나는 매주 '얼마나 오래 일할 것인가'에 대한 문제뿐 아니라 하루하루의 업무 시간까지 조직할 수 있는 통제력을 갖게 됐다. 나는 엄격한 '나인 투 식스' 근무와 달리 프로젝트와 관련한 하루 일정을 내가 원하는 대로 자유롭게 짤 수 있었다. 아울러 일정 계획이 나를 얼마나 더, 혹은 덜 생산적이게 하는가를 실험할 수 있었다.

우리가 업무에 투입하는 시간과 마찬가지로 하루 중 업무 일정과 자유 시간이 완벽하게 균형을 이루는 영역이 있다. 바로 이 지점에서 우리는 생산성을 높일 정도로 충분하면서 지나치게 엄격하거

---

* 하루 종일 에너지 수위가 등락하는 것처럼 주의력도 오르락내리락한다. 집중력이 에너지와 보조를 이루며 등락한다는 사실을 발견해낸 한편, 나는 업무에 몰입할 수 있는 주의력 역시 상승과 하락을 반복한다는 사실을 알게 됐다. 예를 들어 사무실에 사람이 적을 때나 꼬리를 무는 회의와 빗발치는 전화로 방해를 받아서 산만해지지 않을 때 주의력이 높아진다. 하루 동안 주의력이 얼마나 되는가를 의식하는 것은 가치 있는 일이다. 특히 등락이 심한 편이라면, 또 자녀가 있거나 팀 프로젝트를 진행 중이라면 더욱 그러하다.

나 통제 불능이라는 느낌이 들지 않는 적정 수위의 업무 체계를 갖추게 된다.

벤처캐피털회사인 와이콤비네이터의 공동 창업자 폴 그레이엄 Paul Graham에 따르면 지식경제시대의 사람들은 두 가지 형태의 스케줄을 갖는다. 한 가지는 '메이커 maker' 스케줄이고, 다른 한 가지는 '매니저 manager' 스케줄이다.

그레이엄이 설명한 것처럼 매니저 스케줄은 조직의 상관들에게 해당되며, 날짜별로 1시간 단위의 칸을 구성한 전통적 디자인의 수첩과 같은 형태를 보인다. 필요한 경우 하루 중 몇 시간을 특정 업무를 위해 비워둘 수도 있지만 기본적으로 매 시간마다 무엇을 할 것인가를 변경할 수 있다.[5] 매니저의 스케줄은 대부분 회의와 미팅, 전화 통화, 이메일로 빼곡하다. 메이커의 스케줄은 정반대로 하루가 훨씬 엉성하게 짜여 있다. 관리할 사람이나 프로젝트가 없기 때문이다.

스스로에게 메이커인지 매니저인가를 물어보면 출발점이 드러날 것이다. 업무의 본질을 근간으로 적정한 업무 체계화의 수위를 파악할 수 있다. 중간 지점에 해당할 수도 있다.

프로젝트 과정에서 나는 많은 콘텐츠를 생산한 동시에 빈번하게 회의를 가졌다. 오전 중에는 메이커의 스케줄을 운영했고, 모든 회의와 인터뷰는 나의 생물학적 황금 시간대가 위치한 오후에 배치했다. 이처럼 자신의 업무 스타일과 위치를 알면 업무에서 시간 관리가 얼마나 중대한 것인가 그리고 매일 스케줄을 어느 정도로 조직화해야 할 것인가를 파악할 수 있다.

　메이커에 속하든 아니면 매니저에 속하든 상관없이 어느 정도의 업무 조직화는 필수적이다. 이를 통해 생물학적 황금 시간대에 순응하는 한편 목표한 일을 성취하고 에너지와 주의력을 배양해 온종일 활기가 가득한 가운데 일할 수 있다. 그러나 황금 시간대와 목적, 업무의 본질을 넘어 그 이상 스케줄을 조직화한다면 하루를 보다 경직된 채 보낼 확률이 높고, 하루 일정에 대한 통제력이 낮다고 느낄 것이다. 더 많이 조직화할수록 하루 동안 업무 방식에 맞추기가 더 어려워진다.

　휴식 시간과 주말 일정을 짤 때도 마찬가지다. 업무 이외의 시간을 조직화한다는 것은 직관에 어긋나고 재미없으며 따분한 소리로 들릴 것이다. 하지만 조사 결과 이 방법을 통해 여가 시간이나 주말에 하는 일에 쏟는 집중력과 창의력, 활동력이 더욱 커지고 동기부여가 더 높아지는 한편 행복감을 느끼게 되는 것으로 나타났다. 그뿐만 아니라 시간이 너무 빨리 지나가 아예 존재하지 않는 것처럼 느끼는 황홀경 상태인 '몰입^{flow}'의 경지에 도달할 여지가 높아졌다.

　나는 엄격한 일정 계획이나 자유 시간을 신봉하지 않는다. 거기에 무슨 재미가 있는가. 하지만 적정한 일정 조직화는 효과적이다.

　　　　　　　　　　　메이커 스케줄인가, 매니저 스케줄인가

예를 들어 프로젝트를 진행하는 동안 나는 앉아서 대략적인 주말 일정을 짤 때 더 많은 에너지를 갖는다는 사실을 발견했다. 심지어 누운 채로 쉬거나 아무것도 하지 않는 시간을 위한 스케줄을 짜는 것조차 도움이 됐다.

파급력이 가장 크고 중요한 일을 더욱 효과적으로 해낼 것이다. 일이 다급할 때나 더 중요하게 느껴질 때가 아니라 에너지가 가장 충만할 때 이들 업무를 처리할 것이기 때문이다.

에너지 및 집중력   가치   재미

실험을 진행했던 한 해 동안 보다 짧은 시간에 더 많은 일을 해내기 위해 내가 찾아낸 가장 강력한 방법이 있다. 시간 관리를 최소화하는 한편 에너지와 집중력이 가장 높을 때 전략적으로 업무를 처리하는 것이었다. 에너지와 집중력은 온종일 서로 보조를 맞춰 오르내린다. 업무 계획을 짜는 데는 하루를 시작하는 시점에 5분밖에 걸리지 않지만 이 시간의 열 배에 이르는 효과를 거두게 될 것이다.

내일 생물학적 황금 시간대와 에너지 수위에 따라 업무를 처리해보라.° 여기 도움이 될 만한 몇 가지 조언이 있다.

▶ 생물학적 황금 시간대에 가장 중요한 세 가지 일을 처리할 수
  있도록 달력에 표시하라. 특히 가장 많은 에너지와 집중력을
  요구하는 업무를 이 시간대에 배치하라.

▶ 자신의 생물학적 황금 시간대를 방어하라. 이는 미치도록 생
  산적이기 위해 사용할 당신의 시간이다.

▶ 생물학적 황금 시간대를 달력에 따로 분리해두고 이 시간에는
  누구와도 약속을 잡지 마라. 업무에 몰입할 시간을 상기시키
  기 위해, 혹은 파급력이 높은 업무나 새롭게 해야 할 일을 위
  해 시간을 비워두는 차원에서 달력에 표시해두는 것이 좋다.

▶ 융통성을 가져라. 자신의 생물학적 황금 시간대가 평균적인
  하루의 에너지 등락 추이를 보여주지만 여기서 벗어나는 날이
  있게 마련이다. 에너지가 높은 날도 있고 낮은 날도 있다는 사
  실을 받아들여라. 평소보다 에너지가 더 왕성하거나 부진할
  때 업무 일정을 재편하는 걸 겁내지 마라.

▶ 메이커의 스케줄에 해당한다면 회의나 미팅을 함께 몰아서 한
  꺼번에 해치울 수 있도록 하라.

● 나는 개인적으로 컴퓨터의 시계를 꺼버렸다. 달력에 회의 시작 전 준비해야 할 시간
  을 표시해두고 그에 따라 회의 준비를 한다. 그리고 항상 무엇을 할 것인가를 계획할
  때 지난 하루를 되돌아본다.

시간당 생산성은 일관적이지 않을 것이다. 이는 전적으로 자신의 에너지와 주의력의 수위에 달려 있다. 모든 업무가 똑같지 않은 것처럼 하루 중 모든 시간도 동일하지 않다. 어느 정도의 시간 관리는 필수적이지만 가장 의미 있는 일을 시간이 가장 많을 때가 아니라 에너지가 가장 높은 시간대에 처리할 때 더 많은 것을 성취할 수 있다.

11

잡일은 한꺼번에 해치우기

 예상 소요 시간 8분 8초

잡일을 한계까지 모아서 한꺼번에 해치우는 것은 쓸데없는 일들에 완벽주의자가 되겠다고 나서는 일을 막아준다. 그렇지만 건강하고 생산적인 삶을 원한다면 주기적인 '잡일 해치우는 날' 혹은 대청소 날이 필수적이다.

한 주 동안 완벽하게 게으름뱅이 되기

몇 년 동안 나는 갖가지 잡일에 숨이 막힐 지경이었다. 화초에 물 주기, 받은메일함 정리하기, 손톱 깎기, 이메일 분류하기, 점심 식사 준비하기, 장보기 같은 일들이 나를 압박했다. 이런 허드렛일은 개인 생활과 회사 업무를 보조하는 바탕이 되기 때문에 필수적이다. 그러나 이런 일에 소모하는 1분 1초가 제공하는 성과는 중요하고 의미 있는 업무에 비해 아주 작다.

잡일은 생활의 필수적인 부분이기 때문에 대개 회사 업무 중 성과가 낮은 일처럼 축소하거나 다른 사람에게 용역을 주거나 아예 제거해버리기가 쉽지 않다. 또한 집 안 정리하기와 음식 준비하기, 쓰레기 버리기, 설거지, 빨래 등 기본적인 일들을 처리하지 않으면 사회의 일원으로 역할을 다할 수 없다.

이건 매우 안타까운 일이다. 이런 잡일이 우리가 가진 제한된 시간의 많은 부분을 소모해버리기 때문이다. 그렇지만 잡일은 우리가 목표하는 것을 이루는 데도 필수적이다. 영양가 있는 음식을 요리하지 않으면 건강하게 식사를 할 수 없다. 며칠에 한 번씩 면도를 하지 않거나 머리를 감아 말리지 않으면 말끔하게 보일 수 없다. 집 안이 엉망진창이면 퇴근길에 기분이 좋을 수 없다.

프로젝트를 진행하는 과정에서 가장 엉뚱했던 실험 중 하나는 한 주 동안 완벽하게 게으름뱅이가 되기로 한 것이었다. 매 끼니마

잡일은 한꺼번에 해치우기

다 식당에 음식을 주문했고 샤워는 일주일에 세 번만 했다. 매일 추리닝이나 잠옷 바람으로 생활했다. 물론 이런 상태로 최대한 생산적이기 위해 노력했다.

일상생활에서 잡일들을 하나씩 제거하며 실험을 진행해가던 중 나는 끔찍한 기분에 빠졌다. 이런 일을 경험한 뒤 나는 건강하고 행복한, 또 사회적으로 활기차고 생산적인 삶을 원한다면 잡일 처리가 필수라는 사실을 깨달았다.

대청소 날

대학 진학을 위해 집을 떠났을 때 처음으로 나만의 공간을 갖췄다. 말 그대로 집안일이 순식간에 산더미같이 쌓였다. 자동으로 척척 해결됐던 빨래가 갑자기 쌓이기 시작했고, 더 이상 부엌에 신선한 먹을거리도 나타나지 않았다. 일주일에 한 번씩 화초에 물 주는 일도 뚝딱 하고 되지 않았다. 이 밖에도 매일같이 쏟아지는 허드렛일이 헤아리기 힘들 정도였다. 그렇지만 나는 현상을 유지하는 것 외에는 다른 어떤 소득도 가져다주지 않는 일에 지극히 제한되고 소중한 시간을 모조리 써버리고 싶지는 않았다.

어느 일요일 아침, 내 인생에 등장한 이 불청객을 좀 더 효율적으로 처리할 수 있는 묘책을 궁리하던 중 한 가지 생각이 떠올랐다. 이 허드렛일을 한 주 내내 붙들고 씨름할 것이 아니라 한꺼번에 처리할 수 있는 만큼 모아뒀다가 해치워버리면 어떨까. 시험 삼아 나는 다음 한 주 동안 일부러 집안일을 아무것도 하지 않았다. 대신 할 일이 생길 때마다 목록을 작성해 다음 일요일 아침에 한꺼번에 처리했다. 역시 효과가 있었다. 나는 더 짧은 시간에 더 많은 일을 해냈다.

이후 나는 계속 이 같은 일상을 유지하고 있다. 나는 이걸 '대청소 날'이라 부른다. 나의 대청소 날은 믿기 어려울 정도로 단순하고 효과적이다. 장보기부터 손톱 깎는 일까지 잡일들을 모두 모아두었다가 한꺼번에 해치우는 것이 전부다. 마침내 나는 삶을 전진시키지 못하는 일들을 일주일 내내 붙들고 씨름하느라 동동거리는 기분에서 헤어났다. 그리고 주중에 정말 중요하고 의미 있는 업무를 처리하는 데 더 많은 시간과 주의력, 에너지를 동원할 수 있었다.

여러 가지를 한꺼번에 해치우기

궁금한 사람들을 위해 다가오는 일요일 아침에 나를 기다리고 있는 집안일을 모조리 정리하면 다음과 같다. 이 모든 것들을 처리하는 데 4~6시간이 걸린다.

잡일은 한꺼번에 해치우기

- 장보기

- 집과 사무실 청소하기

- 식단 및 운동 계획 짜기

- 면도

- 빨래

- 한 주 동안 점심때 먹을 것을 만들어두기

- 화초에 물 주기

- 한 주 동안 모아뒀던 글 읽기

- 프로젝트 검토 및 다음 단계 결정하기

- 해야 할 일 목록 검토하기

- 다음 주의 세 가지 목표 정하기

- 받은메일함 정리하기

- 아이디어 검토하기

- 성취 목록 검토하기

당연히 대청소 날 일과는 저마다 다를 것이다. 예를 들어 자녀가 있다면 집 청소를 일주일에 한 번만 한다는 것은 그리 현실적이지 않을 것이다. 그렇지만 청소를 일주일에 두세 번 몰아서 해치우고 나머지 시간을 중요도가 높은 일을 처리하기 위해 확보할 수 있다. 미혼의 사업가든 가족이 있는 사무직 종사자든, 라이프스타일과 무관하게 한꺼번에 처리할 수 있는 일이 없는 사람은 없다.

허드렛일은 본질적으로 정기적으로 처리해야 한다. 중요성이 떨어지는 다른 일들과 달리 잡일은 생길 때마다 줄이거나 다른 사람에게 맡기거나 용역을 주거나 아예 없애버릴 수 없다. 그렇지만 언제 처리할 것인가는 통제할 수 있다. 이런 일들을 한데 모아두었다가 해치워야 할 때 피치를 올리면 더 중요한 일에 집중할 수 있는 여력을 주중에 확보할 수 있다.[*]

허드렛일에는 별난 구석이 있다. 해치우는 데 상당한 시간이 걸리지만 에너지와 집중력은 거의 소모되지 않는다는 점이다. 실제로 대부분의 잡일을 아무 생각 없이 습관적으로 뚝딱 해낼 수 있다. 고도의 주의력을 요구하는 두 가지 일을 한꺼번에 처리했다가는 생산성이 떨어지게 마련이지만, 잡일은 여러 가지를 한꺼번에 처리하면서 오히려 더 생산적일 수 있다. 주의력과 에너지가 거의 필요하지 않기 때문이다. 오히려 일을 하면서 주의력과 에너지를 아낄 수 있다.

대청소 날 목록에 있는 일들을 처리할 때도 시간을 현명하게 사용하는 방법이 있다. 나는 개인적으로 다음과 같은 방법을 선호한다.

---

[*] 대청소 날을 따로 계획하는 것이 도저히 불가능하다면 한 주 동안 처리하는 잡일의 목록을 정리해보자. 그중 일부분을 모아두었다가 보다 파급력이 높고 의미 있는 업무를 처리하기엔 에너지나 집중력이 부족할 때 해치울 수 있다.

잡일은 한꺼번에 해치우기

- 다른 사람과 함께해 잡일을 재미있고 의미 있게 만든다.
- 잡일을 하면서 팟캐스트나 오디오북을 듣는다. 대청소 날 엄청나게 많은 일을 처리하기 때문에 대개 책 반 권 분량은 들을 수 있다.
- 누군가와 전화 통화를 하거나 스카이프를 해 허드렛일을 하면서 대화를 나눈다.
- '주의력 근육'을 단련하자는 차원에서 잡일을 의식적으로 처리한다.
- 머리를 비우고 휴식을 취하기 위해 잡일을 처리하는 동안 의도적으로 아무것도 생각하지 않는다.

대청소의 날 잡일과 함께 더 많은 것을 성취하고 싶은가? 가능성은 무한하다. 팟캐스트를 다운로드받아 새로운 언어를 공부하거나 휴가 계획을 짤 수 있다. 근력 운동을 하거나 새로운 기술을 연습할 수도 있다. 성가신 허드렛일을 일상에서 모조리 제거해버릴 수는 없지만 일을 처리하는 시간을 훨씬 더 현명하고 생산적으로 사용할 수는 있다.*

- 시간을 미리 정해 더 짧은 시간에 더 많은 잡일을 해치우도록 하자. 자신의 생물학적 황금 시간대에 이런 일을 하지 않도록 하라. 그건 귀한 시간이다.

불완전을 향한 분투

첫 번째 대청소의 날 이후 수년간에 걸쳐 나는 한 주 동안 중요하고 의미 있는 일을 처리하기 위해 더 많은 시간을 확보하는 것 외에도 많은 이점을 발견했다. 대청소 날을 따로 정해두면 물리적, 정신적 산만함을 제거해 보다 맑은 정신과 강한 에너지로 한 주를 시작할 수 있다. 그뿐 아니라 한꺼번에 십수 가지의 일을 해치우고 목록에서 할 일을 한 가지씩 지워나갈 때마다 엄청난 쾌감을 느낄 수 있다. 시간이 지날수록 나는 시간 낭비를 줄인다는 한 가지 이점을 발견하게 됐다.

나를 포함한 많은 사람들은 완벽주의자를 표방한다. 이만하면 괜찮다 싶은 정도를 넘어 일에 추가로 투입하는 시간에 대한 성취율이 급격하게 하락하는데도 멈추지 않는 경향을 보인다. 피카소는 그림을 통달하는 데 일생을 바쳤다. 작은 개선 하나하나가 그의 작품을 더 훌륭하게 만들었다. 그러나 성과가 낮은 잡일은 투자 대비 이 같은 소득을 가져다주지 않는다. 어떤 특정 시점을 지나 성가신 일을 과도하게 붙들고 늘어지면 의미 있고 성과 높은 일에 할애할 수 있었던 시간을 좀먹을 뿐이다.

완벽해야 할 때와 장소가 있는데 잡일은 여기에 해당되지 않는다. 이런 일에 추가로 사용하는 시간은 낭비일 뿐이다. 언제나 집안을 10퍼센트 더 깨끗하게 할 수 있지만 무슨 상관이랴. 잡일을 한

잡일은 한꺼번에 해치우기

꺼번에 모아서 처리하는 것은 쓸데없는 일에 완벽하려고 하는 성향에 대비한 완벽한 방지책이다.

시간 관리 끝장내기

앞서 언급한 것처럼 지식경제시대에 시간 관리는 시간경제시대만큼 중요하지 않다. 지식경제시대에 가장 생산적인 사람들은 대부분 시간을 업무의 무대 정도로 여긴다. 다른 사람들의 업무와 시간을 조율하고 일을 단순히 더 열심히 하는 것이 아니라 더 현명하게 하기 위해 일정 부분 조직화는 필수적이다. 그러나 생산성이 높은 사람들은 시간 관리를 에너지와 주의력 관리보다 부수적인 것으로 취급한다.

과거에 시간은 우리가 관리해야 할 유일한 자원이었다. 반면에 오늘날 시간과 주의력과 에너지는 과거 어느 때보다 상호 연관을 이루며 가장 생산적인 사람들은 이들 세 가지를 모두 관리한다.

시간 관리란 불가능한 일이다. 어떤 일을 언제 할 것인가를 관리하는 일이 가능할 뿐이다. 시간 자체를 관리하거나 통제할 수는 없다. 지난 138억 년간 시간은 재깍재깍 움직였고, 전혀 멈출 조짐을 보이지 않고 있다.

도전 과제 과제 소요 시간 (한데 모은 잡일의 가짓수에 따라) 몇 시간

주중에 중요한 일을 처리하는 데 더 많은 주의력과 에너지를 얻게 될 것이다. 미루는 일이 줄어들고 명료한 정신 상태를 경험할 뿐 아니라 십수 가지의 잡일을 한꺼번에 처리할 때 쾌감도 느낄 수 있다.

에너지 및 집중력　　　　가치　　　　　재미

다음 한 주 동안 계속해서 잡일을 처리하라. 일을 하면서 주 후반에 해도 괜찮다고 생각하는 일은 따로 대청소의 날 목록에 추가하라. 당신이 나와 비슷한 성향이라면 주중에 반드시 하지 않고 대청소 날이나 허드렛일 목록을 이용해 한꺼번에 해도 되는 일이 무척 많다는 사실에 놀랄 것이다.

이 시간을 더욱 생산적으로 사용하려면 일을 처리하는 동안 남는 에너지나 주의력을 보다 중요하고 의미 있는 일에 사용하자. 다만 생물학적 황금 시간대에 허드렛일을 하지 않도록 주의하자. 이 시간은 신성하다!

　　　　　　　　　　　　　　　　잡일은 한꺼번에 해치우기

The
Productivity
Project

CHAPTER 4

주의력은
무조건 사수한다

12

영향력 낮은 일
단순화하기

 예상 소요 시간 4분 43초

이메일 확인과 같은 보조 업무는 하루 일과의 필요악이다. 이런 일에 소비하는
시간과 주의력과 에너지를 얼마나 줄이는가는 생산성 향상을 위한 열쇠 중 하나
다. 성과가 높은 일을 중심으로 더 많은 시간과 여유를 만들어낼 때 더욱 창의적
이고 더불어 주의력과 생산성도 높일 수 있다.

프로젝트를 앞두고

5월에 캐나다 오타와에서 1~2시간을 보낼 기회가 생긴다면 도시 한복판에 자리 잡은 인공 호수인 다우스 호수에 내려가보라. 호수 자체도 아름답지만 주변 경관이 빼어나다. 한겨울에는 꽁꽁 얼어붙은 호수가 세계 최장 스케이트장으로 변신하고 5월이면 호수 주변의 튤립이 장관을 이룬다. 해마다 5월이면 다우스 호수가 흘러 들어가는 리도 운하 주변에 30여만 송이의 튤립이 만개한다. 꽃을 좋아하는가 여부와 관계없이 친구나 소중한 사람과 휴식을 취하거나, 벅찬 감격에 빠진 관광객을 안내하기에 좋은 장소다.

일전에 프로젝트를 진행하면서 찍은 사진들을 넘겨 보다 사진 한 장에 시선이 멈췄다. 프로젝트를 시작하기 꼭 4일 전의 사진이었다. 카메라의 앵글은 무성한 초록색 나뭇잎을 향하고 있었지만 내가 들고 있던 책 표지로 눈길이 향했다. 이 프로젝트를 위해 내가 처음 읽은 책인 위니프레드 갤러거Winifred Gallagher의《몰입, 생각의 재발견Rapt》이었다.

사진은 프로젝트를 시작할 무렵의 내 감정을 완벽하게 담아냈다. 생산성이라는 주제에 깊이 몰입한 가운데 선禪에 비할 만한 평온함과 충만한 호기심이 사진에 고스란히 묻어났다. 프로젝트에 대한 관심이 폭발하기에 앞서, 차분하고 독특하며 압축적인 방법으로 1년간 생산성에 관해 실험해보겠다는 단순한 발상은 쏠쏠한 연봉의 일개 직장보다 훨씬 매력적으로 다가왔다.

기회가 찾아오다

  그런데 프로젝트가 진행되면서 그 성격이 급변했다. 일을 시작하고 불과 8개월이 지나는 사이(일주일에 35시간 명상하기 실험 후 5개월, 테드에 인터뷰가 나간 후 꼭 2개월 뒤) 프로젝트가 갑자기 폭발적으로 커졌다. 자고 나니 스타가 된 격이었다.

  내 웹사이트의 하루 방문객이 수백 명에서 수천 명으로 늘어났다. 매주 몇 건에 불과했던 방문객 글이 이제 수십 건에 달했다. 매일 30통 정도 왔던 이메일이 수백 통으로 불어났고, 각종 매체의 인터뷰와 회의 그리고 강의 요청이 쇄도했다. 고요하고 정적이던 프로젝트가 갑자기 산만해졌지만 최선의 형태로 방향 전환이 이루어지고 있었다. 바닥에서부터 생산성 실험까지 프로젝트의 전 과정을 설계한 내게 이 일은 기분 좋은 문젯거리였다.

  희한하게도 늘어난 일들은 모두 내 업무를 보조하는 것들이었다. 이메일에 답신하고 회의에 참석하는 일이나 소셜미디어에 접속하는 일은 말하자면 업무상 '허드렛일'에 해당한다. 이들은 업무상 가장 생산적인 일을 보조하며 빨래나 공과금 납부와 같이 없애기 어려운 일들이다. 내게 보조 업무는 집안일만큼 성가신 존재다.

대개의 보조 업무와 마찬가지로 보다 가치 있고 의미 있는 일에 사용할 시간과 주의력, 에너지를 상당 부분 앗아가기 때문이다.

성과가 낮은 일에 지나치게 많은 시간을 소모하는 데는 더 많은 미묘한 비용이 발생하는데 이들은 훨씬 해치우기가 쉽다. 직업 세계에서 이는 넷플릭스를 보는 것과 같다. 이메일을 한 번 더 확인하고 전화를 한 통 더 걸거나 회의에 한 번 더 참석하는 일에 우리의 변연계는 그다지 고전하지 않는다. 장기적으로 볼 때 투입한 시간 대비 성과가 훨씬 적은데도 그 순간에 영향력 낮은 일이 핵심 업무보다 더 중요하다고 스스로를 납득시키기 십상이다.

허드렛일과 마찬가지로 이런 성과가 낮은 일을 처리하는 최적의 방법은 더 빨리 더 열심히 하는 것이 아니다. 터무니없이 오랜 시간 일하는 것도 물론 아니다. 애초에 일 처리에 소모하는 시간과 주의력과 에너지를 얼마나 축소하는가가 관건이다.

시간과 주의력 공간 확보하기

직장에서 영향력이 낮은 일을 단순화할 때 큰 효과를 얻는 이유는 간단하다. 이 일에 쏟을 시간과 주의력을 줄일수록 중요한 일에 더 많은 시간과 주의력을 쏟을 수 있기 때문이다. 우리는 일을 줄이고 대부분의 시간을 가장 생산적인 일에 투여하는 것을 목표로 삼아야 한다.

어릴 적 갖고 놀던 16개 조각으로 이뤄진 퍼즐을 기억하는가. 한 칸이 빈 공간으로 남아 있고 다른 조각들을 움직여가며 퍼즐을 맞췄던 기억이 있을 것이다. 우리의 시간도 이 퍼즐과 같다. 일과 중 빈 공간이 많을수록 업무를 처리할 때 더 많은 유연성을 발휘할 수 있다. 하루 중 주의력과 에너지가 크게 오르락내리락하기 때문에 시간의 빈 공간이 많을수록 더 생산적일 수 있다.

처리하는 일을 단순화하면 영향력이 높은 일이 발생할 때 더욱 즉각적으로 대응할 수 있다. 일이란 동시다발적으로 밀어닥치게 마련이다. 일하는 도중에 위기 상황이 터지기도 하고 아이가 감기에 걸리기도 한다. 직장 상사가 긴급하게 회의를 소집하기도 하고 여자친구가 산책을 가자고 보채기도 한다. (사실 이 일은 이 글을 쓰는 동안 실제로 내게 닥친 일이다.)

일을 단순화하는 한편 영향력이 높은 일을 중심으로 더 많은 시간의 공간을 만들어내면 예기치 않은 긴급 상황이 벌어질 때 이에 대응하고 감당할 수 있는 재량을 얻을 수 있다. 게다가 일을 단순화하면 하루 종일 수도승과 같은 명료한 정신 상태를 유지할 수 있다. 이건 정말이지 놀라운 느낌이다.

도시계획가들에 따르면 고속도로에서 교통 흐름을 관장하는 것은 차량의 수나 주행 속도가 아니라 차량들 사이의 간격이다. (아마 UC어바인의 소망길을 창안했던 도시계획가들조차 동의할 것이다.) 하루 동안의 업무도 마찬가지다.[1] 최대한 많은 일로 하루 일과를 잔뜩 채운다면 생산적이기 어렵다. 예상치 못한 업무가 불쑥 등장할 때 정신적 체증 현상이 발생할 수밖에 없다. 일을 단순화할 때 영향력이 높은 일에 더 많은 주의를 기울일 수 있고 일에 더 깊이 몰입할 수 있다. 일은 생산성 고속도로의 차량과 같다.

성과가 높은 일을 중심으로 시간과 주의력을 쏟는 것은 더 나은 아이디어를 찾는 데도 도움이 된다. 스마트폰을 사용할 때보다 샤워하는 사이에 반짝이는 아이디어가 더 많이 나오는 이유는 간단하다. 샤워하는 사이 사고가 활동할 수 있는 주의력 공간이 더 많이 생기고 새로운 아이디어나 생각이 수면 위로 떠오르기 때문이다. 마찬가지로 영향력이 낮은 일을 최대한 단순화할 때 더 많은 시간과 주의력을 영향력이 높은 일에 쏟을 수 있을 뿐 아니라 획기적인 아이디어를 더 많이 얻을 수 있다.

성과가 높은 일과 추진하기로 결정한 일 사이에 더 많은 시간과 주의력의 공간을 만들어냄으로써 일에 더욱 깊이 빠져들 수 있고 일을 보다 슬기롭게 처리할 수 있다. 또 마땅히 쏟아야 하는 시간과 주의력을 해당 업무에 할애할 수 있다.

13

보조 업무에
집중하는
빈도 낮추기

 예상 소요 시간 **11분 22초**

직장에서 모든 보조 업무는 예외 없이 줄이거나 다른 사람에게 넘기거나 심지어
완전히 없애버릴 수도 있다.

사소한 일의 범람

프로젝트를 시작하면서 따로 시간을 내가며 영향력이 높은 일들을 가려냈지만 성과가 낮은 일에 대해서는 아무런 대응을 하지 않았다. 덜 중요한 업무에 완전히 매몰된 나머지 생산성이 급격히 떨어질 지경에 이르렀을 때까지도 속수무책이었다. 특단의 대책이 필요했다.

첫 번째 시간 일지로 얼마나 많은 시간 동안 일을 미뤘는가를 검토한 뒤 나는 한 주 동안 성과가 낮은 잡일들을 처리하는 데 상당한 시간을 허비했다는 사실을 발견했다. 어쨌거나 그 일들을 처리하느라 분주하게 보냈기 때문에 스스로는 생산적이라 느꼈지만 실상 일을 처리하면서 의미 있는 것을 얻지는 못했다.

파킨슨의 법칙에 따르면 업무는 그 일에 쏟을 수 있는 시간만큼 확장된다. 프로젝트를 진행하면서 나는 이 법칙이 특히 성과가 낮은 일에 들어맞는다는 사실을 깨달았다. 중요한 업무를 보조하는 잡일은 업무상 마약 혹은 사탕과 같은 존재다. 우리의 변연계가 보다 도전적이고 성과가 높은 일을 처리하지 못하도록 방해하기 때문이다. 잡일을 처리하면서 우리는 스스로 생산적이라 생각한다. 숨 돌릴 틈 없이 바쁜 건 사실이기 때문이다. 하지만 이런 일들은 성취도를 떨어뜨린다.

시간 일지에 기록된 업무 목록을 훑어보면서 나는 대부분의 시

보조 업무에 집중하는 빈도 낮추기

간을 잡아먹은 문제 업무들을 가려냈다. 늘어난 잡일을 시간과 주
의력을 소모한 순서대로 열거하면 다음과 같다.

- 이메일 답신하기
- 회의 참석하기
- 블로그 글과 뉴스레터 올리기
- 달력 관리하기
- 생산성에 관해 사람과 기업 코칭하기
- 여행 자료 조사하고 일정 짜기
- 화상 회의 조직하고 참석하기
- 웹사이트 관리하기
- 소셜미디어 계정 관리하기

당신도 중요한 업무를 보조하기 위해 이와 유사한 형태의 잡일
을 처리하고 있을 가능성이 높다. 전 세계 지식노동자의 상당수가
이메일에 침몰당하고 있다. 초청받은 회의와 행사도 지나치게 많
다. 그러나 좋은 소식이 있다. 모든 보조 업무는 예외 없이 줄이거
나 다른 사람에게 넘기거나 심지어 완전히 없애버리는 일도 가능
하다는 것이다.

손에 닿는 목표

시간에 대해 얼마나 방어적인가에 따라 완전히 제거할 수 있는 사소한 일들을 몇 가지 발견할 수 있다. 하지만 내 경험에 비춰볼 때 이런 일들을 모조리 제쳐버리기란 무척 어렵다. 과거 직장 생활을 하면서 나는 시간을 효과적으로 사용하지 못하는 수많은 일들을 처리한 대가로 월급을 받았다. 이들 가운데 상당수를 제쳐두는 것이 나의 생산성을 높이는 길이었지만 그랬다가는 직장에서 진상으로 찍히거나 해고당할 수도 있었다.

하지만 우리는 그중에서도 완전히 없애버릴 수 있는 일이나 책임을 발견할 수 있다. 예를 들어 이런 일들 말이다.

- 반복되는 사소한 회의
- 중요성이 떨어지는 전화 통화와 소셜미디어와 뉴스 웹사이트
- 시간과 재능과 기술을 충분히 활용하지 못하는 업무나 프로젝트
- 거의 가치를 두지 않지만 많은 시간을 뺏는 업무나 프로젝트

중요한 업무를 보조하는 일들은 없애버려도 무관한 일보다 언제나 많다. 그렇지만 영향력이 낮은 일 목록에서 속아내거나 없애버릴 수 있는 손쉬운 목표가 있다면 없애려고 노력할 필요가 있다. 가장 중요한 일에 훨씬 효과적으로 쓸 수 있는 가치 있는 시간과 주

보조 업무에 집중하는 빈도 낮추기

의력을 얻을 수 있기 때문이다.

생산성 프로젝트에서 나는 완전히 없애버릴 수 있는 일을 딱 한 가지 발견했다. 바로 사람과 기업 코칭이었다. 꽤 쏠쏠한 수입이 들어오는 일이었지만 이번 프로젝트에 직접적으로 기여하지 않았고 또 그 일을 통해 더 많은 사람들과 접촉할 수 있는 것도 아니었다. 그 외에는 모두 힘들게 줄여야 했다.

보조 업무 극단적으로 줄이기

한두 달 동안 온통 이메일과 회의의 생지옥에 떨어져 허우적거린 뒤 나는 마침내 보조 업무를 얼마나 줄일 수 있는지 실험해보기로 했다. 이를 통해 더 중요한 일을 처리하기 위한 시간과 주의력을 더 많이 확보하자는 의도였다. 숱한 시행착오와 야근을 거친 끝에 나는 사소한 일을 줄일 수 있는 가장 효과적인 해법을 찾았다. 보조 업무에 얼마나 많은 시간과 주의력을 소모하고 있는지 인식하고 그 한도를 설정해 업무를 제한하는 것이었다. 나는 시간 일지를 작성하는 단순한 작업을 통해 매일 어떤 일을 처리하는지 보다 정확히 인식할 수 있다. 하지만 시간은 단순히 전체 그림의 일부분일 뿐이며 성과가 낮은 일은 엄청난 주의력을 앗아간다.

이메일을 예로 들어보자. 프로젝트를 진행하는 과정에서 이메일에 침몰당한 뒤 나는 몇몇 친구들에게 일주일 동안 매일 새로운 이메일을 얼마나 자주 확인하는지 기록해달라고 요청했다. 일종의 비공식 조사를 실시한 셈이다. 평균치가 얼마였을까? 놀랍게도 41번이나 됐다.

이와 별개로 진행된 보다 과학적인 조사에서는 대다수 사람들이 약 15분마다 이메일을 확인하는 것으로 드러났다.[2] 하루 평균 8시간 일한다고 간주할 때 이메일을 32번이나 확인한다는 계산이 가능하다. 하루에 이메일을 32번 확인한다는 것은 우리의 주의력이 업무에서 32번에 걸쳐 이탈한다는 의미다. 이런 여건에서는 정신적 명료함을 유지하기가 매우 힘들다. 이메일이 중요한 보조 업무일 수 있지만 하루에 32번이나 확인해야 할 이유는 없다. (나 역시다를 바 없다. 의식적으로 일을 하려 애쓰는 동안에도 새로운 이메일을 하루에 36번 확인했다.)

요주의 보조 업무를 파악한 뒤 하루 동안 이 일에 얼마나 빈번하게 집중하는가를 생각해보라. 하루나 이틀에 걸쳐 빈도를 기록하면 충분하다. 요주의 업무에 얼마나 많은 시간과 주의력을 소모하는가를 파악하고 나면 그 일을 줄이기가 훨씬 쉽다는 사실을 깨닫게 될 것이다. 잡일을 줄이기 위해 내가 찾은 최선의 해법은 소모하는 시간과 집중하는 빈도를 모두 제한하는 것이다.

보조 업무에 집중하는 빈도 낮추기

주의력을 잠식하는 것들

어떤 보조 업무는 시간보다 주의력을 있는 대로 잡아먹는다. 예를 들어 대부분의 이메일은 답신하는 데 1~2분밖에 걸리지 않지만 하루에 수십 번 이메일을 확인한다면 중요한 업무에서 이메일 확인 모드로 수시로 전환해야 한다. 물론 더 생산적인 일을 해치우려 할 때 새 이메일 도착을 알리는 알람이 집중을 방해하는 경우도 많지만, 새로운 이메일이 도착했는지 여부를 알지 못하는 데서 발생하는 불안감이 주는 문제도 있다. 주의력 공간을 더 많이 소모하기 때문이다.

이메일과 같은 보조 업무가 시간과 생산성에 미치는 영향을 줄이기 위한 최선의 방법은 하루 동안 이 일에 집중하는 빈도를 제한하는 것이다. 나는 이메일 알람을 아예 꺼버리고 아침, 점심시간 전 그리고 업무를 마치는 시간 등 구체적인 시간대를 정해 하루에 몇 번만 확인한다. 이 같은 방법의 제한은 소셜미디어 접속이나 전화통화, 인스턴트 메신저 접속과 같은 일에도 대단한 효과를 낸다.*

프로젝트 과정에서 내가 정한 몇 가지 한도는 다음과 같다.

---

* 어떤 이메일은 더 많은 시간을 투입할 가치가 있다. 곧바로 대응하지 않고 시간을 가지면 보다 사려 깊게 답변할 수 있는 정신적 여유가 생긴다. 결과적으로 수없이 많은 이메일을 주고받는 일도 피할 수 있다.

- 이메일 처리를 하루 30분씩 세 번으로 제한했다.
- 소셜미디어 접속은 하루 다섯 번으로 제한했다.
- 비슷한 일들을 한꺼번에 처리해 해당 업무에 집중하는 빈도를 낮추었다(예를 들어 전화 통화 한꺼번에 하기).
- 새로운 인스턴트 메시지 대화를 하루 다섯 번으로 제한했다.
- 새로운 이메일은 내용과 무관하게 모든 사안에 대응할 시간과 주의력과 에너지가 있을 때에만 확인했다.

이메일과 같은 보조 업무는 발생할 때마다 혹은 충동을 느낄 때마다 처리하는 것이 아니라 미리 시간을 정해두고 처리하면 여러 가지 효과를 볼 수 있다. 주의력을 집중할 수 있는 여력을 더 많이 확보할 수 있는데 이는 일을 보다 의식적으로 처리하는 데도 도움이 된다. 미리 주의력을 집중할 시간을 정해두었기 때문에 하루 동안 보조 업무에 대한 생각을 제한하는 데도 효과적이다.

내가 하루 동안 이메일 확인 횟수를 줄이는 새로운 일상에 정착하기까지는 몇 주일이 걸렸다. 업무 시간에 인터넷 접속을 줄이는 것처럼 사소한 일에 집중하는 빈도를 낮추는 일상에 적응하자 중요한 일에 몰입할 수 있는 정신적 명료함이 훨씬 배가됐다.

보조 업무에 집중하는 빈도 낮추기

시간을 잡아먹는 것들

상당수의 보조 업무는 시간보다 주의력을 더 많이 소모한다. 예를 들어 회의를 생각해보자. 몇몇 회의는 중요하지만 평균적인 사람은 회의에 엄청난 시간을 허비한다. 평균적인 사무직 근로자가 업무 시간 중 회의에 소모하는 시간의 비중은 37퍼센트에 달한다. 고위 간부 150명을 대상으로 실시한 조사에서는[3] 불필요하게 시간을 낭비하는 회의가 28퍼센트에 이르는 것으로 나타났다. (일반 직원들은 이 비중이 50퍼센트 후반대일 것으로 확신한다. 중역들은 영향력이 낮은 회의에 참석하지 않기 때문이다.) 비생산적인 회의는 이메일과 같은 보조 업무와는 반대로 시간을 있는 대로 잡아먹지만 주의력이나 에너지 소모는 거의 없다.

프로젝트 과정에서 회의 시간을 제한한 사례를 제시하면 다음과 같다. (나는 대다수 사무직 근로자나 관리자들보다 하루 일과에 대해 더 많은 통제력을 가졌다는 사실을 인정한다.)

- 한 주간 회의 참석 시간을 4시간으로 제한하고, 그 이상의 회의는 미루거나 취소했다.
- 한동안 보조 업무를 처리하지 않았다. (예를 들어 하루 이틀 동안 임시로 자동 응답 기능을 설정해두고 이메일을 확인하지 않았다. 이 같은 조치를 통해 영향력이 높은 프로젝트를 처리할 수 있었다.)

이런 한도 설정은 일을 보다 신속하게 처리하도록 동기 부여했을 뿐 아니라 일을 보다 슬기롭게 해치우기 위한 번뜩이는 아이디어를 찾아내도록 재촉했다. 일 처리에 주어진 시간이 대폭 줄어들었기 때문이다. 엄청난 양의 시간과 주의력을 집어삼키는 보조 업무의 경우 해당 업무를 위한 시간과 주의력의 한도를 정하는 것이 효과적이다.

생산성 실험 과정에서 나는 이메일 확인하는 일을 하루 세 차례로 제한하는 동시에 모든 이메일 답신을 다섯 문장 이하로 줄였다. 그리고 이와 관련해 이메일 서명에 짧은 쪽지를 덧붙여 솔직하게 밝혔다. (당신과 나를 위해 모든 이메일 답신을 다섯 문장 이하로 제한합니다. 라고.) 내 이메일을 받은 사람들은 이런 취지를 이해하는 듯했고, 나는 난생처음으로 이메일 확인을 순식간에 해치울 수 있을 것 같았다. 이메일 답신을 다섯 문장 이하로 줄이기 어려울 때면 전화 통화가 문제 해결을 위한 보다 생산적인 방법이라는 사실도 알았다.

사무실에서 나누는 의미 없는 잡담과 같은 '시간 잡아먹는 하마'는 본질적으로 억제하기가 더 어렵다. 옆 자리 동료들과의 깊은 교제는 생산성을 일정 부분 향상시키는 효과를 내지만 쓸데없는 잡담이 소중한 시간을 허비하고 있지 않은지 점검해볼 필요가 있다. 만약 그렇다면 잡담을 피할 대책을 마련할 필요가 있다. 예를 들어 중요한 업무를 처리할 때 헤드폰을 착용한다거나 전염병 같은 회사 내 가십을 피하고, 사무실 근처에 휴식을 취하는 장소를 바꾸거

보조 업무에 집중하는 빈도 낮추기

나 혹은 일을 방해하는 사람에게 업무를 도와달라고 부탁하는 방법을 생각해볼 수 있다. 아울러 생물학적 황금 시간대에는 사무실 문을 닫아두는 것도 방법이다.

대청소의 날이 일상의 보조 업무를 조직화하는 것처럼 직장에서 보조 업무의 한도를 설정하면 일이 불어나 더 많은 시간과 주의력을 소모하는 상황을 일정 부분 차단할 수 있다.*

정신적 고요함으로의 복귀

프로젝트가 궤도에 오른 후에는 이메일이 홍수처럼 밀려들 때 과거처럼 하루에도 몇 번씩 확인하지 않고 확인하는 빈도를 서서히 줄여 나갔다. 현재 나는 이메일을 매주 세 번만 확인한다. 매주 월요일과 수요일, 금요일 오후 3시, 에너지가 떨어져 '메이커 스케줄'에서 '매니저 스케줄'로 전환하는 시점에 받은메일함을 연다. 지금까지 이 일정을 꽤 오랫동안 고수하고 있다.

나는 시간을 매우 중시하며 가장 많은 것을 성취할 수 있는 일에

• 이메일로 인한 정신적 산만함은 '나중에 보내기send-it-later' 설정을 이용해 줄일 수 있다. 내가 선호하는 방법은 지메일의 경우 부메랑 BoomerangGmail.com과 라이트인박스RightInbox.com이며, 아웃룩은 센드레이터 SendLaterEmail.com, 안드로이드는 부메랑 BoomerangGmail.com이다.

시간을 사용하기를 원한다. 내게는 10명가량만 알고 있는 보조 이메일 계정이 있는데, 이 계정은 하루에도 몇 번씩 확인해 평소 신경 쓰는 이들 및 긴밀하게 일하는 이들과 보다 신속하게 연락을 취하고 있다. 대다수 사람들처럼 나는 여전히 매일 엄청난 양의 이메일을 받는다. 하지만 이메일 처리 방식을 바꾸면서 매일 정말 중요한 일을 위해 더 많은 시간과 주의력을 확보할 수 있게 됐다.

사람에 따라서는 일주일에 세 번만 이메일을 확인할 만큼 융통성을 갖지 못할 수도 있지만 지금보다 이메일 확인 빈도를 줄이는 것은 분명 가치 있는 일이다. 더 많은 것을 성취하고 싶다면 정신적 여유 공간을 마련하는 것이 중요하다. 몇 분마다 들어오는 이메일에 모두 답신한다면 주의력을 현명하게 사용하지 못하고 있을 가능성이 높다.

힘겨운 변화였지만 1년간의 생산성 프로젝트를 끝마치는 시점까지 나는 회의로부터 내 시간을 사수하는 데 점점 더 과감해졌다. 회의의 목적이나 주제가 명확하지 않을 때는 이를 제치고 여차하면 낭비했을 시간을 되찾았다. 이건 늘 쉬운 일이 아니다. 하지만 참석하지 않아도 좋을 이유를 찾을 때마다 대체로 사람들은 이를 이해한다. 반드시 회의에 참석해야 할 때면 종종 시간을 줄일 것을 제안하곤 한다. 의사 진행을 보다 신속하게 처리해야 짧은 시간 동안 모든 사람이 에너지와 주의력을 더 많이 분출하기 때문이다.

아웃룩 앱의 기본 선택이 회의를 매 시각 15분과 30분, 45분, 정

보조 업무에 집중하는 빈도 낮추기

각에 종료하도록 돼 있어 사람들은 이 규정을 기본값으로 설정한다. 하지만 10분 일찍 끝내면 안 될 이유가 있겠는가. 참석자들에게 회의 후 1분만 시간을 내서 개략적인 내용을 전달해달라고 부탁해도 된다면 그런 회의는 굳이 시간을 들여 참석할 만한 가치가 없다고 볼 수 있다. 불참할 경우 정중하게 이유를 댄다면 의외로 많은 사람들이 사정을 이해한다.

　이메일과 회의를 완전히 없애는 것은 불가능하지만 여기에 투입하는 시간과 주의력을 현명하게 사용하도록 통제하는 것은 얼마든지 가능하다. 성과가 낮은 일을 줄이는 것이 이를 위한 최선의 방법이다. (사실 이건 두 가지의 최고 전략 중 하나인데 다른 하나는 뒤에서 다룰 것이다.)*

---

* 어느 획기적인 연구에 의하면[4] 이메일을 처리하는 시간 동안 대부분의 사용자들은 단순히 이를 확인만 할 뿐 실질적인 대응을 하거나 조치를 취하지 않는 것으로 나타났다. 내용에 관계없이 도착한 이메일에 대응할 충분한 시간과 주의력과 에너지를 갖고 있지 않다면 확인하지 마라.

매주 보조 업무를 붙들고 허둥대며 같은 자리에서 맴도는 것이 아니라 보다 영향력이 높고 의미가 큰 일에 더 많은 시간을 투입하고 일보 전진하게 될 것이다.

* 에너지 및 집중력은 당신의 변연계가 얼마나 강력한가에 따라 다를 것이다.

에너지 및 집중력   가치   재미

회사 업무 가운데 감당하기 힘든 사소한 보조 업무 한두 가지를 선택하고, 이 일에 소모하는 시간이나 집중하는 빈도 혹은 두 가지 모두를 제한해 일을 줄인다.

이때 변연계가 가동되어 불편한 마음이 들 수 있다. 예를 들어 혹시 중요한 이메일이 도착하지 않았는지 궁금할 때, 소셜미디어에 새로운 내용이 올라오지 않았는지 확인하고 싶을 때, 혹은 중요하지 않은 회의를 미루거나 취소하고 싶은 충동과 싸울 때 그럴 수 있다. 이런 충동을 억제하기 어렵겠지만 어느 단계를 넘어서면 새로운 세계가 열린다.

14

시간 가치가
낮은 일 위임하기

 예상 소요 시간 13분 22초

'노No'라는 단어는 가장 강력한 생산성 도구다. 사소한 업무와 프로젝트, 책무에 '노'라고 말하는 것은 보다 가치 있는 업무에 '예스'라고 말하는 것과 같다.

개인과 기업 코칭하기부터 이메일 답변하기, 회의 참석하기, 소셜미디어 접속하기, 잡담하기까지. 가능한 모든 것들을 줄이면서 나는 중요한 일에 쏟을 수 있는 엄청난 시간과 주의력을 얻었다. 하지만 늘 그렇듯 여전히 만족스럽지 않았다. 아직도 처리해야 할 성가신 잡무들이 있는데 예를 들면 이런 일들이다.

- 일정표 관리하기
- 블로그 글과 뉴스레터 올리기
- 여행 자료 조사하고 일정 짜기
- 웹사이트 관리하기

이 일들에는 상당한 시간과 주의력이 소모된다. 지극히 제한적인 가치를 창출하는 영향력이 낮은 일들은 특별하게 대응하지 않고 다른 사람에게 넘기는 것이 좋다. 이것이 바로 성과가 낮은 일을 처리하는 세 번째 방법이다. 다른 사람에게 일을 넘기는 것은 모두에게 현실적인 방안은 아니지만 의외로 기회가 크게 열려 있다.

당신의 시간은 얼마나 가치 있는가

우리가 시도해볼 수 있는 가장 획기적인 계산 가운데 하나는 자신의 시간이 얼마나 가치 있는가를 따져보는 것이다. 대략적으로 판단하는 것이 아니라 10원짜리까지 쳐서 정밀하게 계산해야 한다. 지난 수년간 생활 여건이 바뀔 때마다 내가 주기적으로 생각해 낸 계산법은 이렇다. 내 삶 가운데 1시간을 되사기 위해 얼마의 값을 치를 용의가 있는가를 자문하는 것이다. 계산하는 데는 고민이 필요하지만 방법은 매우 간단하다.

학창 시절에는 수입이 거의 없었기 때문에 일을 거들 사람을 고용할 만한 재정적인 여력이 없었다. 당시 내 시간당 가치는 5달러에 불과했다. 이 때문에 세금도 내가 직접 처리했고 최소 임금을 지급하는 일자리도 마다하지 않았다. 내게 시간은 그 이상의 가치를 갖지 않았던 것이다.

프로젝트를 시작하던 시점에는 내 삶 가운데 1시간을 되사들이는 데 10달러가량 지불할 의사가 있었다. 그런데 프로젝트를 마치는 시점에는 내 시간의 가치가 껑충 뛰어 약 50달러에 달했다. 이때 나는 작은 사업에 뛰어들어 고정적인 수입이 발생하기 시작했다. 이와 동시에 나는 덜 핵심적인 일을 맡길 만한 팀을 조직하는 방안을 고민했다.

자신의 시간을 어떻게 평가하는가에 따라 집안일도 다른 사람에게 맡길 수 있다. 예를 들어 잔디 깎는 일이나 눈 치우기, 집 안 청소 등은 상대적으로 다른 사람에게 맡기기가 쉽다. (아니면 자녀들에게 이런 일을 가르치는 것도 방법이다.)

이 책에서 소개하는 대다수 기법들과 마찬가지로 시간 되사기 역시 일을 적게 하는 것이 아니라 의미 있는 일을 더 많이 하기 위해 보다 지혜롭게 일하는 기법이다.

시간의 가치는 다음 네 가지 궤적을 따라 형성된다.

- 얼마나 많은 수입을 벌어들이는가?
- 내게 시간이 얼마나 소중한가?
- 내게 돈이 얼마나 소중한가?
- 얼마나 큰 압박감을 느끼는가?

파트타임으로 업무를 보조하는 비서든 인턴이든 아니면 팀이든 간에 도우미 채용을 고려한다면 시간의 가치를 계산하는 일이 관건이다. 어쩌면 자신이 시간에 대해 그다지 큰 가치를 두지 않는다는 사실을 깨닫게 될 수도 있다. 중요성이 떨어지는 일들을 직접 처리해야 한다는 결론에 이를 수도 있다. 혹은 사소한 일들을 대신 처리할 수 있는 도우미를 채용하는 것이 낫다고 생각할 수도 있다. 어떤 경우든 시간의 가치를 산출하는 것은 공들일 만한 일이다.

비서나 인턴이나 도우미 팀을 채용할 때 염두에 두어야 할 몇 가지 사안이 있다.

첫째, 더 나은 자질을 갖춘 사람에게 더 높은 급여를 지급하는 것을 주저해서는 안 된다. 자질이 떨어지는 사람일수록 일을 가르치는 데 더 많은 시간과 주의력을 소모하게 만든다. 이는 가벼이 여길 수 없는 부분이다. 가능하면 급여를 좀 더 지급하더라도 자질이 뛰어난 사람을 채용하는 것이 좋다.

둘째, 시간대가 다른 지역에 사는 사람을 채용하는 것은 종종 이득을 가져다준다. 자신이 하는 일의 본질과 비서에게 맡기려 하는 일의 종류에 따라 시간대가 다른 지역의 비서를 채용하는 것이 더 유리할 수도 있다. 예를 들어 나는 해외에 거주하는 비서에게 상당한 분량의 블로그 글과 이메일 뉴스레터 올리는 일을 처리하도록 맡겼다. 저녁 무렵에 원고 작성을 마친 뒤 비서에게 밤사이 이를 업로드하여 다음 날 아침에 내가 검토할 수 있도록 보내둘 것을 지시했다. 다만 시간대가 다른 지역에서 비서를 고용한다면 적절한 자질을 갖추고 있는지, 절대적으로 신뢰할 수 있는 사람인지 반드시 확인해야 한다.

셋째, 도우미를 채용할 때는 항상 추천인을 확인해야 한다. 훌륭한 비서들은 자신의 업무 성과에 만족하는 사람들 가운데 추천인을 제안한다. 추천인을 확인하는 것은 결과적으로 엄청난 시간을 절약해줄 수 있으므로 생략해서는 안 된다.

업무를 보조할 사람을 고용할 만한 상황이 아니라면 유연성이 있거나 재정적인 여유가 있을 때 개별 업무 단위로 아웃소싱하는 방안도 고려해볼 만하다.

가장 생산적인 단어

우리가 구사하는 어휘 가운데 가장 생산적인 단어는 유아기 때 배우는 것들 중 하나다. 이는 영어 어휘 가운데 사용 빈도 면에서 상위 56위에 오른 단어이기도 하다. 바로 '노No'이다.[5]

프로젝트가 자리를 잡으면서 내가 감당할 수 있는 것보다 훨씬 더 많은 일에 파묻혀 있다는 사실을 깨닫고는 매일 의식적으로 성과가 낮은 일에 '노'라고 말하는 습관을 길렀다. 별 관심 없는 팟캐스트를 듣는 일이나 몰상식한 이메일에 답신하기 혹은 뉴스 웹사이트의 댓글 읽기 등이 중요한 업무인지 아니면 사소한 잡일인지는 내게 중요하지 않았다. 닥치는 일을 모두 떠안는 것이 아니라 가치가 없는 일에 '노'를 선언하려 애쓴 결과 나는 엄청난 양의 시간을 절약했다.

업무와 맡고 있는 책무를 없애거나 줄이거나 다른 사람에게 넘기는 것과 별개로 맡은 일의 수는 고정적이지 않고 계속 변한다. 성과가 낮은 일과 프로젝트, 책무에 쏟는 시간과 주의력을 지속적으로 방어하지 않으면 삶은 사소한 일들로 홍수를 이루기 십상이다.

그렉 맥커운Greg McKeown이 의식적으로 일을 적게 하는 문제를 다룬 책 《에센셜리즘Essentialism》을 읽고 나는 크게 감명을 받았다. 이 책이 그토록 많은 사람들 사이에서 반향을 일으킨 비결을 묻자 그는 간단하게 답변했다. "모든 사람이 고통스러워하고 있잖아요.

　　　　　　　　　　　시간 가치가 낮은 일 위임하기

직장에서나 가정에서 사람들은 감당할 수 없을 만큼 많은 일에 파묻혀 있어요. 바쁘지만 생산적이라는 느낌은 받지 못하죠. 늘 주의가 산만하고 사소한 잡일들에 휘둘려요."

자신에게 적합한 일을 하는 것이 아니라 끊임없이 뭔가를 더 하려 애쓰기 때문에 스트레스를 받고 업무 성과는 떨어지며 생산성은 낮아진다. 이 문제에 대한 정답은 직장과 가정에서 가장 중요한 일에 집중하라는 것이다.

맥커운이 말한 비본질적인nonessential 업무를 없애고 '노'를 선포하는 과정에 적용한 원칙 중 내가 가장 선호하는 것은 '90퍼센트 원칙'이다. 그는 단순히 의미 없는 일을 제거하거나 '노'라고 말하는 것으로는 충분하지 않다고 강조한다. 매우 훌륭한 일 중 상당 부분도 제거해야 한다는 얘기다. 가장 중요한 업무에 쏟아야 할 가치 있는 시간과 주의력을 앗아가기 때문이다. 맥거운이 말한 90퍼센트 원칙은 간단하다. 새로운 기회를 검토할 때 얼마나 가치와 의미가 있는가에 따라 1부터 100까지 점수를 매긴 다음 90 혹은 그 이상이 아니면 하지 않는다.

맥커운의 말처럼 에너지는 가장 중요한 일, 가장 본질적인 일에 사용하기 위한 것이다. 덜 중요한 일에 '노'라고 말할 때마다 가장 가치 있는 업무에 '예스'라고 말할 기회가 생긴다.

마찬가지로 우리가 이행하는 책무와 의무도 가장 중요한 일과 프로젝트에 뿌리를 두어야 한다. 직장과 가정에서 맡아서 처리하는 모든 책무들은 일정 부분 시간과 주의력을 소모한다. 영향력이 높거나 의미 있는 일이 아니라면 생산성을 떨어뜨리기도 한다.

예를 들어 집을 소유하는 경우를 생각해보자. 나는 운 좋게 스물여섯의 나이에 원한다면 온전히 내 집을 소유할 수 있는 여건을 갖추었다. 하지만 몇 해 전 나는 집을 사지 않기로 결정했다. 궁극적으로 내 집을 갖고 싶지 않아서가 아니다. 바비큐를 구워 먹을 수 있는 정원과 나만의 공간을 갖춘 내 집을 소유한다는 것은 환상적인 생각이다. 그렇지만 매일 아침 5시 30분에 일어나는 것과 마찬가지로 현시점에서 내게 집을 갖는다는 것은 이로 인해 실제로 소모하게 될 시간만큼의 가치가 없다.

아파트나 콘도에 살기 때문에 나는 잔디를 깎아야 할 필요도, 쓰레기를 버리고 삽질을 할 필요도, 가전제품이 망가졌을 때 수리를 할 필요도 없다. 집을 소유하는 것은 당장 나은 일에 투입할 수 있는 시간을 희생할 만큼 내가 충분히 관심을 갖는 일이 아니다.

자신이 추진하는 일을 시험하고 그 일의 이득을 점검하는 것은 일과 생활을 단순화하는 데 효과적인 방법이다. 가장 중요한 일에 쏟을 시간과 주의력의 공간을 더 많이 창출할 수 있는 지름길이다. 예를 들어 다음과 같은 항목들을 고려해볼 수 있다.

• 이는 일을 더 빠르게, 더 열심히 하는 것이 아니라 더욱 의식적으로 해야 하는 중요한 이유다. 일을 천천히 할 때 우리는 더욱 의식적으로 유념해서 일할 수 있다. 밀려드는 업무가 가져다주는 이득에 대해 심사숙고하기도 한결 수월하다.

시간 가치가 낮은 일 위임하기

- 정규직 및 파트타임 직업

- 회원으로 가입한 업계 단체

- 주택의 소유 및 관리

- 교육 측면의 노력(예를 들어 대학 혹은 시간제 강의)

- 교제 및 친구 관계

- 가입한 클럽

- 시간을 투입하는 재능이나 취미

자신의 책무와 의무를 파악하는 데 가장 효과적인 방법은 영향력이 낮은 일을 점검한 뒤 그 일을 하는 데 어떤 자원의 투입이 필요한가를 파악하는 것이다. 각각의 업무와 프로젝트가 어떤 자원 투입과 연결되는가를 적극적으로 고민해보면 삶에서 성과가 가장 높은 자원 투입과 가장 낮은 자원 투입을 상대적으로 쉽게 가려낼 수 있다. 성과가 낮은 일과 프로젝트가 모두 성과가 낮은 자원 투입에서 비롯된 것은 아니지만 많은 경우 그럴 것이다.

생산성 프로젝트가 탄탄하게 자리 잡을 수 있었던 가장 큰 이유 중 하나는 일을 진행하는 동안 관련돼 있던 다른 많은 사안들을 극단적으로 줄였기 때문이다. 생산성의 해를 시작했을 때 나는 전념하고 있던 크고 작은 일들을 상당수 줄였고 파트타임 일자리도 그만뒀다. (정규직 채용 제안도 거절했다.) 심지어 페이스북 계정도 영구적으로 폐지했다. 프로젝트가 더 많은 이점을 창출하는 동시에 내게 더 큰 의미가 있기 때문이었다.

이렇게 일상에 자리 잡고 있던 책무들을 없앴기 때문에 표면적으로 내 생활이 덜 풍요로운 것처럼 보일 수 있지만 사실은 그 반대였다. 내게 프로젝트는 시간을 더 의미 있고 영향력 있게 사용하는 방법이고, 주변 일들을 상당수 줄인 결과 프로젝트에 훨씬 더 깊이 몰입할 수 있었다.

요요마가 첼로 강습과 축구 연습, 살사 수업, 한두 가지 파트타임 일자리를 전전하며 세계 최고 첼리스트가 된 것은 아니다. 그가 세계 정상에 오른 것은 자신의 시간과 주의력을 온전하게 첼로 연습에 쏟았기 때문에 가능했다. 애플은 고도의 주의력으로 승부해 오늘날 세계에서 가장 가치 있는 기업으로 우뚝 섰다. 애플의 핵심 제품은 아이폰, 아이패드, 맥, 애플워치 등 불과 네 가지뿐이다. 각 라인에 포함된 제품도 소수에 불과하고 업데이트는 1년에 단 한 번뿐이다.

주위를 둘러보면 전반적인 업무를 단순화해 주의력과 생산성을 향상시킨 사례들을 많이 찾을 수 있다. 가장 생산적인 사람들은 무엇이 중요한가를 이해하고 다른 모든 것들을 단순화하기 위해 시간을 투자하는 데 주저하지 않는다.

시간 가치가 낮은 일 위임하기

자신의 시간이 정확히 얼마의 가치를 갖는지 깊이 이해하고 직장에서나 가정에서 일을 위임하거나 아웃소싱할 수 있는 여력을 확보한다.

에너지 및 집중력   가치   재미

삶 가운데 1시간을 되사들이는 데 얼마를 지불할 용의가 있는지 깊이 고민해보라. 자신의 수입이 어느 정도 수준이고 평소 얼마나 바쁜지 그리고 돈과 시간이 얼마나 가치를 갖는다고 판단하는가를 따져보면 정답을 찾을 수 있다. 그리고 업무를 보조해줄 사람을 고용하는 데 발생하는 비용을 계산해보라. 훌륭한 비서나 인턴이나 생활 속 다른 분야의 전문 보조 인력을 모두 감안해야 한다. 이는 자신이 평생 동안 한 것 중 가장 생산적인 계산일지 모른다.

이 사안을 보다 심층적으로 고려하고자 한다면 다음과 같이 해보라.

▶ 내일 크든 작든 상관없이 다섯 가지 일에 '노'를 선언하도록 의식적으로 노력하라.

▶ 덜 중요한 일과 관련된 책무와 의무에 대해 생각해보고 이것이 자신의 삶에 얼마나 많은 가치를 더하는지 자문해보라. 이중 일부를 제거하는 방안을 고려해야 하는가?

생산성의 세 가지 요소 중 시간은 가장 제한된 것이므로 최대한 슬기롭게 사용할 가치가 있다.

The
Productivity
Project

CHAPTER 5

더 나아가기
위한 점검

15

할 일 목록 만들기와
머릿속 비우기

 예상 소요 시간 16분 18초

머릿속을 채우고 있는 갖가지 일들을 노트에 적어 바깥으로 표출하면 정신적 여유를 얻는 동시에 크고 작은 사안들을 정돈하는 데 대단한 효과를 낸다. 이른바 '머릿속 비우기'는 스트레스를 줄여줄 뿐 아니라 주의력을 높이는 효과를 가져다준다. 계획을 실행으로 옮기는 촉매제가 되기도 한다.

머릿속에서 끄집어내기

상상하기 힘든 일이지만(적어도 내게는) 책이나 신문 혹은 이와 유사한 형태의 인쇄물이 세상에 존재하지 않던 시절이 있었다. 아이디어를 포착해 다른 사람에게 퍼뜨릴 수 있는 길이 닫혀 있었던 것이다.

1440년 전후 인쇄기의 등장과 함께 지식과 정보를 표면화하기 위한 문명의 첫 시도로 대대적으로 책이 등장했고 이로 인해 인류 전체가 보다 생산적이게 됐다. 인류는 더 이상 지식을 집합적인 형태로 머릿속에 짊어지고 다닐 필요가 없어졌다. 이제 지식을 방대한 책으로 표출해 기존 아이디어를 더욱 신선하고 멋진 형태로 발전시킬 수 있게 됐다.

적어도 초창기에는 이를 끔찍한 사건이라 여기는 사람들이 있었다. 인쇄술이 발명되기 오래전 소크라테스는 글쓰기에 격렬하게 반기를 들었다.[1] 인간의 기억력을 파괴하고 사고력을 약화시킨다는 주장이었다. 심지어 그는 글쓰기가 비인도적이라며 비판의 날을 세웠다. 오늘날에도 인터넷 백과사전인 위키피디아나 구글을 둘러싸고 사람들 사이에 동일한 비판이 심심찮게 들린다.

인간의 뇌가 막강한 것은 사실이지만 최신 신경학 연구에 따르면 뇌가 몇 가지 이상의 의식적인 생각을 한꺼번에 처리하는 데는 매우 형편없다는 사실이 밝혀졌다. 처리해야 할 일이든, 보내려고 마음먹은 이메일이든, 아니면 손꼽아 기다리는 결과나 소식이든, 우리의 사고가 한번에 의식적으로 수용할 수 있는 사안은 기껏해야 몇 가지밖에 안 된다.[2] 수십 년에 걸쳐 축적된 복잡한 신경학 연구 결과를 한마디로 정리하면, 인간의 뇌는 문제를 해결하고 점들을 연결하고 새로운 아이디어를 구상하기 위해 설계된 도구이지, 표출할 수 있는 정보를 저장하기 위한 장소가 아니다.

이와 관련해 몇 가지 예를 살펴보자.

- 처리해야 할 업무들을 하나의 목록으로 정리해 표면화시킨다. 업무들이 우리의 단기 기억 공간을 차지해 끊임없이 머릿속에 떠오르거나 압박감을 느끼는 일로부터 탈출할 수 있다.
- 약속이나 회의를 달력에 기록해두면 이후에는 이에 대해 신경 쓰지 않아도 된다. 적정 시점에 관련 사안들을 상기할 수도 있다.
- 쇼핑 목록도 표면화할 수 있다. 가게에서 사야 할 물건 중 절반을 잊어버리는 불상사나 중요한 일에 몰입한 나머지 깜빡하고 수박을 사지 않은 사실을 알아차리는 일은 벌어지지 않을 것이다.

세상에 처음 탄생한 책들이 인간의 사고를 약화시키지 않았던 것처럼 업무나 약속, 정보를 끄집어낸다고 해서 머릿속이 텅 비는 일도 생기지 않는다. 오히려 정반대 현상이 빚어진다. 정신적인 대역폭이 확장되기 때문이다. 사고 공간이 늘어나면 인간의 뇌는 본래 목적을 충실히 수행할 수 있다. 새로운 발상이나 아이디어, 접점을 형성하고 이들을 모두 포착하여 발전시켜 나가는 것이 뇌의 사명이다.

우리의 머리는 상상을 초월할 정도로 막강한 사고 기계다. 하지만 우리가 해야 할 일을 차곡차곡 쌓아두는 데는 부적절한 장소다. 이유는 간단하다. 그런 목적으로 생겨난 존재가 아니기 때문이다. 머릿속에서 더 많이 끄집어낼수록 더욱 명료하게 사고할 수 있다.

나의 첫 번째 머릿속 비우기

오래전 내가 최초로 구입한 생산성 관련 책인 데이비드 앨런의 《쏟아지는 일 완벽하게 해내는 법*Getting Things Done*》도 비슷한 개념을 전제로 한다. 우리의 머리는 처리해야 할 모든 것들을 저장하는 데 최적의 장소가 아니라는 주장이다. 앨런은 머릿속에 있는 모든 업무와 프로젝트를 밖으로 꺼내 외부 체제로 옮기기 위한 시스템을 개척했다. 놀랍게도 이는 해결하지 못한 개방 루프를 머릿속에서 바깥으로 끄집어내는 것이 얼마나 효과적인지 입증한 연구 자료가 본격적으로 쏟아지기 10년 전의 일이었다.

앨런은 내게 이렇게 말했다. "자네의 머리는 아이디어를 저장하기 위한 것이 아니라 발굴하기 위한 것이야."

할 일 목록 만들기와 머릿속 비우기

나는 십 대 시절 읽었던 생산성 책은커녕 오늘 아침에 무엇을 먹었는지도 제대로 기억하지 못한다. 다행히도 어떤 기억은 지금까지도 남아 있는데 나의 첫 번째 머릿속 비우기 프로젝트가 그중 하나다. 할 일 목록을 작성해본 적이 있다면 머릿속에서 해야 할 모든 것들을 끄집어낼 때의 느낌이 얼마나 짜릿한지 잘 알 것이다. 나는 십 대 시절 앨런의 책을 처음 펼쳤을 때 이런 느낌을 맛보았는데 적잖게 힘들었던 기억이 있다.

당시 나는 고등학생이었기 때문에 주어진 의무나 추진 중인 일이 지금처럼 많지 않았다. 그렇지만 앨런의 제안에 따라 나는 노트와 펜을 들고 앉아 머릿속을 떠도는 할 일들을 모조리 적어내려갔다. 내가 해야 할 일이 얼마나 많은가를 확인하고 정신이 멍했던 기억이 아직도 생생하다.

이미 진행 중이던 업무와 프로젝트로 잊어버리고 있던 탓에 제대로 신경 쓰지 못한 일까지, 나의 첫 번째 머릿속 대청소 작업으로 작성된 목록은 약 100건에 달했다. 이 밖에도 머릿속에 담아두기만 했을 뿐 시간과 주의력을 기울여 표출하지 못했던 일이 다수 있었다. 나는 조금이라도 나를 압박했던 사안이라면 빠뜨리지 않고 모조리 노트에 적었다.

앨런이 설명한 것처럼 "첫 번째로 할 일은 자신의 신경을 붙들고 있는 것이 무엇인가를 포착해내고 그게 행동으로 옮길 수 있는 일인지 여부를 판단하는 것이다. 만약 행동으로 옮길 수 있는 일이라면 이후에 취해야 할 행동이 무엇인지 결정한 뒤 곧바로 착수한다." 이 과정을 거치고 난 후의 느낌을 매우 완곡하게 표현한다면 '해방감'이었다. 어깨를 짓누르고 있던 돌덩이가 사라지고 마침내 머릿속이 말끔해진 듯했다.

앨런의 말처럼 '하려고 하는, 할 수 있는, 해야 하는' 책무는 하루 24시간, 일주일 내내 비이성적이고 해결 불가능한 압박을 가할 뿐이다. 앨런은 이렇게 설명한다. "우리가 할 일은 그 모든 것들을 파악한 뒤 한 번에 하나씩 자신에게 질문하는 것이다. '이것이 정말 내가 하려고 하는 일인가? 만약 그렇다면 그 일을 진전시키기 위해 바로 다음 단계에서 해야 할 일이 무엇인가?' 이 문제에 대한 정답이 반드시 저절로 튀어나오는 것은 아니다. 웹사이트 서핑이든 전화 통화든 컴퓨터 문서 작성이든 다음 수순이 무엇인지 고민한 뒤 결정해야 한다. 이어지는 물리적, 가시적 행동에 이르는 이 세부적 수순이야말로 진정으로 효과적인 작업이다."

이는 1920년대 후반 심리학자인 블루마 자이가르닉Bluma Zeigarnik 이 '자이가르닉 효과Zeigarnik Effect'라고 지칭한 원리다.[3] 완료되지 않았거나 중단된 업무는 완료된 것보다 심리적으로 훨씬 더 커다란 압박을 가한다. 머릿속을 짓누르고 있던 것들을 모조리 비워낸 뒤 나는 이 주장이 사실임을 깨달았다. 그 어느 때보다 정신적 여유로움과 명료함을 경험한 동시에 스트레스는 대폭 줄었기 때문이다. 내 머릿속은 해방감에 빠졌다. 여기서 중요한 것은 여자친구나 위스키 혹은 우주론을 발견했기 때문이 아니라는 사실이다.

후속 작업

앨런은 첫 번째 머릿속 비우기 과정을 통해 머릿속을 빼곡하게 채우고 있던 과제들을 표출하는 것뿐 아니라 업무가 떠오를 때마다 지속적으로 포착하는 것이 얼마나 중요한가도 깨우쳐주었다. 이는 명료한 정신상태를 유지하는 데 반드시 필요한 과정이다. 해결하지 못한 일들을 모조리 머릿속에서 끄집어내 목록을 작성하는 것과 명료한 정신 상태를 유지하는 것은 별개의 사안이다.

이후 나는 실현되지 않은 아이디어나 생각이 떠오를 때마다 휴대하고 다니는 노트에 기록했는데 시간이 지나면서 이 노트가 스마트폰으로 진화했다. 가게에서 구입해야 할 물건이 생각나면 잊어버리기 전에 노트에 적어두는 식이었다. 심리적으로 압박을 가하는 매우 사소한 사안을 감지했을 때도 이를 놓치지 않고 표면화해 더 크고 훌륭한 일을 처리하기 위한 주의력 공간을 더 많이 만들어냈다.

다소 지나친 얘기처럼 들릴 수 있지만, 명료한 정신 상태를 유지하는 데 명상을 제외하고 이보다 더 나은 방법은 없었다. 10여 년이 지난 지금 내가 하고 있는 생각은 대부분 새로운 것들이다. 이는 무엇이든 중요한 것을 나중에 처리하거나 진전시킬 수 있도록 즉각 기록하기 때문이다.

누구나 이렇게 할 수 있고 또 해야 한다. 머릿속에 얼마나 많은 업무와 프로젝트, 추진할 일들이 자리 잡고 있는지, 이를 한곳에 모았을 때 머리가 얼마나 맑아지는지 깨닫는다면 몹시 놀라 넋을 잃을 것이다. 인간의 뇌는 정신이 명료할 때 당면한 일에 훨씬 더 잘 집중할 수 있다.

내가 좋아하는 방식

단순히 처리해야 할 업무와 프로젝트의 목록을 작성하는 것만으로는 충분하지 않다. 할 일을 포착해두고 아무것도 하지 않는다면 사고 공간을 정리할 수 없다. 여전히 잔뜩 쌓인 업무 때문에 또다시 스트레스를 받게 되기 때문이다.

지난 10여 년간 특히 생산성 프로젝트를 진행하면서 나는 수십 가지에 이르는 할 일 목록To Do List 및 업무 관리 앱들을 시험해보았다. 업무나 프로젝트 관리를 위해 내가 사용한 앱들은 대부분 꽤 좋은 효과를 냈지만 다른 것들을 모두 제쳐두고 추천할 만큼 특출한 한 가지를 발견하지는 못했다. 내 경험에 비춰볼 때 유용하고 사용자 친화적인 앱을 찾아낸다면 업무나 프로젝트를 체계화하는 방식

할 일 목록 만들기와 머릿속 비우기

은 그다지 중요하지 않다.

　현재 나는 상대적으로 매우 단순한 방식으로 해야 할 모든 것들을 포착하고 체계화한다. 관심을 유발하는 업무나 아이디어, 그 밖의 개방 루프는 무엇이든 가리지 않고 눈앞에 보이는 노트 앱에 입력한다. (내가 사용하는 노트 앱들은 모두 동기화되도록 설계돼 있다.) 매주 월요일과 수요일, 금요일이면 이메일을 확인한 뒤 틈틈이 노트에 기록해둔 내용들을 살펴보고, 이들을 할 일 목록이나 달력에 추가하는 것이 전부다.

　나의 할 일 목록 역시 더 이상 단순할 수 없을 정도로 간소화돼 있다. 이건 별도의 노트가 있는데 하루 그리고 한 주 동안 처리해야 할 세 가지 목표를 가장 상단에, 업무 목록을 가장 하단에 적은 뒤 노트의 맨 위에 핀으로 꽂아둔다. 이와 함께 달력으로 업무를 관리하는데, 여기서는 스케줄을 최소화하려 노력한다.

　하늘 아래 모든 업무 관리 앱들을 시험해본 뒤 얻어낸 일의 흐름은 간단하다. 내가 사용하는 앱이 다른 기기들의 노트와 동시 작동하기 때문에 업무나 생각, 아이디어가 떠오를 때마다 따로 머리 쓸 필요 없이 간편하게 언제 어디서든 적어둘 수 있다. 저녁 8시 이후라 모든 기기들을 꺼둔 상태나 이 밖에 기기들을 사용할 수 없는 경우에는 작은 펜과 노트를 주머니에 넣고 다닌다. 내가 사용하는 앱과 기기들은 빈번하게 바뀌는데 간혹 종이로 되돌아가기도 한다.

모든 것을 체계화하는 방식과는 다르게 할 일을 찾아서 조직화하는 나의 기본적인 일의 흐름 자체는 몇 년 동안 동일한 형태로 유지되고 있는데, 이 과정이 무척 매끄러워졌다.

어떻게 체계화할 것인가

사람마다 일하는 방식이 제각각 다르기 때문에 해야 할 일을 체계화하는 특정 도구는 추천하지 않기로 한다. 중요한 것은 어떤 방식으로 업무를 조직화하는 것이 최선인가가 아니라 자신에게 무엇이 최선인가를 인식하는 과정이다. 내가 아는 가장 생산적인 사람들은 대부분 펜과 종이를 사용하고 있는데 이 방법을 평가절하하지 않는 것도 중요하다.

굳이 체계화를 위한 특정 도구를 찾는다면 자신이 쓰는 것과 유사한 기기를 사용하는 것이 좋다. 자신이 일하는 방식과 완벽하게 일치되어 특별하게 도드라지지 않는 도구를 찾아야 한다. 자신이 해야 할 모든 일들을 일목요연하게 보여주고 관리되며 힘들이지 않고 아이디어나 행사, 업무나 프로젝트를 함께 처리할 수 있는 기능이 탑재되어야 한다.

머릿속의 개방 루프를 한곳에 집합시키는 실험을 하면서 나는 할 일 목록이나 행사 달력 이외에 몇 가지 기록해둘 가치가 있는 것을 발견하게 됐다. 앨런이 말한 '기다리는' 목록과 프로젝트 노트 그리고 내가 직접 실험해 큰 성공을 거둔 것들이 이에 해당된다.

업무와 프로젝트를 체계화하고 관리하는 데 도움이 될 만한 도구를 하나씩 살펴보기로 하자.

'기다리는' 목록

머릿속에 있는 것들을 밖으로 꺼내 표면화하는 것 외에 앨런의 책에서 찾은 최고의 보석은 '기다리는' 목록이다. 이는 할 일 목록의 섹시하고 은밀한 애인이라 할 수 있다. 이름 그대로 자신이 기다리고 있는 모든 것들을 열거한 목록이다. 할 일 목록과 마찬가지로 정기적으로 점검해 어떤 것도 허술한 틈을 타고 빠져나가지 못하도록 관리해야 한다.

지금 이 순간에도 당신은 머릿속에 몇 가지 기다리는 일들을 쌓아두고 있을 것이다. 계속 챙기지 않으면 손가락 사이로 빠져나가는 모래처럼 무심코 흘려 넘길 수 있는 일들이다. 한 주 동안 나의 '기다리는' 목록에는 아마존에서 배달되기를 기다리는 패키지부터 답신을 기다리는 중요한 이메일이나 전화 혹은 편지, 여기에 받아야 할 원고료까지 모든 것들이 포함된다. 내 목록에는 거의 모든 것들이 기록돼 있다.

나는 한 주 동안 세 차례씩 나의 목록을 점검하도록 일정을 짜둔다(프로젝트를 진행하면서 새로운 이메일 확인 후 '기다리는' 목록도 검토하기 시작했다). 그 덕분에 지난 몇 년 동안 기다리는 일들을 정리하는 습관을 기른 뒤 허술하게 흘려보내는 사안이 단 한 건도 없었고 처리해야 할 모든 것들에 대한 걱정도 대폭 줄어들었다. 할 일을 포착하면 곧바로 이에 대한 걱정을 떨쳐버릴 수 있다. 나는 모든 것을 한곳에 정리하고, 가사일이나 빚진 것, 이메일, 전화 등 사안에 따라 각 아이템을 분류하기 위해 '기다리는' 목록을 노트 앱에도 기록해둔다.*

개별 프로젝트 노트

프로젝트에 관한 별도의 노트를 정리하는 것은 앨런에게 배운 또 하나의 큰 소득이다. 일을 마친 뒤 슈퍼마켓에서 몇 가지 물건을 구입하는 것처럼 단순한 일은 한 번으로 종료된다. 반면에 프로젝트라 함은 완료하기까지 몇 단계 이상의 과정이 요구되고 특정 형태로 종료되거나 마감일이 정해진 일이다. 내 노트 앱에는 처리 중

---

* 기다리는 일을 정리하기 위한 또 하나의 훌륭한 방법! 답신을 받아야 하는 중요한 이메일을 보낸 뒤 이 메시지를 '기다리는' 폴더로 끌어다놓는다. 이 방법을 통해 자칫하면 스팸 메일함에 들어갈 수도 있는 중요한 이메일 답신을 붙잡아낼 수 있다.

인 각각의 프로젝트에 대한 메모도 별도로 기록돼 있다.

현재 내게는 계획 중인 여행과 관련된 별도의 노트와 준비 중인 강연, 심지어 이 책의 원고와 관련된 노트도 있다. 모든 프로젝트 노트에는 일을 진전시키기 위해 염두에 두어야 할 정보들이 기록돼 있는데, 가장 중요한 것은 각 프로젝트를 처리하기 위해 곧바로 이어져야 할 행동이 무엇인지 정리돼 있다는 사실이다. 각 프로젝트에 대해 별도의 노트를 정리하면 진행 중인 사안들을 표면화할 수 있을 뿐 아니라 일을 전개하기 위해 필요한 다음 수순을 논리적으로 계획할 수 있다. 내 모든 프로젝트 노트의 타이틀은 'PRO'로 시작한다. 이렇게 하면 메모의 목록을 알파벳순으로 정렬할 때 프로젝트와 관련된 목록을 한눈에 볼 수 있다.

대청소의 날이면 나는 매번 프로젝트 목록을 점검한 뒤 일의 다음 수순을 결정하고 할 일 목록을 정리하며 이를 업무 목록과 한 주간 목표 목록에 추가한다. 이와 같은 시스템을 갖추고 있기 때문에 한꺼번에 수십 가지 프로젝트를 처리하더라도 문제되는 일이 거의 없다. 과거의 크리스가 그 모든 일들을 거뜬히 해치웠고, 현재의(그리고 미래의) 크리스가 매주 초마다 처리해야 하는 모든 것들을 정리해두었다는 사실을 알기 때문이다.

수많은 프로젝트가 시간보다 주의력을 더 필요로 한다. 예를 들어 30분 분량의 발표를 준비하는 경우, 대다수 사람들이 겨우 30분밖에 걸리지 않는 발표를 어떻게 풀어나갈 것인가를 두고 몇 시간에 걸쳐 고민한다. 프로젝트를 표면화하면 관련 사안들을 머릿속에서 끄집어내 매주 일을 전개해나갈 수 있다. 또 계획된 것이 없으면 눈앞에 놓인 일에 집중하기 마련이다.

걱정거리 목록

대학을 졸업하고 생산성의 해 프로젝트에 본격 뛰어들기 전 어느 날 오후였다. 나는 정규직 직장을 선택할 것인지 아니면 생산성의 해 프로젝트를 시작할 것인지를 둘러싼 고민부터 졸업 후 건강보험은 어떻게 할 것이며, 앞으로 내 처지가 어떻게 될 것인가에 대한 걱정까지 온갖 잡다한 생각들로 머릿속이 터질 지경이었다. 나는 다음 행동까지 분명하게 판단하고 각각의 결정에 대해 프로젝트 노트를 만들었다. 하지만 여전히 걱정을 떨쳐버릴 수가 없어서 걱정하는 행위 그 자체를 표면화했다.

보다 넉넉한 주의력 공간을 만들기 위해 나는 걱정하고 있는 모든 사안들을 목록으로 정리했다. 물론 대부분 프로젝트에서 파생된 것들이었다. 그러고는 매일 1시간씩 목록에 있는 것들에 대해 곰곰이 생각하는 시간을 마련했다. 하루 일과 중 어떤 문제에 대해 걱정하고 있다는 사실을 알아차리면 나중에 걱정할 시간을 따로 마련해뒀다는 사실을 떠올렸다. 또 새로운 문제가 걱정되기 시작하면 이 문제를 목록에 추가해 나중에 고민할 수 있도록 했다.

대개는 이 목록이 필요하지 않다. 하지만 어떤 일들이 내 통제 범위를 벗어나고 있다고 느껴지거나 혹은 머릿속을 정리하고 싶을 때마다 나는 이 목록을 만든다.

받은메일함 검토하기

한 번만 훑어보면 받은편지함에 이메일이 얼마나 들어와 있는지 곧바로 확인할 수 있다. 내가 말하는 받은메일함이란 다른 사람들이 내게 원하는 것들을 저장해둔 장소를 의미한다. 예를 들어 이메일 답신이나 트위터 혹은 페이스북 메시지, 음성 메시지, 링크드인 초대나 문서 형태의 서신 등이 여기에 포함된다. 혹은 스스로에게 기대하는 것들을 저장해둔 장소일 수도 있다. 예를 들면 꼭 들어야 할 팟캐스트나 책상 위의 스크랩 문서들, 즐겨찾기 목록에 추가해둔 사이트 같은 것들 말이다.

나는 내심 완벽주의자인 데다 다른 사람에게 메시지를 받는 걸 좋아한다. 그렇지만 대다수 사람들과 마찬가지로 장시간에 걸쳐 쌓인 받은메일함 건수는 심리적으로 부담스럽다. 이 때문에 대청소의 날이면 나는 한 주 동안 들어온 메시지들이 쌓인 모든 받은메일함들을 완벽하게 점검하고 비운다. 아울러 주말까지 축적한 노트 앱의 업무와 아이디어들도 반드시 정돈한다.

기타 방법들

머릿속 개방 루프를 표면화하는 단계에서 더 깊숙이 파고들고 싶을 때 내가 즐겨 쓰는 몇 가지 방법이 더 있다.

첫째로, 주변 곳곳에 노트를 둔다. 나는 어떤 아이디어가 떠오를 때 포착하기를 좋아한다. 하지만 오후 8시부터 오전 8시 사이에는 스마트폰을 꺼두기 때문에 아이디어를 기기에 저장할 수 없다. 이 문제를 해결하기 위해 내가 생각해낸 방법은 주변 곳곳에 노트를 두는 것이다.

심지어 욕실에도 방수 처리된 아쿠아노트Aqua Notes를 두고 샤워 도중 아이디어가 솟아나는 경우에 대비한다. 침대 옆 탁자에도 불이 켜지는 펜(항공기 조종사들을 위해 개발된 것이다)과 함께 노트를 두고 잠들기 전이나 잠에서 깰 때 떠오르는 아이디어를 기록한다. 스마트폰을 두고 외출할 때도 떠오르는 아이디어를 적어두기 위해 주머니에 노트를 넣고 나간다. 아이디어든 업무든 아니면 어떤 통찰이든 간에 이를 포착해 행동에 나설 때만 가치가 있다. 사방에 노트를 배치하는 방법으로 나는 수만 가지 아이디어를 내 것으로 만들 수 있었다.

할 일 목록 만들기와 머릿속 비우기

둘째로, 각종 패스워드를 단순화한다. 패스워드를 다 기억하기란 여간 고통스러운 일이 아니다. 나는 두 가지 방법으로 이 문제를 해결했다. 하나는 내 모든 패스워드를 저장해두고 자동으로 입력해주는 패스워드 관리기다.

다른 하나는 새로운 패스워드를 떠올리기 위한 매우 단순한 시스템이다. 모든 웹사이트와 서비스의 내 패스워드는 단순히 해당 사이트의 이름이다. 다만 사이트 이름을 그대로 입력하는 대신 문자들을 키보드 상에서 왼쪽으로 한 칸씩 옮겼다. 예를 들어 구글의 패스워드는 'fiifkw'가 된다. 그리고 끝에는 특정 문자나 숫자, 기호를 붙이는데 이는 모든 패스워드에 동일하게 적용된다. 8S5x8을 구글의 패스워드에 붙이면 'fiifkw8S5x8'이 된다. 이렇게 하면 모든 패스워드가 상이한 동시에 머리를 써가며 알아내야 할 필요가 없어진다. 무엇보다 좋은 것은 패스워드를 잊어먹는 것이 아예 불가능하다는 점이다.

셋째로, 이메일을 정리한다. 따로 파일을 보관하는 이메일을 포함해 어떤 것들은 머릿속에 저장해둘 만한 가치가 없는 것도 있다. 최근 IBM의 조사에서는 이메일을 폴더에 저장하는 사용자와 파일로 보관한 뒤 나중에 이를 검색하는 사용자를 비교했다. 사용자가 특정 이메일을 찾아내는 데는 평균 66.07초가 걸렸고, 폴더에서 이메일을 찾는 데는 72.87초가 걸렸다. 이 시간은 사용자가 이메일을 최초로 분류해 폴더에 정리해넣는 데 걸린 시간을 제외한 것이다.

이메일을 폴더에 정리한 뒤 찾아내는 시간과 주의력은 무의미한 것이다. 검색하는 방식을 취하라.[4]

지나치면 모자람만 못하다

10여 년 전 생산성이란 개념에 빠져든 이후 나는 비교적 넘기 쉬운 선이 있다는 사실을 알게 됐다. 이 선을 넘고 나면 실제 일에 뛰어드는 것이 아니라 할 일들을 관리하고 계획을 짜는 데 과도하게 많은 시간을 소모한다. 더욱 의식적으로 일하는 것은 생산성의 핵심에 해당하지만 자칫 이 개념에 지나칠 정도로 빠져들 수 있다.

이건 생산성에 흥미를 느끼게 될 때 많은 사람들이 빠져드는 함정이며 나 역시 예외는 아니었다. 그 때문에 힘든 시간을 보내기도 했다. 내가 알아낸 바에 따르면 가장 생산적인 사람들은 대부분 두 가지 극단 사이에서 균형점을 찾을 줄 안다. 처리해야 할 일들을 포착해 체계화할 때의 효과를 이해하지만 생산성을 위한 생산성을 따져 실제 업무를 희생시키지 않는다.

연구에 따르면 단순히 할 일 목록을 정리하는 행위가 일을 해내도록 하지는 않는다.[5] 업무 목록 만들기는 실제 업무 처리를 가장하기 때문이다. 이는 어떤 것도 성취하도록 이끌지 않으면서 뭔가를 해치운 것처럼 보이게 한다. 더 많은 주의력 공간을 확보하려면 머릿속에 든 모든 것들을 비워내고, 하루 동안 개방 루프가 신경을 붙드는 일이 발생할 때 이를 포착하는 것이 매우 중요하다. 하지만 도를 넘어 여기에 매달리지 않도록 유념하는 것도 중요하다. 단순히 생산적으로 느껴진다고 해서 자신이 실제로 생산적인 것은 아니다. 이는 할 일 목록에 모든 것들을 종합하고 체계화하는 과정에서 반드시 염두에 둬야 할 점이다.

앨런의 책은 지금까지도 내 책장에 한 자리를 차지하고 있다. 다른 책들은 책등이 보이게 꽂혀 있는데 이 책은 표지가 보이게끔 정면으로 놓여 있다. 지난 10여 년간 이 책에서 제시한 시스템을 내가 실제로 행하고 있다는 사실을 인식하지 못할 정도로 앨런의 지침이 내 일과 삶에 깊숙이 침투해 있다는 사실은 많은 것을 말해 준다.

그렇다고 내가 이 책을 통째로 적용한 적은 한 번도 없다. 시스템이 매우 복잡해 과도하게 몰입하기 십상이기 때문이다. 저자인 앨런 역시 수차례에 걸쳐 이 책에서 제시한 방법론의 핵심은 전적으로 따르는 데 있지 않다고 언급했다. 중요한 것은 처리해야 할 모든 것들을 표면화하고 체계화하는 일이다. 자신에게 효과가 있는 부분을 채택하고 나머지는 남겨두면 된다.

"1~2시간 여유를 갖고 말 그대로 신경이 쓰이는 모든 것들을 포착해봐요. 멀리 갈 필요 없어요. 신경 쓰이는 것들을 알아차리기 시작하면 돼요. 그것으로 충분합니다."

모든 것을 목록으로 정리해 표면화할 때 얻을 수 있는 장점이 단점보다 많다. 하지만 이 기법에 극단적으로 매몰되지 않도록 유념하는 것도 중요하다. 이는 이 책에서 제시한 모든 기법들에 적용된다. 생산성 기법은 우리가 더욱 영리하게 일하도록 도움을 주지만 이는 실제로 일을 할 때만 유용하다.

엄청난 규모의 주의력 공간을 얻고 하루 동안 중요한 일에 집중하게 될 것이다. 아울러 업무를 주도하게 되며, 어떤 것도 허술하게 놓치지 않을 것이라는 자신감과 평온함으로 충만한 가운데 온전히 업무에 몰입할 수 있게 될 것이다.

에너지 및 집중력   가치   재미

생산성 프로젝트에서 내가 배운 가장 큰 교훈은 도전 과제가 작을수록, 특히 삶과 업무 방식에 변화를 일으켰을 때 성공적으로 성취할 가능성이 높다는 점이다. 도전 과제가 작을 때는 주눅이 들어 교착 상태에 빠질 가능성이 훨씬 줄어들기 때문이다. 이 책에서 제시한 상당수의 도전 과제들이 소소한 이유가 여기에 있다. 도전자가 실제 행동에 옮기도록 할 뿐 아니라 실행한 뒤에도 생활 속에 적용해 생산성 향상으로 이어질 수 있다.

만약 운동하는 습관을 기른다면 하루 운동 시간을 5분으로 제한해보라. 한 주가 지나는 사이 더 열심히 운동하려고 혈안이 될 것이다. 이는 특히 업무나 프로젝트, 그 밖에 머릿속의 개방 루프를 표면화할 때 여실히 드러난다. 마음속에 자리한 모든 것들을 포착해내는 일은 굉장한 가치가 있지만 자칫 너무 깊이 빠져들어 낙심하거나 혹은 이 개념에 지나치게 몰입하기 쉽다.

내가 제시하는 도전 과제는 머릿속 비우기 일상, 즉 나를 생산성이라는 문제에 푹 빠지게 한 바로 그 일상을 이행하는 것이다. 모든 기기들을 다 끄고 노트와 펜을 들고 앉아 머릿속에서 떠오르거나 혹은 신경을 붙드는 모든 것들을 포착해내라. 처리해야 할 업무나 프로젝트 혹은 걱정거리든, 허술한 틈을 타 관심에서 사라진 일이든, 기다리고 있는 것들이든 상관없다. 당신을 신경 쓰게 하는 모든 것들을 기록하고 나면 이들을 표면적인 시스템으로 관리하고 싶어질 것이다. 계속해서 쾌감을 맛보려면 이런 과정이 필요하다.

16

일상에서
한발 물러나
관찰하기

 예상 소요 시간 9분 37초

매주 업무와 목표 달성 정도를 점검하면 성공한 부분과 더욱 향상해야 할 영역을 파악할 수 있고 삶을 보다 견고하게 통제할 수 있다. 이른바 '핫스팟 목록'을 만드는 것은 삶의 올바른 방향을 유지하도록 지탱해주는 강력한 보조 장치다.

일상에서 뛰어오르기

머릿속에 맴도는 업무와 프로젝트, 걱정거리를 표출하기 시작한 후 나는 또 다른 예상치 못한 이점을 발견했다. 앨런은 프로젝트와 '기다리는' 목록, 그 밖에 한 주 동안 찾아내고 체계화한 모든 것들을 검토하는 '주간 리뷰weekly review'라는 일과를 소개했다. 모든 업무와 프로젝트, 책무를 새가 공중에서 내려다보듯 관찰하는 것은 매우 유쾌한 일이다. 다가올 한 주를 계획하고 어떤 것도 허술하게 놓치지 않도록 관리할 뿐 아니라 삶에 대한 새로운 관점을 부여하기 때문이다.

업무나 프로젝트, 책무 목록을 훑어볼 때마다 나는 마치 비행기 안에서 내가 사는 도시를 내려다보는 듯한 느낌이었다. 진행 중인 일들은 거리를 지나는 자동차처럼 작게 보이다가 나중에는 벌레가 돼버렸다. 그때마다 나는 한꺼번에 얼마나 많은 일을 처리하려 했는지, 업무 사이에 얼마나 많은 여유 공간을 배치했는가를 볼 수 있었다.

붙들고 있는 프로젝트 역시 비행기 안에서 내려다본 발아래 건물과 주차장처럼 작아졌고, 그것이 내 삶에서 보다 큰 그림을 만들기 위해 서로 얼마나 조화를 이루는가를 볼 수 있었다. 아울러 내가 맡고 있는 일들에 대해서도 생각했는데, 이건 자동차와 건물이 위치한 동네에 해당하는 것이었다.

일상에서 한발 물러나 관찰하기

때로 일상에서 공중으로 솟아올라 높은 곳에서 거리를 두고 새로운 관점으로 보는 것은 매우 효과적이다. 이를 통해 업무 처리 과정을 조정하는 한편 필요한 경우 변화를 가할 수 있기 때문이다. 그런데 여기서 더욱 높이 부상하는 것도 가능하다. 이 지점에서 '핫스팟hot spots'이라는 단순한 아이디어가 등장한다.

일에 대한 통제력 되찾기

많은 사람들이 생산성에 관한 책에 매료당하는 것은 처리해야 할 모든 일들에 대한 통제력을 되찾게 해주겠다는 약속 때문이다. 나 역시 내가 맡고 있는 일에 대한 통제력을 갖기를 좋아한다. 모든 업무와 프로젝트 그리고 내 의식에서 정리해낸 노하우들을 통해 나는 눈앞에 놓인 업무에 보다 집중할 수 있는 주의력을 얻었다. 그 결과 업무에 대한 통제력을 갖고 과거보다 생산적으로 일할 수 있었다.

현재 나는 그 어느 때보다 많은 일을 처리해야 하지만 이전보다 훨씬 더 많은 통제력을 갖고 있다. 업무에서 한발 물러나 통제력을 회복할 때 더 지혜롭고 의식적으로 그리고 더 많은 목적을 갖고 일할 수 있다. 이 경우 생산성 향상은 한없이 쉬워진다.

지금까지 설명한 기법들을 통해 나는 엄청난 시간과 주의력을 되찾았다. 정말 중요한 일에 쏟을 시간과 주의력, 에너지가 한층 늘어난 것이다. 이제까지 소개한 기법들 중 어떤 것도 이만큼 삶에 대한 통제력을 가졌다는 느낌을 가져다주지는 못할 것이다. 업무와 프로젝트를 표면화하면 주의력이 향상되고 걱정거리가 감소하며 그 결과 아이디어와 프로젝트를 한 단계 진전시킬 수 있다.

핫스팟은 일에 대한 확고한 통제력을 갖게 해주는 단순한 아이디어에 붙인 호사스러운 이름이다. 이는 1만 피트 상공에서 자기 삶과 일을 내려다볼 수 있게 해준다.

인생의 목록 요약하기

프로젝트 기간에 나는 삶을 체계화하고 통제력을 갖게 해준다는 여러 기법들에서 매우 흥미로운 점을 발견했다. 대부분의 기법들은 시간을 들일 만한 가치가 없다는 사실이다. 나는 어떤 것이든 생산성 기법은 거대한 소득을 가져다주어야 한다고 생각한다. 생산성 기법에 투자하는 1분마다 실제 업무를 처리할 시간 1분을 잃는 셈이기 때문이다.

다행히도 핫스팟은 제 몫을 해냈다. 핫스팟은 곧 인생 포트폴리오다. 매우 고차원적인 사안부터 모든 업무와 프로젝트, 책무가 일곱 가지 핫스팟 중 하나로 분류된다. 핫스팟이라는 용어를 만든

일상에서 한발 물러나 관찰하기

J.D. 마이어는 우리에게 매일 시간과 주의력과 에너지를 투입할 수 있는 일곱 가지 분야가 있다고 말한다. '생각, 신체, 감정, 직업, 재정, 관계 그리고 재미'가 그것이다.

사람에 따라 가정이나 영성과 같이 명칭을 다르게 사용할 수 있지만 내가 만난 사람들 중 90퍼센트는 이들 일곱 가지 영역에 모든 현안들이 들어맞았다. 자신의 핫스팟에 어떤 이름을 붙이는가는 중요하지 않으며 자신이 책임지는 모든 것들을 포괄하면서 보다 고차원적 삶의 영역 목록을 만드는 것이 필요하다.

물론 단순한 일곱 가지 핫스팟 목록 자체는 이렇다 할 영향력을 발휘하지 못한다. 하지만 해당 영역을 확장해 삶의 각 분야에서 진행되는 모든 일들을 열거하면 이 목록은 즉각 소생하기 시작한다. 예를 들어 나는 나의 핫스팟 목록에서 '생각'의 범주에 해당하는 모든 일들을 포괄할 수 있도록 생각의 영역을 확장했다.

- 학습 (책, 팟캐스트, 오디오북, RSS 피드, 인스타페이퍼 Instapaper와 같은 읽기 전용 앱)
- 명상
- 읽기
- 음악
- 마음챙김
- 속도를 늦추고 보다 의식적으로 일하기

- 일과 삶의 요소들 사이에 더 많은 주의력 공간 만들기
- 스트레스 해소하기 (명상, 독서, 음악 감상)

이 기법의 기저를 이루는 개념은 한 주에 한 번씩 핫스팟 목록을 검토한 뒤, 지난 한 주 동안 각각의 사안마다 얼마나 많은 시간을 할애했는지 그리고 다음 한 주 동안 무엇에 집중하고 고민할 것인지 생각해보는 것이다. 나는 몇 주에 거쳐 각각의 핫스팟에 해당하는 일을 모두 수집했다. 일련의 작업이 완료되자 모든 목록들은 물론 눈앞에서 내 삶이 가지를 뻗어나가는 모습을 생생하게 볼 수 있었다.

신체 핫스팟 아래 '치과'라는 목록을 보고 한동안 치아 검진을 받지 않았다는 사실을 떠올리며 진료 예약을 한다. '관계' 핫스팟 아래로는 '부모'라는 항목이 보이는데 다음 주에 잊지 않고 전화를 걸기로 한다. '재미'라는 핫스팟에는 '주말에 업무에서 벗어나기'가 보이고, 지난 한 주 동안 업무에 매진했다는 사실을 깨닫는다. '생각'이라는 핫스팟에서는 '마음챙김'이라 기록된 것을 확인하고 다음 한 주 동안 매사에 더욱 신경 쓰기 위해 노력한다. 한 주 한 주 지나는 사이 나는 자칫 허술하게 놓칠 수 있는 사안들을 포착해 그다음 주에 바로 일정을 잡는다.

매주 목록을 세세하게 점검하고 각각의 사안들과 다음 한 주 동안 무엇을 개선해야 할 것인가를 고민하는 한편, 지난주에 얼마나

일상에서 한발 물러나 관찰하기

잘했는가를 평가하면서 나는 마치 1만 피트 상공에서 내 삶을 내려다보는 것처럼 업무와 프로젝트, 의무로부터 뛰어올랐다. 무엇보다 뛰어난 점은 다음 한 주를 계획하게 된다는 것이다.

궤도 수정하기

하루 동안 모든 시간을 의식적으로 보낸다는 것은 거의 불가능하다. 이런 이유로 생산성은 과학이라기보다 예술에 가깝다. 첫 번째 일지를 점검한 뒤 나는 더욱 생산적이지 못했다는 이유로 나 자신에게 얼마나 혹독했는가를 깨달았다. 하지만 수차례의 인터뷰와 실험을 거치면서 내가 발견한 것처럼 누구도 매 순간을 의식적이거나 생산적으로 행동하지는 않는다.

가장 생산적인 사람들이 다른 사람들과 구별되는 것은 매주 궤도 수정을 통해 모든 일에 대해 점진적으로 진보해나간다는 점이다. 삶의 핫스팟에서 가지를 뻗어 확장된 목록을 만드는 일은 매주 궤도를 수정하는 데 최고의 수단이다. 대청소의 날마다 나는 내 삶의 확장된 영역들을 검토하고 나 자신에게 몇 가지 질문을 던진다. 그중 일부는 마이어에게서 도입했고 일부는 프로젝트 과정에서 발굴했다.

- 다음 주에 어떤 일에 더 많은 시간을 투입해야 하는가?
- 지난주에 지나치게 많은 시간을 소모한 일은 무엇인가?
- 다음 주에 일정을 잡거나 처리해야 할 일은 무엇인가?
- 다음 주에 특히 유념해야 할 부분은 무엇인가?
- 각 영역에서 아직 해결하지 못한 사안은 무엇인가?
- 다음 주 각각의 핫스팟에 어떤 기회를 갖고 있는가?
- 모든 사안들이 올바른 방향으로 진행되고 있는가?
- 추가하거나 삭제해야 할 일이 있는가? 혹은 확장이나 축소가 필요한 부분은?
- 지난주에 내가 대박을 터뜨린 분야는 무엇인가?

이런 질문에 대답하는 과정은 일상에 지장을 초래하지 않으면서 궤도를 수정하고 매주 내 가치와 목표에 합당하게 행동하는 데 도움이 된다.

많은 사람이 늘상 자신의 이상에 합당한 만큼 행동하지는 않지만 가장 생산적인 사람들은 장기적인 측면에서 자신들의 목표 가치에 부합하게 행동한다. 정기적으로 궤도를 수정하고 매주 개선해야 할 부분들을 찾아내면서 이를 성취해나간다. 단기적으로는 위기가 불거지고, 사소한 일들이 시간과 주의력을 갈아먹지만 매주 의식적으로 조율해나가면 장기적으로는 자신이 중요하게 여기는 가치에 부합하게 행동할 수 있다.

특출나게 생산적인 이들은 자신들의 삶 가운데 어느 핫스팟이 가장 중요한가에 대해서도 생각하는 시간을 갖는다. 또 단기적으로 무게중심을 이동해 다른 것들보다 어느 한 영역에 더욱 집중할 필요가 있는가를 고민한다.

성인이 되고 처음 몇 년간 내가 직업에 더 많은 시간을 투입해 진보를 이루어내고 훗날 다른 일에 쓸 수 있는 자원을 확보하는 것이 한 가지 예다. 나의 경우 생산성의 해 프로젝트에 전적으로 시간과 주의력, 에너지를 쏟아 '직업' 핫스팟에 무게를 실었다. 내가 이룬 일에서 얻을 수 있는 장기적인 측면의 소득이 가치 있다고 확신했기 때문이다. 핫스팟 목록을 기록할 때 얻을 수 있는 또 다른 이점은 한 가지 핫스팟이 엉망이 되더라도 전체 포트폴리오가 붕괴되지는 않는다는 점이다. 예를 들어 일자리를 잃은 경우 인간관계와 재정, 감정 핫스팟의 동력이 다시 취업할 때까지 당신을 지탱해 줄 것이다.

핫스팟 목록 점검은 내게 한 주 동안 가장 즐거운 일상이 됐다. 더욱 의식적으로 일하고 살아가는 데 이보다 효과적인 기법은 없었다.

마스터 프로젝트 목록 작성하기

핫스팟의 목록 점검은 그 자체로 충분히 효과적인 일과이지만 나는 또 한 가지 끝내주는 쓰임새를 찾아냈다. 핫스팟 목록에서 중요한 것은 고정적이라는 점이다. 치과 진료나 부모님과 통화하기, 디지털 기기 끄기나 의식적인 상태 유지하기 등은 영원히 멈추지 않고 할 일들이다. 이와 달리 '자신이 어떤 프로젝트를 처리할 것인가'와 관련된 것은 주간 단위로 변한다. 즉 본질적으로 시작과 끝이 있고 일을 마치기까지 몇 가지 이상의 단계가 요구되는 일은 대개 매주 변한다.

몇 년 동안 나는 추진 중인 프로젝트만 별도의 노트에 기록했을 뿐 이들 목록을 포괄하는 마스터 목록은 단 한 번도 만들지 않았다. 앨런의 책과 관련된 앱이 수백 개에 달해 이를 이용해 마스터 목록을 작성할 수도 있었지만, 상당수의 앱이 실제 업무에 매진하는 데 방해가 됐기 때문에 어느 한 가지도 채택할 수 없었다.

그러다가 나는 각각의 핫스팟에 포함된 프로젝트로 마스터 목록을 만들기 위한 매우 단순한 아이디어를 생각해냈다. 핫스팟 목록을 작성하는 것처럼 이 목록도 매우 단순하지만 그 효과는 놀랄 만큼 굉장하다.

- 학자금 대출 청산하기
- 세금 처리하기
- 외식과 배달음식 줄이기
- 내년 예산 짜기
- 아일랜드 여행 경비 모으기

핫스팟 목록이 일상에서 공중으로 뛰어오를 수 있게 하는 것처럼, 마스터 프로젝트 목록 또한 일단 완성하고 나면 진행 중인 모든 일과 삶의 각 부분에서 일으키려 하는 변화에서 곧장 솟아오르게 한다. 다음 한 주 동안 집중해야 할 프로젝트와 더욱 향상시켜야 할 부분들에 대한 기억을 되살려주기도 한다.

이 목록을 지속적으로 갱신하는 데는 시간이 들지만 나는 매주 마스터 프로젝트 목록을 이용해 내 삶에서 공중으로 뛰어올라 진행 중인 프로젝트의 가치를 고민해보고, 더욱 생산적이기 위해 시도할 만한 가치가 있는 다른 프로젝트에 대해서도 생각해본다.

내가 보기에 생산성을 높일 때 얻을 수 있는 가장 큰 이점 중 하나는 동시에 처리하려 하는 모든 일들을 더욱 잘 파악할 수 있다는 것이다. 모든 것들을 이해하려 하는 데 가장 어려운 시점은 기초 단계에서 일할 때다. 잠깐의 여유도 없이 일하면 처리 중인 업무에서 한발 물러나 그 일이 얼마나 중요한가에 대해 생각하기가 매우 어렵다. 매일 그리고 매주 초 목표를 정하는 일이 더없이 중요한 이유도 이 때문이다.

전반적인 시간을 어떻게 소모하는가의 문제에도 같은 논리가 성립한다. 어떤 일에 한창 바쁠 때는 일상에서 공중으로 뛰어올라 무엇이 중요하고 무엇을 바꿔야 하는가를 따져보기가 어렵다. 핫스팟은 정확히 이 문제를 위한 방법이다.

자신의 삶을 완전히 새로운 관점으로 보게 될 것이다. 모든 업무와 프로젝트, 책무의 중요성을 검토하게 될 것이다.

에너지 및 집중력   가치   재미

    업무와 개인적인 삶에 관한 모든 일들을 쏟아내 표면화하고 새롭게 부상하는 업무를 포착하고 나면 이 모든 것들을 점검해보라. 효과적으로 체계화되어 있다면 삶의 모든 측면들을 구상할 수 있다는 사실에 벅찬 감격이 밀려올 것이다. 면밀히 검토할 만한 핫스팟 목록을 만드는 것은 이 감격을 한층 고조시키기 위해 내가 즐겨 쓰는 방법이다. 일을 더 열심히 하는 것이 아니라 더 지혜롭게 처리하기 위해 적용하는 방법이기도 하다.

    프로젝트를 훑어본 후 나는 다음 한 주 동안의 일정을 조정하기 위해 업무들을 점검한다. 첫 번째 핫스팟 목록을 만들기 위해 자리

에 앉았을 때, 내 삶의 각 영역을 확장하는 데 10분가량 걸렸다. 이후 몇 주 동안 새로운 핫스팟 구성 요소들이 등장했고 나는 이들을 노트 앱에 기록했다. 일주일에 몇 차례씩 노트를 정돈하는 과정에서 이들을 목록에 추가하기도 했다.

당신도 도전해볼 것을 권한다. 시간을 갖고 10분간 자신의 삶에서 일곱 가지 영역에 해당하는 요소를 떠올려보라. 대청소 날을 따로 갖기로 했다면 이때 목록을 검토하면서 다음 주에 개선하고 싶은 영역을 고민해보라. 다만 자신에게 중요한 것에 온전하게 부합해 행동하지 않을 때 스스로에게 너무 가혹하지 않도록 주의하라. 누구도 완벽하지 않다. 단순히 궤도를 수정하면 장기적으로 자신이 원하는 균형에 이르게 될 것이다.

17

생각이 방랑하는
시간 갖기

 예상 소요 시간 9분 53초

샤워할 때처럼 생각이 자유롭게 방랑할 수 있도록 시간을 두면 브레인스토밍과
문제해결 그리고 창의력 향상에 효과적이다.

샤워의 신경학

샤워를 할 때 당신은 뭔가 재미있는 일이 일어난다는 사실을 알아차렸을지 모른다. 그날 해야 할 일에서 아침 식사로 무엇을 먹을 것인가부터 저녁 파티에 쓸 멜론을 깜빡하고 사지 않은 것까지, 당신의 생각이 갖가지 사안들 사이를 떠돌기 시작했다는 의미다. 때로 샤워 중에 걸출한 아이디어나 통찰이 떠오르기도 한다. 이건 모든 사람에게 일어나는 일이다. 당신은 또 아무 생각 없이 인터넷 서핑을 할 때나 스마트폰을 이용할 때 정반대 현상이 벌어진다는 사실을 알아차렸을지 모른다. 샤워를 하면서 생각이 자유롭게 떠돌 때 희한하게도 '바로 이거야!' 하는 상황이 벌어지는 반면, 스마트폰을 이용하는 동안 빼어난 통찰을 얻을 가능성은 지극히 희박하다.

번쩍이는 아이디어가 스마트폰을 이용할 때가 아니라 샤워할 때 떠오르는 데는 흥미로운 이유가 있다. 샤워를 하면서 생각이 자유롭게 방랑할 때 더 많은 주의력 공간을 확보할 수 있고, 이는 생각과 아이디어, 통찰이 무의식에서 수면 위로 부상해 당신이 의식할 수 있는 공간을 만들어낸다. 당신의 생각에 시간과 공간을 제공해 움직일 수 있게 하면 더 많은 주의력 공간을 확보할 수 있고, 수많은 연구 결과로 밝혀진 것처럼 단순히 일을 더 열심히 하는 것이 아니라 더욱 지혜롭게 처리할 수 있다.

생각이 방랑하는 시간 갖기

방랑 모드와 중앙집행 모드

연구 결과에 따르면 인간의 뇌는 온종일 두 가지 모드 사이를 번 갈아가며 움직인다. 샤워하는 동안 경험한 것과 같은 '방랑wandering' 모드와 스마트폰을 사용하거나 다른 특정 사안에 강하게 집중할 때 경험하는 '중앙집행central executive' 모드다. 한 번에 두 가지 모드를 동시에 취할 수는 없다. 대다수 전문가들은 두 가지 모두에 시간을 투자하라고 권한다.

대니얼 레비틴Daniel Levitin은 자신의 책 《정리하는 뇌The Organized Mind》에서 "주의력의 시소에서 서양 문화는 중앙집행 모드에 과도하게 가치를 두는 반면에 '백일몽daydreaming' 모드를 과소평가한다"고 밝힌다. 두 가지 모드 사이에는 양측에 투입하는 시간을 모두 가치 있게 하는 차이점이 있다. 이에 대해 레비틴은 "문제해결에 대한 중앙집행식 접근은 대개 진단적이고 분석적이며 성급하다. 반면에 백일몽식 접근은 명랑하고 직관적이며 여유롭다"고 설명한다. 심지어 어떤 연구에서는 뇌의 방랑 모드가 복잡하거나 더 많은 창의력을 요구하는 업무를 처리할 때 보다 효과적인 것으로 드러났다.

하지만 나이 들수록 생각이 떠돌 수 있게 시간을 갖는 일이 더욱 어렵게 느껴질 수 있다. 생각의 방랑 모드를 더욱 빈번하게 취할수록 데스크탑이나 태블릿 PC, 스마트폰 등 우리의 변연계를 자극하는 또 다른 장치를 가동시키는 데 매몰돼버리기 때문이다. 이들 기기는 우리를 더 연결되게 하는 반면에 우리가 백일몽 모드에 빠져드는 걸 방해한다. 이 때문에 중대한 결정을 내려야 하는 사안이나 해결해야 하는 문제에서 한발 물러나기가 어려워진다.

오늘날 전형적인 미국인은 한 주 동안 스크린을 쳐다보는 데 평균 51.8시간을 소모한다.[6] 여기에는 스마트폰이나 태블릿 PC, 노트북, 데스크탑 그리고 TV 앞에서 보내는 시간이 모두 포함된다. 우리가 매일 평균 7시간 24분을 스크린에 쏟는다는 얘기다. 하루 평균 7.7시간을 잔다고 가정하면 업무 시간의 45퍼센트를 사각형의 현란한 디지털 스크린에 소모하는 셈이다.[7] 중요한 때 거시적 관점을 못 취하므로 지속적으로 기기에 접속하는 데 따르는 생산성 비용은 어마어마하다.

프로젝트 기간에 내가 진행했던 실험 중 가장 기억에 남는 것은 3개월 동안 스마트폰을 하루에 딱 1시간만 사용한 일이다. 한동안 바지 뒷주머니에 한 몸처럼 붙어 있던 스마트폰 없이 지낸 결과 나는 실험이 아니었더라면 경험하지 못했을 새로운 아이디어와 생각에 이를 수 있었다.

스마트폰 사용 시간을 대폭 줄였더니 영향력이 높은 업무에 더 많은 시간을 투입할 수 있게 됐을 뿐 아니라 해당 업무에 대해 생각하기 위한 주의력 공간을 더 많이 확보할 수 있었다. 주의력을 기울여야 하는 스마트폰이 사라지자 특별히 집중해야 할 일이 없을 때마다 사고가 즉각적으로 방랑 모드로 전환했다. 이로 인해 아이디어와 생각을 내 의식으로 끌어올리기 위한 공간이 창출됐다. 지금도 나는 생산성이 떨어지지 않도록 매일 최소한 30분 이상 주의력 공간을 확보해 생각이 떠돌게 한다.

뇌는 잠들지 않는다

더 많은 주의력 공간을 확보할 때 '바로 이거야!' 하는 순간이 찾아오는 이유는 간단하다. 뇌가 단 한순간도 생각을 멈추지 않기 때문이다.

암스테르담대학의 아프 데익스테르후이스Ap Dijksterhuis 교수팀은 실험 참가자들에게 네 대의 자동차에 대한 정보를 제시한 뒤 구입하고 싶은 자동차를 선택하도록 했다. 연구자들은 일반적으로 교묘한 집단인 만큼 이번 연구도 예외가 아니었다. 그들은 한 대의 자동차를 나머지 차량보다 훨씬 더 탐나게 만들었다. 참가자들이 이 자동차를 최고로 인식하는지 여부를 시험하기 위한 것이었다. 그들은 참가자들을 두 그룹으로 나누었다. 첫 번째 그룹은 각 자동차에 대해 4개의 정보를 받았고, 두 번째 그룹은 이보다 훨씬 더 많은 12개의 특징을 전달받았다. 참가자 모두 각 차량에 대해 16개 혹은 48개의 정보를 얻은 셈이다.[8]

17

두 그룹은 다시 각각 둘로 나뉘었다. 최고의 자동차를 선택하기 전에 각각의 그룹은 4분 동안 시간을 갖고 자동차의 특징을 자세히 조사하거나 혹은 4분 동안 이 문제와 전혀 상관없는 여러 건의 낱말 퍼즐에 집중하도록 했다. 후자의 경우 최고의 자동차를 선택하는 데 불이익을 얻은 것으로 보인다. 가장 좋은 자동차에 대해 의식적으로 고민해볼 시간이 전혀 없었기 때문이다. 과연 결과는 어땠을까?

지금부터 연구가 매우 흥미로워진다. 각각의 자동차에 대해 4개의 정보를 가지고 자신들의 선택에 대해 의식적으로 생각해볼 수 있었던 참가자들은 특출난 결과를 냈다. 이는 전혀 놀라운 일이 아니다. 고려할 선택 사항이 몇 가지밖에 없었기 때문에 이들이 최고의 모델을 가려내는 것은 매우 쉬운 일이었다. 그런데 네 대의 자동차를 고려하기 위해 각각의 자동차당 12개의 정보를 가진, 즉 총 48개의 정보가 주어진 참가자들 중 무의식적으로 선택한 그룹이 4분 동안 어떤 모델이 최고의 자동차인가에 대해 깊이 고민한 그룹을 앞질렀다. 바로 이 부분이 예기치 못한 결과에 해당한다.

이들은 자동차에 대해 의식적으로 조사를 벌였던 그룹을 현격한 차이로 앞질렀다. 의식적으로 고민한 그룹은 최종 결정 중 23퍼센트만 최고의 자동차를 가려냈고, 무의식적으로 결정했던 그룹이 최고의 자동차를 선택한 것은 최종 결정의 60퍼센트에 달했다.

실험이 이루어지고 몇 해가 지난 뒤 카네기멜론대학 연구팀도 이와 유사한 실험을 추진했다.[9] 다만 이번에는 참가자들에게 자동차의 정보를 주고 낱말 퍼즐을 풀도록 하는 대신 fMRI 기계에서 뇌활동을 정밀 조사하는 동안 수열을 암기하도록 했다. 실험 결과 이연구팀은 놀라운 사실을 발견해냈다. 참가자들의 수열 암기를 담당하는 뇌 영역이 활발하게 움직이는 사이 전두엽 피질 역시 전력가동했다. 즉 참가자들이 수열 암기에 전적으로 집중하는 동안 뇌는 계속해서 자동차에 관한 문제를 처리한 것이다. 참가자들의 무의식적 사고는 손에 잡힌 업무와 무관한 사안을 처리하는 동안 계속해서 표류했다.

인간의 잠재의식상의 생각이 얼마나 강력한가에 대해서는 과학자들 사이에서 논란이 되고 있지만 이 두 가지 연구는 심오한 사실을 드러낸다. 우리의 생각이 한순간도 멈추지 않는다는 사실이다. 어떤 일에 주의력을 기울여 완전하게 집중하는 사이에도 우리 뇌는 계속 움직인다. 마치 컴퓨터 윈도우 창을 배경화면에 열어두고있는 것과 같은 이치다. 문제가 크게 복잡하거나 창의적인 해결책을 요할 경우 잠재의식상의 생각은 오히려 더 훌륭하게 일을 해낸다. 일을 처리하기 위해 더 많은 주의력 공간을 제공할 때 이런 현상이 더욱 두드러진다.

주의력 공간 만들기

프로젝트를 진행하면서 나는 백일몽 모드로 전환하기 위해 더 많은 방법으로 실험했다.

테드엑스TEDx 토론을 계획하면서 나는 스마트폰을 집에 둔 채 펜과 노트를 들고 집에서 버스로 한 정거장 거리에 있는 캐나다국립미술관Canada's National Gallery 주변을 돌아다녔다. 새로운 생산성 실험을 찾기 위해 나는 점심시간이면 아이디어를 구상하며 산책을 나갔다. 주말에는 사람들로 붐비는 카페에서 노트를 펼쳐 놓고 앉아 무엇이든 떠오르는 생각들을 메모했다.

따로 시간을 마련해 생각이 떠돌게 할 때마다 나는 으레 가까이에 노트를 두고 주의력 공간을 더 많이 정돈하기 위해 주변의 산만함을 차단했다. 그때마다 최소한 십여 가지 생각과 아이디어와 업무 그리고 연락을 취하거나 못 다한 얘기를 나눠야 할 사람들을 생각해냈다. 생각이 방랑하도록 공간을 만들 때마다 어김없이 수많은 생각들이 주의력 장벽을 뛰어넘었고, 나는 이들을 나중에 처리할 수 있도록 노트에 정리했다. 어떻게 보면 내 프로젝트 전체가 점들을 연결하고 창의적인 아이디어를 발굴하는 데 중점을 둔 셈이다. 어떤 일도 하지 않는 주의력 공간을 확보하는 것보다 이를 성취하는 데 더 큰 도움이 된 것은 없었다.

이 책을 쓰는 지금도 그 어느 때보다 생각이 방랑할 수 있도록 시간을 더 많이 할애하고 있으며 그 결과 책에 소개할 수백 가지 아이디어를 얻었다. 스티븐 존슨Steven Johnson이 다큐멘터리 〈우리는 어떻게 여기까지 왔을까How We Got To Now〉에서 정곡을 찌른 것처럼 "새로운 아이디어는 근본적으로 다른 아이디어의 네트워크다." 지식경제시대에 고액 연봉자들은 문제를 해결하고 아이디어의 점들을 연결하는 대가로 엄청난 몸값을 받는 셈이다. 바로 이런 이유 때문에 생각이 방랑할 수 있도록 시간을 갖는 일이 중요하다. 특히 해결되지 않은 사안들에 마음이 걸리는 점을 발견할 때 생각할 시간을 가질 필요가 있다. 다행히 인간의 뇌는 점들을 연결하도록 만들어졌다. 우리의 머리는 현명하게 사용한다면 지식경제시대에 사용하기에 완벽한 수단이다.

그렇지만 프로젝트 과정에 시도했던 모든 기법들 중 단순히 펜과 종이 한 장을 들고 방에 앉아 있는 것만큼 획기적인 효과를 낸 것은 없었다. 하루 이틀마다 나는 통상 15분가량 타이머를 설정하고 생각이 어디든 원하는 곳으로 모험을 떠나도록 방치해둔다. 한편으로 이는 계획 짜기나 머릿속 비우기와 상반되는 것이다. 중앙 집행 모드가 아니라 백일몽 모드로 전환해 이 과정을 거치면 무심코 흘려버리고 말았을 아이디어와 생각들을 포착해낸다. 지금도

• 생각의 방랑은 내가 사전에 이 책의 얼개를 짜는 데도 도움이 됐다. 앞의 자동차 문제와 유사하게, 내가 다른 문제에 집중했을 때 그 이면에서 책의 체계를 잡는 일을 조금씩 풀어낼 수 있도록 뇌에 뭔가 구체적인 것을 제공했다.

나는 같은 기법을 이용하고 있고, 거의 매번 주의력 공간을 창출할 때 솟아나는 아이디어나 생각, 심지어 몇 가지 할 일에 대해서도 감탄한다.

　이상하게 들린다면 실제로 이상한 일이기 때문이다. 하지만 우리의 뇌 역시 기묘한 기계다. 또 지금 이 순간에도 당신의 머릿속에는 포착되기를 손꼽아 기다리며 막후에서 처리 중인 귀중한 생각과 아이디어, 통찰이 무수히 자리 잡고 있다. 생각의 포착은 대청소의 날에 추가하기에 적절한 일과다. 혹은 압박감이 느껴지고 즉시 주의력 공간을 확장해야 할 때 처리하는 것도 방법이다. 더 많은 주의력 공간을 창출할수록 더욱 평온해지고 이어 더욱 생산적이게 될 것이다.*

정신적 이완이 필요한 이유

　프로젝트 진행 과정에서 나는 미술관을 관람하거나 산책하는 것과 같은 다양한 백일몽 기법을 시도하며 보다 많은 통찰을 포착할

---

* 뇌는 우리가 잠자는 사이에도 새로운 정보를 처리하고 기억을 통합한다.[10] 하룻밤 자면서 문제를 생각하는 것이 기적 같은 효과를 내는 것은 이 때문이다. 자기 전에 공부하는 것이 시험 점수를 올리는 데 도움이 되는 것도 같은 맥락이다. 더불어 하루 일과를 마치는 시점이나 자기 전 다음 날을 위한 세 가지 목표를 결정해야 하는 절실한 이유도 여기에 있다.

수 있었다. 이 기법들이 사고를 방랑 모드로 전환해주고 그때마다 나는 노트를 가까이에 두고 그것들을 메모했다. 일반적으로 기법들이 요구하는 주의력이 낮을수록 효과는 더 컸다.

하지만 소설책 읽기와 같이 대단한 주의력을 요한다고 여겼던 행동조차 종종 백일몽 모드로 전환해 새로운 아이디어를 포착해낼 수 있게 했다. 뜨개질이나 정원 가꾸기, 요가나 장거리 운전, 헤드폰 없이 산책하기나 양초를 켜두고 목욕하기, 혹은 미술관 관람하기 중 어느 것이 가장 효과적이든 핵심은 시간을 갖고 생각을 방랑 모드로 전환하는 데 있다. 아인슈타인도 어려운 문제를 풀어야 때마다 이 같은 방식을 취했다. 찾고 있던 답이 어느 순간 뇌리를 스칠 때까지 그는 바이올린을 연주했다.[11] 이 같은 기법이 당신에게도 통할 수 있다.*

미국심리학회 American Psychological Association 는 최근 스트레스 해소를 위한 아홉 가지 최고의 방법을 제시했다.[12] 쇼핑이나 도박, 음주, 폭식과 같이 신체의 코르티솔 수치를 떨어뜨리지 못하는 임시방편과 달리 미국심리학회가 언급한 아홉 가지 방법은 모두 실제로 코르티솔의 수치를 떨어뜨린다. 중요한 것은 이들은 모두 적어도 겉

---

* 주목! 뒤에서 휴식을 취하고 손에서 일을 놓는 것이 얼마나 중요한가를 다룰 예정이다. 재충전 없이 미친 듯이 일하는 것은 녹초가 되는 지름길이다. 오늘날 업무 과정은 뇌에 크게 의존하는 데다 그 어느 때보다 압박감에 시달리는 만큼 휴식의 중요성은 전례 없이 높아졌다.

보기에는 뇌를 생각의 방랑 모드로 전환해주는 듯하다는 점이다.
이런 이유로 개인적으로 주의력 공간을 창출하려 할 때 한번 시도
해볼 만한 가치가 있다. 아홉 가지 전략은 다음과 같다.

- 운동이나 스포츠 경기
- 독서
- 명상하기
- 음악 듣기
- 창의적인 취미에 투자하기
- 기도하기
- 산책하기
- 친구나 가족과 시간 보내기
- 마사지 받기

어떤 기법을 선택하든 시간을 갖고 생각을 방랑 모드로 전환하
는 것은 가장 생산적인 작업 중 하나다. 업무에서 벗어나 휴식을 취
할 때 당신은 일하지 않을지라도 당신의 뇌는 무대 뒤편에서 계속
업무에 매진할 것이다. 특별히 창의적이거나 복잡한 문제를 붙들
고 씨름 중이라면 의식적인 전두엽 피질보다 한결 나은 결과를 낼
수도 있다.

우리의 뇌는 막강한 기계이지만 그 힘을 활용하고 약점을 수용

해야 한다. 업무와 프로젝트, 책무를 표면화하면서 생각이 백일몽 모드로 빠져들 수 있는 공간을 제공하는 것이 이를 행하는 정확한 방법이다. 다시 강조하면, 생각이 방랑 모드일 때마다 반드시 뇌리에 떠오르는 것들을 포착해 훌륭한 아이디어가 단 한 가지라도 빠져나가지 않도록 해야 한다.

필요한 주의력 공간을 제공해 수확되기만을 기다리며 머릿속에 머물고 있는 수많은 새로운 아이디어를 얻을 수 있다.

에너지 및 집중력   가치   재미

이번 도전 과제는 딴 세상에서 온 것처럼 보일지 모른다. 이번에 제시하는 도전 과제는 내일 최소 15분간 생각이 떠돌 수 있도록 하라는 것이다. 그리고 어떤 것이든 자신의 주의력 장벽을 뚫고 나오는 가치 있는 생각과 아이디어 혹은 해야 할 일들을 포착하라.

내가 즐겨 쓰는 방식은 펜과 노트를 가지고 산만해지거나 방해받지 않을 장소에 가서 타이머로 15분을 맞춰두고 생각하는 것이다. 당신이 나와 비슷한 성향이라면 머릿속에 떠오르는 발상에 숨 막힐 지경일 것이다. 그리고 더 오래, 예를 들어 30분 동안 방랑 모드를 계속하고 싶을지 모른다.

The
Productivity
Project

CHAPTER 6

주의력 근육
단련하기

18

속도를 늦추고
의식적으로 일하기

 예상 소요 시간 5분 8초

사람들이 눈앞에 놓인 일을 하는 시간 중 집중하는 비율은 불과 53퍼센트밖에
되지 않는다는 사실이 연구 결과로 밝혀졌다. 강력한 '주의력 근육'을 개발하면
손에 잡힌 업무에 더욱 집중해 시간과 주의력을 효율적으로 사용할 수 있다.

과도한 방랑

의도적으로 생각이 방랑할 수 있는 시간을 갖는 것은 뇌가 아이디어를 연결하고 휴식을 취하며 더욱 창의적으로 생각할 수 있게 한다. 하지만 방랑하는 생각이 실제 업무를 처리하는 데는 그다지 도움이 되지 않는다. 우리가 짐작하는 것보다 생각이 더 많이 방랑할 수 있기 때문이다.

하버드대학의 심리학자인 매슈 킬링스워스**Matthew Killingsworth**와 대니얼 길버트**Daniel Gilbert**가 진행한 실험에서 흥미로운 사실이 밝혀졌다.[1] 사람들이 업무 시간의 47퍼센트를 방랑 모드로 보낸다는 것이다. 당신이 평균적인 사람들과 같다면, 하루 중 절반가량을 눈앞에 놓인 업무가 아니라 다른 일에 골몰한다는 의미다. 업무에 쏟는 주의력은 고작 53퍼센트밖에 되지 않는다.

말할 것도 없이 이건 생산성을 엄청나게 깎아내리는 행위다. 시간과 주의력이 얼마나 복잡하게 얽혀 있는가를 감안한다면 이는 매우 심각한 사안이다. 업무에 투입하는 주의력이 낮을수록 이를 끝마치기 위해 더 많은 시간을 투입해야 한다. 일을 처리하는 효율성이 떨어지기 때문이다.

나는 가급적 '효율'이라는 단어를 사용하지 않으려 애쓴다. 생산성과 관련해서는 특히 그렇다. 이 단어가 일을 냉정하고 기업적인 어떤 것으로 깎아내리기 때문이다. 하지만 지금 여기서는 효율보다 더 적합한 단어가 없다. 업무에 최대한 주의력을 기울이지 않는다면 자신의 시간과 주의력을 효율적으로 사용하지 않고 있다는 의미다. 업무에 치열하게 집중할 때 1시간은 53퍼센트의 시간 동안 집중할 때의 2~3시간과 같은 가치를 지닌다.

시간은 생산성의 세 요소 가운데 가장 제한적인 자원이다. 에너지를 똑똑하게 관리하는 것과 마찬가지로 주의력도 현명하게 관리하면 훨씬 더 슬기롭게 소비할 수 있다.

집중을 방해하는 요인 차단하기

이에 대해 더 깊이 파고들기 전에 준비 운동 차원에서 간단한 도전에 나서보자.

노트나 종이 한 장을 펼쳐놓고 생각이 자신의 의지와 상반되게 떠도는 횟수가 몇 번이나 되는지 적어보라. 얼마나 자주 생각이 방랑 모드로 바뀌면서 독서가 싫어지고 걱정하기 시작하며 전화기를 들고 싶은 충동을 느끼거나 다른 일을 하고 싶어지는지, 혹은 산만해지는지 기록해보라. 우리는 이 걸림돌을 하나씩 차례로 다룰 것이다. 하지만 시간과 에너지를 관리할 때와 마찬가지로 자신의 출발점을 파악하는 것이 효과적이다.

생각이 궤도에서 이탈하는 상황이 발생하더라도 걱정할 것 없다. 사고의 방랑은 뇌의 기본 설정일 뿐이다. 몇 년에 걸쳐 명상과 주의력 근육을 단련하는 데 혼신을 다한 나도 생각이 빈번하게 방랑한다. 괘념치 말고 자신의 생각이 방랑한 것을 기록하라.

원한다면 무엇에 집중하려고 혹은 고민하려고 방랑했는지 적어 두고 조심스럽게 여러 가지 것들에 빼앗긴 주의력을 다시 회복하라. 지금 이 순간에는 이 책을 읽는 데 집중하면 된다. (조심스럽게 다룰 것을 권한 것은 사고의 방랑이 지극히 정상적인 현상인데도 주의력을 통제하는 사이 자신에게 엄격해지기 십상이기 때문이다.)

이는 뭔가 중요한 일에 매진할 때도 훌륭한 방법이다. 책상머리에 노트를 하나 두고 어디선가 불쑥 나타나 처리 중인 일을 훼방하는 방해 요인과 산만함을 모두 기록하면 된다. 그리고 다시 업무에 복귀한다. 필요하다면 이후에 잠재적인 방해 요인을 제거하도록 한다.

의식적으로 일하는 기쁨

나는 지금 캐나다 오타와 중심가에 위치한 작은 찻집에 앉아 있다. (20명 남짓 앉을 수 있을 정도의 규모다.) 나는 이곳에서 읽고 쓰고 생각하기를 즐긴다. 이 찻집은 생각이 방랑하는 시간을 갖기 위해 내가 가끔 찾는 캐나다국립미술관에서 지척이기도 하다.

속도를 늦추고 의식적으로 일하기

이 찻집에서 내가 가장 좋아하는 것은 차가 아니라 차 마시는 일에 대한 의식적이고 사려 깊은 방식이다. 벽면에 진열된 수백 가지에 이르는 차 중 한 가지를 고르면 종업원이 테이블로 안내한다. 그런 다음 내가 고른 차를 작은 도자기에 담아 가져다주며, 도자기 아래로 불을 지펴 차를 따뜻하게 데워준다. 이 찻집은 오타와에서 내가 발견한 최고의 차를 제공한다. 각양각색의 차를 엄선해서 공수하거나 블렌딩했으며 각각의 차에 공들이는 모습도 매우 인상적이다.

프로젝트를 시작한 이후로 나는 이상하게 이런 장소에 끌린다. 값싼 차와 커피 캡슐로 넘쳐나는 세상에서 이런 곳은 한 차원 높은 훌륭함을 지녔고, 놀라울 만큼 자신들의 일에 정성을 다하며 체계적이다. 자신들만의 기법과 레시피를 만들기 위해 몇 년에 걸쳐 공들이는 스카치위스키 제조업체나 완벽한 빈티지를 제조하려고 분투하는 와인 제조업체, 혹은 억겁의 시간을 연습에 몰입하며 정상의 경지에 오른 기타의 대가까지, 모두 의식적으로 일하기 힘든 세상에서 의식적이기 위해 시간과 에너지를 투자한 사람들이다.*

이들은 보통 사람들보다 더 신중하고 강력한 아이디어를 향해 흐트러지는 일 없이 직진한다. 생산성의 핵심은 사실 뭔가를 더 많이 혹은 더 빨리 해내는 것이 아니다. 옳은 일을 목적을 가지고 의

---

* 연습하는 데 몇 년을 보냈는가가 아니라 순수하게 몇 시간 동안 연습했는가의 얘기다.

식적으로 해내는 것이 관건이다.

업무와 관련해 더 많은 시간과 주의력 공간을 만드는 일이 매우 중요한 것은 바로 이 때문이다. 이를 통해 영향력이 높은 일을 처리하기 위한 공간을 확보하는 한편 성과가 낮은 일을 회피해 생산성을 향상시킬 수 있다.

새해만 되면 사람들이 그토록 많은 한 해 목표를 세우는 이유 중하나는 휴일 동안 일과 삶에서 한발 물러나 다른 사안들에 대해 생각하고 점검할 여유가 있기 때문이다. 매 순간마다 일과 삶에서 한발 물러날 때 똑같은 일이 발생한다. 더 많은 것을 계획하고 더 나은 아이디어를 떠올리며 더욱 의식적으로 일할 수 있다.

영향력이 높은 업무를 성과가 낮은 일과 분리하는 것과 같은 기법이 일반적인 측면에서 일을 더욱 의식적으로 해내는 방법이라면, 3의 원칙과 같은 기법은 매주 그리고 매일의 차원에서 더욱 의식적으로 일하고 주의력 근육을 단련시켜 매 순간 신중을 기해 업무를 처리하기 위한 방식이다. 강력한 주의력 근육이 의식적인 업무 처리와 53퍼센트 이상의 시간을 주어진 일에 집중하는 것을 가능케 한다.

이것이 한결 더 의식적인 업무 처리의 마지막 퍼즐 조각인데, 이역시 만만치 않은 일이다.

주의력 근육의 세 부분

(당신의 주의력은 어떤 상태인가? 한번 점검해보라.)

매 순간을 어떻게 보내는가에 따라 생산성이 향상될 수도 있고 무너져 내릴 수도 있다. 기술과 일시적인 해결책은 의미 있는 업무나 프로젝트보다 더 많은 자극제를 제공한다. 더 빠르게 일할수록 의식적으로 일하기는 더 어려워진다. 집중력과 의식을 유지하기가 매우 힘들기 때문이다. 처리 중인 업무가 아니라 다른 것에 47퍼센트에 달하는 시간을 소비하게 되는 원인도 여기에 있다.[2]

신경학자들에 따르면 우리의 주의력은 중앙집행, 집중, 의식의 세 부분으로 구성되어 있다.

- **중앙집행**: 전두엽 피질에 속해 있으면서 뇌 기능 중 사고와 계획을 관장하는 부분이다. 지금까지, 특히 업무 미루기 부분에서 나는 뇌의 이 부분을 점화하는 방법을 소개했다. 여기서 다룰 내용은 주의력 근육의 나머지 두 부분이다.
- **집중**: 주의력 초점을 좁혀 손에 잡힌 업무에 집중하도록 하고 일을 더욱 효율적으로 처리할 수 있도록 지원하는 부분이다.
- **의식**: 자신의 내부 및 외부 환경에서 벌어지는 일들을 의식하게 된다는 의미다. 이는 일을 더욱 유념해서 의식적으로 처리하는 데 도움이 된다.

이들 세 부분이 결합되어 전체적인 주의력 근육을 형성한다. 그
때문에 주의력 근육을 단련하는 일은 이 세 가지 모두를 강화하는
것과 관련되어 있다.

속도를 늦추고 의식적으로 일하기

19

디지털 단식하기

스마트폰의 새 문자 알림 메시지를 꺼두는 것처럼 집중을 방해하는 요인을 미리 대처하면 주의력을 잠식하는 불청객들을 피할 수 있다. 생각이 흐트러진 뒤 다시 업무에 집중하기까지는 약 25분이나 걸린다.

집중력 거품 터뜨리기

매일 목표 설정하기부터 업무 표면화하기, 삶을 핫스팟의 집합체로 보는 관점 그리고 생각이 방랑할 수 있는 공간 창출까지. 이 모든 기법들을 통해 우리는 일과 삶을 더욱 명료하게 보는 동시에 매일 중요한 일에 매진할 수 있다. 하지만 산만함을 불러일으키는 요인이 전적으로 자신의 내부에만 있는 것은 아니다. 주의력 근육을 개발하는 것이 중요한 만큼 집중과 생산성을 방해하는 외부 요인들로부터 이를 보호하는 것도 중요하다.

스마트폰을 하루 1시간만 사용하기 시작한 뒤 나는 정신적 명료함이 훨씬 높아졌을 뿐 아니라 산만해지는 일이 대폭 줄어들었다는 사실을 깨달았다. 업무가 얼마나 복잡하든 상관없이 나는 끊임없이 주의가 흐트러지는 일 없이 처리 중인 일에 깊이 몰입할 수 있었다. 업무에서 이탈한 주의력을 되찾아 다시 집중하는 행위를 거듭할 필요가 없었기 때문이다.

실험 전에는 새로 들어온 문자 혹은 그 밖의 방해 요인이 내면적으로 만들어내는 집중력 거품을 즉각적으로 터뜨렸다. 그 때문에 업무에 복귀하기까지 엄청난 시간이 걸렸다. 더 많은 주의력을 요하는 업무일수록 방해 요인으로부터 회복되기까지 더 오랜 시간이 걸렸다. 불필요한 알림 경보가 소모하는 시간은 그리 많지 않을 수도 있지만 이들은 엄청난 주의력을 허비한다. 새로운 이메일이나 스마트폰 문자, 트위터나 페이스북 알림이 들어올 때마다 주의력이 떨어진다. 이건 매우 큰 생산성 손실이다. 특히 복잡한 일을 처리하고 있을 때일수록 생산성 손실이 크다.

시간경제시대에서 지식경제시대로 전환한 이후 우리는 시간과 함께 주의력을 급여와 교환하는데 여기에는 사무실 바깥에 있는 시간까지 포함된다. 내가 일했던 모든 '나인 투 식스' 직장에서는 노트북을 지급했는데, 이 때문에 업무를 집으로 가져올 수 있었다. 으레 그럴 거라고 짐작하기도 했었다.

공장 생산 라인에서 일하는 경우 하루 업무를 마치고 귀가한 뒤에는 주의력 납치꾼들이 좀처럼 나타나지 않는다. 퇴근 기록부에 서명하고 나면 주의력은 온전히 자신의 것이었지만 그 외의 상황은 그 반대다. 업무에서 한시도 분리될 수 없는 상황에서는 직장에서나 가정에서나 방해 요인으로부터 주의력을 보호할 때 막대한 수익을 거둘 수 있다.

우리는 알고 있는 것보다 더 많이 방해받고 있을 확률이 높다.[3] 주의력을 방해하는 요인은 우리 업무에 자연스럽게 섞여 들기 때문에 매번 알아차리기란 매우 어려운 일이다. 하지만 컴퓨터 사용량 분석 프로그램인 레스큐타임RescueTime에 따르면 평균적인 지식 노동자들은 이메일을 하루에만 50번에 걸쳐 열어보고, 인스턴트 메시지는 하루에 77번이나 사용하는 것으로 나타났다.

리서치회사인 바섹스는 이메일이나 인스턴트 메시지와 같이 불필요한 방해 요인이 매년 미국 경제에서 6500억 달러에 달하는 생산성을 훼손시킨다고 주장했다. 지식경제시대에 우리의 주의력이 상당한 가치를 갖는 것은 분명한 사실이다.[4]

그뿐 아니라 바섹스에 따르면 방해 요인과 회복 과정으로 인해 소모되는 시간이 근로자의 하루 중 28퍼센트에 이른다.[5] 캘리포니아대학의 주의력 연구가인 글로리아 마크Gloria Mark가 밝혀낸 것처럼 각 근로자는 방해 요인에 의해 산만해지는 시점까지 프로젝트를 처리한 시간이 11분밖에 되지 않았다.[6] 평균적인 근로자들이 원래 업무에 복귀하는 데는 25분이 걸렸다. 이메일이나 인스턴트 메시지와 같은 의미 없는 방해 요인에 붙들리는 데서 발생하는 비용은 실로 어마어마하다.

스마트폰 실험 후에 나는 주의력을 보호하기 위해 매우 확실한 방법을 취했다. 스마트폰과 컴퓨터의 모든 알람들을 빠짐없이 차단해버린 것이다. 그랬더니 누군가가 문자를 보내거나 혹은 트위터나 이메일로 연락할 때 더 이상 주의력이 흐트러지지 않고 업무에 집중할 수 있었다. 새로운 정보를 내 자체적인 스케줄과 방식에 따라 관리할 수도 있게 됐다.

많은 사람들은 스마트폰이나 컴퓨터, 그 밖의 기기들이 온종일 자신들을 훼방하는 사람들의 편의가 아니라 자기 자신의 편의를 위한 물건이라는 사실을 잊고 있다. 나는 시계가 없기 때문에 1시간에 몇 번씩 시간을 확인하기 위해 주머니에서 스마트폰을 꺼낸다.

디지털 단식하기

바로 이때 중요한 일을 처리하는 과정에 훼방할 각종 알람들을 관리한다. 내 컴퓨터 역시 어떤 알람도 보내지 않기 때문에 이 부분도 미리 정해둔 시간에 처리한다.

내가 유일하게 방해를 받는 시간은 개인적으로 누군가가 찾아올 때나 전화가 걸려올 때, 아니면 회의 시작 전에 이를 알리는 알람을 받을 때다. 이런 방해 요인들은 오히려 내게 가치 있는 것들이고 장기적으로 보면 시간을 절약하는 방법이다.

우리가 어떤 것도 기억할 수 없는 이유

디지털 기기의 알람들을 모두 꺼버리고 인터넷을 차단한 뒤로 한 가지 신기한 일이 발생했다. 내가 훨씬 더 많은 것들을 기억하기 시작했다는 것이다.

많은 생산성 기법들의 특이한 점은 매일 더 많은 것들을 성취하도록 하면서 덜 생산적이라는 느낌이 들게 한다는 사실이다. 업무에서 한발 물러나 계획을 세우고 일정을 줄이고 인터넷을 차단하는 등의 기법들은 모두 더 많은 일을 할 수 있는 여건을 조성한다. 하지만 이들 기법은 일을 끝마쳤다는 자극적인 측면이 적어 실제만큼 성취하지 않고 있다는 착각을 불러일으킨다.

방해 요인들을 제거하는 것도 마찬가지다. 방해 요인(그리고 멀티태스킹)에 관한 대다수 연구들은 이것들이 생산성을 해친다는 사실을 보여주지만 우리의 변연계는 반대로 얘기한다. 일을 미룰 때처럼 방해받고 있다는 사실도 알아차리기 힘들다. 하지만 하루를 마무리하는 시점에 모든 결과물들이 주의력을 잠식하는 것들을 무력화할 때 성취한 일이 더 많아진다는 사실을 입증해줄 것이다. 특히 대부분의 방해 요인들이 25분이나 생산성을 빼앗아간다는 사실을 인식한다면 이들이 얼마나 해로운 것인지 즉각적으로 이해할 수 있다.

그러나 끊임없이 자극받고 산만해지는 데서도 동일하게 큰 비용이 발생한다. 한 가지 사안에서 다른 것으로 자신의 주의력 초점을 거듭해서 옮길 때 뇌는 과부하가 걸린다. 그리고 과부하가 걸린 뇌는 (기억을 관장하는)해마에서 기계적인 암기를 담당하는 뇌의 다른 영역으로 작동을 전환한다.[7] 이 때문에 새로운 업무를 익히거나 방해받기 전에 했던 일을 기억해내기 어려워진다.

니컬러스 카는 자신의 책에서 딱 들어맞는 비유를 들며 이런 효과를 설명했다. "골무를 이용해 욕조에 물을 채운다고 상상해보라. 이것은 정보를 작동 기억에서 장기 기억으로 이전하는 것과 같은 도전이다. (……) 우리가 책을 읽을 때 정보의 수도꼭지는 수도관에서 물방울이 똑똑 떨어지듯 꾸준히 정보를 한 방울씩 공급한다. 이를 통해 우리는 독서의 속도를 통제할 수 있다."

독서하는 사이 우리는 골무 하나를 채울 만한 극소량의 정보를 작동 기억에서 장기 기억으로 한 번에 하나씩 이전시키는 셈이다. 인터넷에 연결된 기기들을 사용할 때는 반대 현상이 일어난다. 이때 우리는 변연계에 기분 좋은 기류의 산만함을 쏟아내고, 이는 우리의 뇌에 과부하를 걸어 작동 기억에서 장기 기억으로의 정보 이동을 어렵게 한다.

아침에 잠에서 깨는 순간부터 저녁에 취침하는 시간까지 우리는 플러그인 상태다. 우리의 집중력을 잠식하고 주의력 근육을 약화시키며 기억력을 떨어뜨리는 주의력 납치꾼의 기류와 계속 연결되어 있다. 기억을 보호하는 것은 직장에서 주의력을 잠식하는 것들을 최대한 무력화시켜야 하는 또 다른 이유다.

솔직히 고백하자면 내 경험에 비춰볼 때 기기들과 단절하는 것은 매우 힘들 수 있다. 특히 방해 요인에 의해 끊임없이 자극을 받는 데 익숙해진 후에는 더욱 어렵다. 1년 과정의 생산성 실험이 마무리됐을 때 나 역시도 완벽과는 거리가 멀었다. 스마트폰 사용 제한 실험을 마치고 거의 모든 알람들을 꺼둔 뒤에도 나는 끊임없이 새로운 메시지를 확인하고 싶은 충동에 빠졌다. 하지만 새로운 운동 요법을 시작할 때와 마찬가지로 주의력을 잠식하는 것들로부터 정기적으로 보호하면서 처음에는 약했던 내 주의력 근육이 점차 강화됐다.

죽는 순간 당신은 이메일에 파묻혔던 상황이 아니라 그동안 성취한 멋지고 의미 있는 것들을 만족스러운 마음으로 돌이켜보게 될 것이다. 주의력 근육을 방해 요인들로부터 보호하면 추가적인 주의력과 집중력이 생겨나 업무에 더욱 깊이 몰입하는 한편 더 효율적으로 일하고 더 나아가 보다 생산적이게 될 것이다.*

- 산만함에 대해 잠시 얘기하자면 이렇다. 주변의 산만함(방해 요인이나 주의력을 잠식하는 것이 아니라 실제로 산만함)을 다스리기 위해 내가 선호하는 방법은 이른바 '20초 원칙'을 이용하는 것이다. 《행복의 특권 The Happiness Advantage》의 저자인 숀 아처Shawn Achor와 같은 낙관적인 심리학자들은 산만함을 저지하고 주변에서 몰아내는 데 20초면 충분하며, 이 원칙을 이용해 이점을 얻을 수 있다고 말한다.[8] 프로젝트 과정에서 나는 부정적인 산만함을 20초 이상 몰아내는 실험을 실시해 큰 성공을 거뒀다. 예를 들어 몸에 해로운 과자를 20초 이상 일하는 장소에서 다 치우자 그 즉시 충동적인 군것질이 멈추었다. 또 다른 사례로는, 이메일 고객들을 중첩 폴더에 두고 이들에게 접근하는 시간을 20초 이상 걸리도록 한 것과 서류 캐비닛을 책상 바로 옆에 둬 파일을 정리하는 데 20초 이상 걸리지 않도록 한 것을 들 수 있다. 또 디저트를 냉장고 맨 아래 칸에 보관하거나 업무 중에 스마트폰을 다른 방에 두는 것 그리고 인터넷을 차단하거나 소셜미디어 패스워드를 30개 문자로 복잡하게 만드는 것도 20초 원칙의 본보기에 해당한다.

디지털 단식하기

잠재적으로 당신은 매일 잃어버린 생산적 시간을 되찾게 될 것이다. 더 이상 쏟아지는 경보나 알림 메시지로 인해 방해받지 않을 것이기 때문이다. 훨씬 더 많은 것을 기억하고 일에 더 깊이 몰입할 수도 있을 것이다.

* 에너지 및 집중력은 얼마나 기기에 능통한가에 따라 다르지만 대체로 비슷하다.
  알람 기능들을 찾아내는 것은 무척 쉽다.

에너지 및 집중력   가치   재미

모든 방해 요인들이 25분 가까이 생산성 손실을 일으키기 때문에 이들을 다스리는 것은 중요한 일이다. 당신은 스스로 인식하는 것보다 훨씬 많은 방해를 받고 있다. 하지만 다행히도 당신이 가진 모든 기기에는 알람 기능을 줄이거나 없앨 수 있도록 설정되어 있다.

이번 과제는 스마트폰과 데스크탑, 태블릿 PC, 스마트워치, 그 밖의 모든 기기들의 설정을 열어 알람 기능을 모두 끄라는 것이다. 윙윙거리는 소리와 삑삑거리는 호출 신호, 경보 박스, 그 밖에 하루 동안 주의력을 떨어뜨릴 수 있는 모든 것들을 차단하라.

특히 생물학적 황금 시간대에 주의력을 각별히 보호해야 한다. 사무실 문을 닫고 싶지만, 그렇더라도 사람들이 접근 가능해야 한다면 생물학적 황금 시간대만큼이라도 차단해 친구나 직장 동료의 출입을 통제하는 것이 최선이다. 어떤 방해 요인이든 25분에 이르는 생산성을 잃어버려도 될 만한 가치가 없는 것이라면 주변에 둘 필요가 없다.

방해 요인을 차단하기 위해 조율하는 사이 처음에는 변연계의 자극제 차단으로 인한 상실감이 꽤나 클 것이다. 또 뇌가 예전만큼 자극을 받지 않기 때문에 생산성이 떨어진다고 느낄 수도 있다. 하지만 하루를 마칠 때 자신이 처리한 훌륭한 일을 상기하는 것은 말할 것도 없고, 의미 있고 중요한 일을 하기 위한 주의력을 훨씬 더 많이 갖게 될 것이다. 생산성에 관한 한 이것이 핵심이다.

20

한 번에
한 가지만 하기

예상 소요 시간 14분 30초

싱글태스킹은 산만한 생각을 다스리기 위한 최선의 방법 중 하나다. 주의력을 강화하고 처리 중인 업무 주변에 더 많은 사고 공간을 창출하기 때문이다. 기억력을 향상시키는 데도 효과적이다. 헬스장에서 운동할 때 신체 근육이 발달하는 것처럼 선택한 업무에 집중할수록 주의력이 강화되는 것으로 밝혀졌다.

멀티태스커의 특전

이제까지 설명한 내용 중 이번 절과 관련된 몇 가지 개념을 소개한다.

- 뭔가를 성취하는 것이 없다면 분주함은 게으름과 전혀 다를 바 없다.
- 생산성은 얼마나 바쁜가, 혹은 얼마나 효율적인가의 문제가 아니라 얼마나 많은 것을 성취하는가의 문제다.
- 단지 생산적이라 느낀다고 해서 실제로 생산적인 것은 아니다. 대개 반대의 경우도 성립한다.

이 개념들은 매우 심오한 진리를 담고 있기 때문에 여러 번 반복할 만한 가치가 충분하다. 멀티태스킹과 관해서는 특히 그렇다. 여기에 멀티태스킹에 관한 가장 믿기지 않는 사실이 숨어 있기 때문이다.

거의 모든 연구 결과에 따르면 멀티태스킹이 생산성에 재앙을 일으키는 것으로 드러났지만 사람들은 모두 여기에 사활을 건다. 그 이유가 무엇일까? 기분이 끝내주기 때문이다.

프로젝트를 진행하면서 내가 접했던 많은 책들이 멀티태스킹이 생산성에 얼마나 해로운가를 보여주었고 멀티태스킹에 관한 거의 모든 연구가 이를 입증했다. 하지만 한 번에 한 가지 이상의 일을 할 때 얻을 수 있는 특전에 대해 한번 얘기해보자.

이들 연구는 멀티태스킹이 환상적인 느낌을 가져다준다는 점을 간과하고 있을지 모른다. 생산성에 관한 많은 책들이 놓치는 것도 바로 이 점이다. 우리가 내리는 모든 결정들이 완벽하게 이성적이라면 그리고 우리의 전두엽 피질이 매번 예외 없이 변연계를 압도한다면 우리에게 이 책은 필요 없다. 하지만 우리가 생각하고 느끼고 사랑하고 숨 쉬는 인간이라는 사실이 싱글태스킹 같은 생산성 기법을 적용하기 어렵게 한다. 한 번에 여러 가지 업무를 처리할 때 일이 훨씬 더 재미있고 고무적이다. 멀티태스킹이 예외 없이 성취감을 떨어뜨릴 때도 마찬가지다.

프로젝트를 시작하고 처음 얼마간 나는 멀티태스킹에 관한 연구를 애써 무시했다. 그와 관련된 내용을 듣고 싶지 않았다. 목표한 것을 성취한 날이면 최고로 집중하지 않았더라도 거의 매번 변연계를 자극하는 산만함의 바다에서 신나게 놀았다. 멀티태스킹이 단순히 생산성에 관한 환상을 불러일으킨다는 사실을 알고 있었지만 그로 인해 업무가 훨씬 더 재미있어졌고, 한 번에 한 가지 일만 했을 때는 뭔가를 놓치고 있는 듯한 느낌마저 들었다.

프로젝트를 시작할 무렵 싱글태스킹에 관한 실험을 계획했지만 이를 상당 기간 보류하고 있었다. 실험 아이디어에 대해 반감이 생겼기 때문이다. 한 번에 한 가지 일을 했을 때는 더 바빠질수록 더 깊은 자책감에 빠져들었고 그로 인해 실험이 더욱 두려워졌다. 나는 계속되는 산만함의 기류에 중독됐고, 멀티태스킹은 취미가 돼 버렸다.

멀티태스킹은 습관이다

습관은 매우 강력한 개념이다. 만약 습관이라는 것이 없었다면 그리고 우리가 삶의 많은 측면들을 아무 생각 없이 습관적으로 해치운다는 사실이 성립하지 않는다면, 우리는 세상에서 제 역할을 하지 못했을 것이다.

연구에 따르면 우리가 하는 행위의 40~45퍼센트는 습관적으로 일어나는 것으로 나타났다. 많은 경우 이는 이로운 일이지만 어떤 습관은 역효과를 낸다. 너무 늦게 자거나 TV 프로그램을 연달아 보거나 흡연이나 과식 등의 행위는 다분히 습관적이며 흔히 부작용을 일으킨다.

프로젝트 과정에서 나는 찰스 두히그와 대화를 나눌 기회를 가졌다. 그는 연구와 실험 과정에서 습관은 매우 단순하며, 모든 습관은 세 부분으로 구성된다는 사실을 밝혀냈다. 신호와 규칙성, 보상이 습관을 이루는 세 요소다. "먼저 신호가 자동적인 행동에 발동이 걸리게끔 하죠. 이어 규칙성은 행위 그 자체이고 마지막으로 보상이 따르죠." 예를 들어 당신이 아침에 잠에서 깰 때(신호) 즉각적으로 스마트폰을 집어 들고 갖가지 앱들을 배회하고 다니는데(규칙성), 이 같은 행위는 당신이 세상과 연결되고 그 흐름을 따라잡고 있는 듯한 느낌을 준다(보상). 혹은 성가신 업무에 집중하려 할 때(신호) 습관적으로 이메일을 열고(규칙성) 일을 미루고 있는데도 계속해서 생산적이라는 느낌을 준다(보상).

습관적인 행위를 많이 할수록 습관은 더욱 강력해진다. 신경학적 차원에서 습관은 단순히 자신의 환경에서 신호에 대한 반응을 일으키는 뇌의 경로다. 두히그가 설명하는 것처럼 "신호와 행위, 보상이 신경학적으로 한데 결합될 때, 실제로 일어나는 일은 신경회로가 개발되어 뇌 속에서 이 세 가지를 연결하는 것이다". 신경심리학의 창시자인 심리학자 도널드 헵Donald Hebb은 이렇게 표현한다. "함께 작동하고 함께 연결되는 세포들."[9] 스마트폰과 멀티태스킹을 하는 다른 기기들은 당신에게는 사실상 보이지 않는다. 그것들을 별다른 생각 없이 습관적으로 사용하거나 혹은 주변 환경에 내재된 신호에 반응하는 데 사용되기 때문이다. 이런 개념 역시 긍정적으로 작용한다. 습관은 프로젝트 과정에서 내게 새로운 운동과 식이요법에 익숙해지게 만들기도 했다. (이에 대해서는 다음 절에서 다루기로 한다.)

두히그에 따르면 습관의 도화선이 되는 신호는 다섯 가지 범주 중 하나에 포함된다. 하루 중 특정 시간대, 장소, 감정, 현재 주위에 있는 특정인, 일상화된 선제 행위가 그것이다. 생산적인 하루 일과를 보내는 일이 큰 힘을 발휘하는 것은 이 때문이다. 일과에 따라 당신은 매일 같은 일을 하고, 일상이 진정으로 보람된다고 확신하면 시간이 지나 저절로 습관이 될 때까지 계속해서 뇌의 신경회로를 확고하게 한다.

습관이 강력한 이유는 뇌가 각각의 신경회로가 끝나는 지점에서 보상과 함께 쾌락을 전달하는 화학물질인 도파민을 분비하기 때문이다.[10] 장기적으로 이런 신경회로를 더 자주 점화시킬수록 당신은 습관을 구성하는 신호, 일상 그리고 보상에 더욱 강력하게 연결된다. 뇌가 사족을 못 쓰는 도파민과 습관의 세 요소를 연결하는 회로를 강화하기 때문이다. 이른바 '소망길'을 반복적으로 걷는 것과 마찬가지로 이는 당신의 신경회로를 더욱 깊고 넓게, 강력하게 만든다.

멀티태스킹은 습관이다. 자신의 선택에 따라 의식적으로 행하는 것이 아니다. 하루 동안 스마트폰을 집에 두고 거리를 걸어 다니면 마치 스마트폰이 주머니에 있는 것처럼 다리에서 진동이 느껴지거나 손이 저절로 주머니로 향할 것이다. 습관은 가장 기본적인 형태로 볼 때 뇌에 내재된 신경회로이기 때문에 하룻밤 사이에 깨뜨리기란 불가능하다. 멀티태스킹도 마찬가지다. 뇌가 여기에 익숙해지면 하룻밤 사이에 멀티태스킹에서 싱글태스킹으로 이동하기란 불가능하다. 멀티태스킹은 장시간에 걸쳐 조금씩 깨뜨려야 한다.

한 번에 한 가지만 하기

도파민 중독

연구에 따르면 한 번에 한 가지 이상의 일을 처리하면 뇌에서 끊임없이 도파민이 나온다. 신경학적으로 말하면 한 번에 한 가지 업무를 처리할 때보다 여러 가지 일을 할 때 뇌가 더 많은 보상을 준다. 신경학자인 대니얼 레비틴은 이렇게 설명한다. "멀티태스킹은 도파민에 중독된 피드백 회로를 만들어내고, 끊임없이 외부 자극제를 찾으려다 집중력을 상실한 뇌에 효과적인 보상을 주는 것이다."[11]

그런데 멀티태스킹의 유혹을 욕망하는 것은 단순히 우리의 변연계가 아니다. 레비틴에 따르면 문제를 더욱 악화시키는 것은, 전두엽 피질이 새로운 것에 대한 편향을 갖고 있다는 점이다. 즉 전두엽 피질은 뭔가 새로운 것에 쉽게 주의를 빼앗길 수 있다. 어린아이나 강아지 그리고 고양이의 주의를 끌기 위해 예로부터 반짝거리는 물체를 사용하는 것은 이 같은 이치다. 당신의 뇌 중 어느 부분도 안전하지 않다.

대청소의 날과 같이 사소한 일을 하면서 주의력을 아껴두지 않는 한 뇌는 한 번에 한 가지 이상의 일을 처리하도록 설계되지 않았다. 사실, 뇌는 동시에 두 가지 일에 집중하지 못하고 두 가지 일 사이를 빛의 속도로 오갈 뿐이다.[12] 이는 한 번에 한 가지 이상의 일을 하고 있다는 환상을 일으킨다.

멀티태스킹과 관련해 굉장히 높은 점수를 받아야 할 연구는 스탠퍼드대학의 에얄 오피르Eyal Ophir, 클리퍼드 나스Clifford Nass 그리고 앤서니 와그너Anthony Wagner가 실시한 것이다.[13] 연구의 발단이 된 일반 조사에서 이들은 사람들이 한 번에 두 가지 일을 동시에 처리하지 못한다는 사실을 규명했다. 그렇다면 극심한 멀티태스커들을 더욱 생산적이게 하는 요인이 무엇인지 그 진상을 밝혀내고자 했다.

연구진은 먼저 멀티태스커들이 엉뚱한 정보를 다른 사람들보다 더 쉽게 무시하는지 여부를 시험했는데, 결과는 그렇지 않은 것으로 나타났다. 가설이 성립하지 않는 것으로 드러나자 연구진은 멀티태스커들이 정보를 더 잘 저장하고 정돈하는지 그리고 더 뛰어난 기억력을 가졌는지 시험했다. 모두 아니었다. 적잖게 당황한 연구진은 세 번째 실험을 실시했다. 멀티태스커들이 여러 업무를 잘 오가는 특기를 가졌는지 살펴보는 것이었다. 결과는 그렇지 않았을 뿐 아니라 멀티태스킹의 정도가 가벼운 이들이 극심한 이들보다 더 뛰어난 것으로 드러나면서 연구진을 더욱 당혹스럽게 했다.

오피르는 이렇게 설명한다. "멀티태스커들이 어떤 점에서 더 뛰어난가를 지속적으로 찾아봤지만 아무런 근거도 찾을 수 없었다."[14] 멀티태스커들은 자신들이 일을 더 잘한다고 여긴다. 그들의 뇌가 더 많이 자극을 받기 때문이다. 하지만 모든 연구에서 이들의 업무 처리는 오히려 더 형편없는 것으로 밝혀졌다.

멀티태스킹은 생산성을 떨어뜨린다. 여러 가지 일을 한꺼번에 하면 실수가 잦게 마련이고, 업무에 대한 스트레스가 높아지는 한편 여러 업무를 오가는 사이에 시간과 주의력을 소모하는 탓에 업무 처리가 더 오래 걸리기 때문이다. 심지어 기억력에도 영향을 미친다. 쇄도하는 방해 요인과 산만함에 압도될 때처럼 멀티태스킹도 뇌에 과부하를 일으킨다. 이런 이유로 스마트폰이나 태블릿 PC로 TV나 영화를 볼 때 많은 것을 기억하지 못하는 것이다. 멀티태스킹은 따분함, 근심 그리고 우울함을 더 많이 겪게 한다.[15]

과거 한자리에서 가장 많은 것을 성취했을 때를 돌이켜보면 아마 당신은 한 번에 여러 가지에 매달리지 않았을 것이다. 굉장한 집중력을 단 한 가지 일에 쏟으며 일했을 가능성이 높다. 여러 가지 일을 한꺼번에 처리한다면 수박 겉핥기를 하고 있는 것이다. 주의력이 여러 방향으로 분산된 나머지 처리해야 할 일 중 어느 한 가지에도 제대로 몰입할 수 없다. 뇌가 업무 시간 중 47퍼센트를 방랑하는 것은 어찌 보면 당연한 일이다. 반면에 한 번에 한 가지 일만 할 때는 마땅히 쏟아야 하는 만큼 집중력을 투입하게 된다.

딱 한 가지만 하기

싱글태스킹이 말처럼 쉬운 일은 아니다. 숫자를 계산하는 것이나 이케아 가구를 조립하는 일처럼 싱글태스킹은 이론적으로는 완벽하게 작동하지만 실제로 해내기란 지극히 어렵다.

내 경험에 비춰볼 때 싱글태스킹이 우리를 더욱 생산적이게 하는 이유는 일반적으로 처리 중인 업무를 단순화할 때 생산성이 높아지는 이유와 같다. 업무와 프로젝트, 맡고 있는 책무를 단순화하면 시간과 주의력과 에너지를 더 적은 일에 할당하게 된다. 뿐만 아니라 이들 세 가지 모두를 처리 중인 업무에 더 많이 쏟아내게 된다. 한 번에 한 가지 일을 할 때도 같은 논리가 성립한다. 이때 시간과 주의력과 에너지를 모두 단 한 가지에 투입하며 이에 따라 같은 시간에 더 많은 것을 성취하게 된다.

프로젝트 과정에서 싱글태스킹으로 실험하는 사이 나는 빈번하게 절제력을 상실한 채 한 번에 더 많은 것을 해치우려 나섰다. 내가 찾아낸 최고의 해결책은 작게, 아주 작게 시작하는 것이다. 처음에 나는 타이머를 맞춰놓고 짧은 시간 동안, 예를 들어 20분 정도 싱글태스킹에 집중했다. 주의력 근육이 강화되기 시작하면서 차츰 시간을 늘렸다. 프로젝트를 끝마치는 시점에는 하루 종일 한 번에 한 가지 일에만 집중했다. 이 책에서 언급한 다른 기법과 마찬가지로 내가 완벽하게 해냈다고 하면 거짓말이지만 매주 진전을 이루어냈다.

오랜 시간 동안 방랑하는 생각을 밀쳐내고 계속해서 가장 중요한 일로 주의력을 되돌리면 굉장한 일이 벌어진다. 업무에 주의를 집중하는 능력이 강화된다. 조사에 따르면 생각이 흐트러진 뒤 업무에 다시 집중하려는 의식적인 노력을 거듭할 때, 전두엽 피질이 변연계에 대해 가진 힘과 뇌가 가진 통제력을 이용해 장기적으로 실행 통제력을 강화하게 된다. 한 가지 업무에 주의력을 집중할 때 이 습관이 강화되고, 시간이 흐를수록 더욱 견고해진다. 방해 요인들과 산만함을 애초에 의식적으로 막아낼 때 그런 경향이 두드러진다. 업무에 몰입하는 주의력을 53퍼센트에서 80퍼센트 혹은 90퍼센트로 끌어올리는 것은 하룻밤 사이에 일어나는 과정이 아니다. 하지만 노력할 가치가 있으며 대단한 결실을 거둘 수 있다. 무엇보다 주의력을 집중한 일이 자신에게 가장 중요한 업무일 때 효과가 높다.

실제로 싱글태스킹을 적용하고 주의력 근육을 개발하는 데 내가 즐겨 쓰는 몇 가지 방법을 소개한다.

● **포모도로 기법**: 시간 관리 방법 중에 '포모도로 기법pomo-doro technique'
 이 있다. 부엌용 타이머에서 따온 이름인데, 짧은 시간 집중하고 잠깐
 쉬는 것을 반복하는 식으로 시간을 관리하는 방법이다. 이를테면 2시
 간 동안 집중해서 일을 해야 한다면 25분 동안 업무에 집중하고, 5분
 마다 휴식 시간을 갖는 것이다. 포모도로 기법은 업무의 크기에 따라
 싱글태스킹을 시도하는 데 가장 효과적인 방법 중 하나다.

● **회의 중**: 회의가 진행되는 사이 이메일이나 문자를 확인해서는 절대

안 되며 가급적 회의하는 데 주의를 집중해야 한다. 다른 일에 관심이 분산될 때마다 회의로 다시 주의를 돌리면 주의력 근육이 단련된다. 다른 일에 대한 생각에서 벗어날 수 없다면 왜 회의를 하자는 데 동의 했는지 생각해보라.

- **듣기**: 다른 사람의 이야기를 적극적으로 들을 때 다음에 할 말이나 혹은 다른 일들에 주의를 빼앗기지 않고 대화에 온전하게 집중할 수 있다. 진행 중인 대화로 주의를 돌릴 때마다 주의력 근육이 단련된다. 이 기법은 연습이 필요하지만 어느 정도 시간이 지나면 주의력을 관리하고 관계를 발전시키는 데 도움이 된다. 프로젝트 과정에서 적극적인 듣기 실험을 진행하면서 내가 주의를 기울여 대화에 온전히 몰입했을 때 대다수 사람들이 고마워했다. 누군가와 만날 때 내가 가장 먼저 하는 일 중 하나는 스마트폰을 완전히 끄고, 눈앞의 대화에 전념할 수 있는 여건을 조성하는 것이다. 이는 꼭 생산성이 아니더라도 인간관계에 큰 효과를 낼 것이다.

- **읽기**: 지금 읽고 있는 페이지에 최대한 주의를 집중하라. 생각이 떠돌기 시작하면 이를 인식하고 주의를 돌려 주의력 근육을 단련하라. 아울러 마음에 근심이 생기거나 혹은 읽고 있는 페이지를 다 읽기 전에 다음 페이지로 넘어가려는 것처럼 생각이 앞설 때 이를 인식하라.

- **먹기**: 단순히 몇 분 동안 타이머를 맞추고 조용한 곳에서 음료나 음식을 들고 앉아서 먹는 것의 향미와 질감에 집중해보라. (뭔가 맛있는 것을 손에 쥐었을 때 이번 실험은 훨씬 더 재미있다.) 독서할 때와 마찬가지

로 생각이 앞서가지 않도록 유념해야 한다. 입안의 음식물을 넘기기 전에 한 입 더 베어 물 생각이나 실제 행위를 차단하라는 의미다. 생각이 얼마나 자주 방랑하는지, 속도를 늦춰 음미하며 먹을 때 음식이 얼마나 맛있는지 새삼 깨닫게 될 것이다. (이 실험으로 더 큰 재미를 맛보고 싶다면 먹는 속도를 두 배 늦춰라. 두 배 오래 즐기게 될 것이다.)

이 기법의 관건은 생각이 떠돌 때 손에 잡힌 업무로 주의를 돌리는 것이다. 떠도는 생각과 업무를 재결합할 때마다 그만큼 주의력 근육이 강해지고, 생각에 대한 통제력을 높여 이후에 방황하지 못하도록 차단할 수 있다. 이는 쉬운 일이 아니다. 작게 시작할 것을 권한 것도 이 때문이다. 하지만 공들일 만한 가치가 큰 일이다.

나는 싱글태스킹이 이 밖에도 많은 이점을 지녔다는 사실을 발견했다. 한 번에 한 가지만 일하고 더욱 느리고 의식적인 형태로 업무를 처리하면서 나는 처리 중인 업무와 저절로 생긴 습관, 업무 가치, 심지어 언제 일을 미루게 되는가를 훨씬 더 명확하게 인식하게 됐다. 사용 중인 기기와 앱 사이에서 정신이 오락가락하는 것이 아니라 처리 중인 업무 가치를 되새기는 기회를 가졌고, 이로 인해 나는 업무에서 한발 물러나 일을 더욱 지혜롭고 창의적으로 해내기 위한 방법을 검토했다. (조사 결과 창의적 사고는 차분하고 다급하지 않을 때 더 하기 쉬운 것으로 밝혀졌다.)[16]

싱글태스킹은 이와 함께 더욱 자애롭고 사려 깊고 행복할 수 있도록 주의력 공간을 제공했다. 나는 생산성에 투자하는 과정에서 다른 사람이나 자기 자신에게 자애로운 태도를 갖는 것을 대단히 신봉한다. 예를 들어 영향력이 낮은 업무나 프로젝트를 해치울 때 자애로운 마음은 기계적인 태도를 완화시켜준다. 한 번에 한 가지 일만 처리하는 데는 일정 부분 조정이 필요하지만 이를 통해 더 많은 일을 해낼 수 있는 동시에 더욱 인간적일 수 있다.

나는 많은 사람들이 애초에 보다 생산적이기를 원하는 것도 이 때문이라 생각한다. 업무 시간의 47퍼센트 동안 생각이 다른 곳에 가 있다는 사실을 밝혀낸 두 심리학자 매슈 킬링스워스와 대니얼 길버트는 "인간의 사고는 방황하는 사고"라고 말한다.[17] 연구에 따르면 "방황하는 사고는 불행한 사고"인 것으로 드러났다. 진화의 관점에서 볼 때 "아직 일어나지 않는 일을 생각하는 능력은 감정의 희생을 요구하는 인지의 성취다".[18] 우리에게 주어진 시간은 매우 제한되어 있다. 생산성이 중요한 것은 이 때문이다. 이는 생산성에 투자하는 과정에서 속도를 늦추고 일을 즐겨야 하는 이유이기도 하다.

싱글태스킹은 방황하는 생각을 다잡고 진행 중인 업무에 대한 주의력 공간을 확대하는 데 최선의 방법이다. 목적을 가지고 의식적으로 일하는 마지막 단계에 해당한다.

| 도전 과제 | 과제 소요 시간 15~30분 |

주의력 근육을 길러 처리 중인 업무에 더 높은 집중력을 발휘하게 될 것이다. 이로 인해 같은 시간 안에 더 많은 일을 해낼 수 있을 것이다.

에너지 및 집중력 　　가치 　　재미

내일 15~30분을 할애해 딱 한 가지 일에만 집중하라. 이 실험에 대한 흥미가 생기지 않는다면 거부감이 줄어들 때까지 싱글태스킹 시간을 줄였다가 점차 늘리도록 하라. 모든 주의력을 쏟는 대상이 업무든 전화든 대화든 아니면 책이나 음식이든 15~30분 동안 단 한 가지에만 집중하라. 중요한 업무일수록 더 많은 성과를 거두게 될 것이다.

집중을 못 한 채로 생각이 떠돌 때면(처음에는 그럴 것이다) 부드럽게 원래의 대상으로 주의를 돌려라. 스스로에게 지나치게 엄격하지 마라. 업무가 아닌 다른 일에 마음이 가 있다는 사실을 알아차릴 때 주의를 돌리는 것으로 충분하다.

이는 단순한 도전이지만, 시간이 지날수록 싱글태스킹으로 더 큰 이점을 얻게 될 것이다.

21

마음챙김과 명상을
일상화하기

 예상 소요 시간 15분 15초

마음챙김과 명상이 일상화되면 마음이 평온해지고 행복감과 집중력이 높아져
생산성이 향상될 수 있다. 명상은 상상하는 것만큼 겁낼 일이 아니다.

스스로에 대한 통제력 높이기

마음챙김mindfulness은 과장해서 소개하기 힘든 개념이다. 많은 사람이 마음챙김이나 명상이란 단어에서 인도의 가마솥더위 속에 뼈만 앙상하게 남은 요가 수행자가 몇 시간 동안 허리를 꼿꼿이 세우고 앉아 있는 모습을 떠올린다. 혹은 동굴 속에서 콩과 밥으로 연명하며 완전한 침묵을 유지하며 살아가는 불교 수도자를 연상한다. 설교를 듣는 것처럼 사람들은 마음챙김이나 명상이라는 단어를 들을 때 즉각적으로 귀를 닫아버린다. 적어도 나는 처음에 그랬다.

문제는 이런 생각들이 잘못됐다는 것이다. 마음챙김은 한 번에 한 가지 일을 의식적으로 해내는 기법이다. 명상도 이와 유사한 개념인데 단지 다른 업무에 적용하는 것이 아니라 그 자체를 실행한다는 점이 다를 뿐이다.

지금 이 순간에 더 많은 주의력 공간을 만들어 처리 중인 일에 전적으로 몰입하게 만드는 것이 마음챙김이다. 이게 전부다. 마음챙김은 자신이 하고 있는 일을 어떻게 느끼는지, 처리 중인 업무를 어떻게 생각하는지 점검하는 과정을 의미한다. 이는 미루는 습관을 극복하는 일과 같은 수많은 생산성 기법들에 중요한 부분이다.

멀티태스킹을 할 때와 같이 주의력이 사방으로 분산되면 손에 잡은 업무에 온전히 몰입하지 못하게 되어 결과적으로 생산성이 떨어진다. 마음챙김과 명상의 핵심은 스스로에 대한 통제력을 강

마음챙김과 명상을 일상화하기

화해 처리 중인 업무에 더 많은 주의력을 쏟아붓는 데 있다.

표면적으로 마음챙김과 명상은 생산성과 대립되는 개념으로 보인다. 하지만 생산성이 더 많이 더 빠르게 해치우는 것이 아니라 일을 더 지혜롭고 보다 의식적으로 처리하는 것에 관한 문제인 세상에서, 마음챙김과 명상은 그 어느 때보다 실생활에 밀착되어 있는 중요한 개념이다.

장기 목표를 위해 단기적으로 희생하기

새벽 5시 30분에 일어나 마라톤 뛰기에 선망을 갖는 것처럼 많은 사람들이 더 많은 일을 해내는 데 열의를 갖는다. 하지만 매 순간 가장 생산적인 것을 처리하는 문제에 관해서는 대개 더 많은 것을 성취하기 위해 무수히 많은 단기적 희생을 감내해야 하는 것이 현실이다.

장기적으로는 계획적이고 논리적인 전두엽 피질이 체지방 10퍼센트의 외모를 가진 부사장이 되기를 원하지만, 지금 이 순간에는 하키 게임을 하고 치즈버거를 먹고 싶어 한다. 섹시한 식스팩을 만들려면 더 잘 먹겠다는 결심 따위는 불필요하다. 몸 구석구석의 지방을 제거하려면 매일 십수 가지의 작은 희생을 치러야 한다. 이는 체중을 줄이겠다는 당초 계획보다 훨씬 어려운 일이다. 싱글태스킹을 시도하거나 더 열심히 일하려 할 때 혹은 미루는 습관을 극복하고자 할 때도 마찬가지다. 목표를 세우는 것은 멋진 일이다. 하지만 이를 성취하기 위해 십수 가지 작은 희생을 치르는 것은 흥미가 떨어지게 마련이다.

이것이 바로 생산성의 난제다. 지구촌의 거의 모든 사람이 더 많은 것을 성취하고자 하며, 올바른 방향으로 나아가기 위해 어떤 변화가 필요한지에 대해 최소한 한두 가지는 알고 있다. 하지만 지금 이 순간 목표를 달성하기 위해 필요한 것을 해내기란 쉽지 않다. (챕터 1에서 가치를 다룬 건 이 때문이다.) 자신이 이루고자 하는 변화에 가치를 부여하지 않거나 혹은 더 많은 일을 성취하는 것에 대해 근본적인 이유를 갖지 않는다면 장기적인 목표 달성을 위해 단기적으로 희생을 치러야 하는 순간에 동기를 갖지 못할 것이다.

여기서 마음챙김이란 개념이 등장한다. 마음챙김이 중요한 것은 현시점과 장기적인 관점의 가치 판단이 다르기 때문이다. 마음챙김은 습관적으로 일을 처리하는 것을 막고 늘 보다 생산적인 결정을 내리는 데 필요한 주의력 공간을 만들어준다. 기계적으로 일하고 지나치게 습관에 의존하면 전두엽 피질의 간섭으로 인해 가장 생산적인 결정을 내리는 데 필요한 주의력 공간을 충분히 확보할 수 없다. 마음챙김은 매 순간 일을 더 지혜롭고 보다 의식적으로 처리하는 데 필요한 주의력 공간을 만들어준다. 그렇더라도 단기적인 희생은 따르지만, 마음챙김과 명상은 생산성의 토대를 단단하

마음챙김과 명상을 일상화하기

게 다져주고 업무에 대한 주의력 공간을 만들어 매 순간 최선의 판
단을 내리도록 해준다.

한발 물러서기

　프로젝트 초반에 슬쩍 제쳐두었던 명상 연습을 다시 시작했을 때
나는 명상이 생산성에 가져다주는 이점을 즉각적으로 감지했다.
이런 이점 하나하나가 주의력 근육을 강화하는 데 영향을 미쳤다.

　흥미롭게도 전문 명상가들을 제외하고 내가 만난 명상 애호가들
중 일부는 미루는 습관을 연구하는 이들이었다. 이건 충분히 납득
할 만한 일이다. 주의력 근육, 즉 변연계에 대한 전두엽 피질의 통
제력을 강화하는 최고의 방법이 명상이기 때문이다. 티모시 파이
카일은 '우리의 주의력을 우리에게 가장 유용한 곳으로 인도하는'
효과적인 방법이라며 마음챙김과 명상을 극찬했다. 마음챙김과 명
상은 일을 미루게 하는 대표적인 성향인 충동을 다루는 데도 유용
한 것으로 밝혀졌다.

　명상을 다시 시작한 뒤 나는 명상이 생산성에 일으킨 변화를 즉
각적으로 감지할 수 있었다. 일례로 업무를 미루는 일이 줄었다. 주
의력 근육을 강화하는 명상과 마음챙김 덕분에 내가 어떻게 느끼
고 무엇을 생각하는가에 집중할 수 있었고, 업무에서 한발 물러나

꾸물대는 습관에 강경하게 대응할 수 있었다. 놀랍게도 충동에 대한 통제력도 향상됐다. 매일 아침 5시 30분 기상이 일상으로 정착됐는데 이후에 내가 이걸 얼마나 싫어하는지 알게 됐다.

명상과 마음챙김으로 인해 나는 매 순간 더 많은 주의력 공간을 확보해 업무에서 한발 물러나 의식적으로 일할 수 있었고, 동시에 1만 피트 상공에서 내 일과 삶을 내려다볼 수 있었다. 하루 동안의 에너지 관리도 훨씬 수월해졌다.

명상과 마음챙김은 더욱 생산적이기 위해서는 일에서 한발 물러설 필요가 있다는 깨우침을 주었다.

명상과 생산성에 관한 잘못된 통념

명상법을 본격적으로 얘기하기 전에 명상에 관한 몇 가지 잘못된 통념을 털어내는 것이 좋겠다. 나는 명상을 꺼리는 이유에 대해 많은 사람들(특히 비즈니스맨)과 얘기를 나눴다. 그런 다음 사람들이 생산성과 결부하여 명상에 관해 갖고 있는 대표적인 다섯 가지 오해를 정리했다.

1. 명상은 사람을 수동적이게 한다: 명상이 당신을 소인배로 탈바꿈시키지 않을 테니 염려할 것 없다. 오히려 명상은 난관을

마음챙김과 명상을 일상화하기

극복하는 내성을 길러주고 당신과 경험의 연결고리를 변화시킨다. 두 사람이 똑같은 것을 경험하고도 전혀 다르게 생각할 수 있다. 명상은 사물을 더욱 긍정적으로 보게 하는 동시에 회복력을 높인다.

2. 명상은 동기를 떨어뜨린다: 사실은 정반대다. 명상을 하면 목표와 그것을 추진하는 이유에 더욱 집중하게 된다. 오히려 지금 당신이 붙잡고 있는 일을 하는 이유를 분명하게 인식하게 되어 더욱 생산적이고자 하는 동기가 부여된다.

3. 명상은 일에 대해 무심하게 한다: 명상이 당신을 소극적이게 만들지 않는 것처럼 일에 대해 무심하게 만들지도 않는다. 오히려 명상을 하면 당신이 하는 일의 이면에 놓인 보다 심층적인 의미를 보게 되고 그 결과 진행 중인 일에 더 마음을 쓰게 될 것이다. 물론 이건 당신이 하는 일이 당신의 목표 가치와 맥을 같이한다고 전제할 때의 얘기다. 명상은 성취에 무심하게 하는 것이 아니라 오히려 그것에 더욱 집중하게 한다.

4. 명상은 많은 시간이 걸린다: 나는 하루에 30분씩 명상을 하지만 단 1분이라도 대단한 차이를 가져다준다. 1분 동안 할 수 있는 일은 무제한이다.

5. 명상은 너무 어려워 시작하기 힘들다: 사실은 무척 쉽다. 시작하는 방법은 다음 쪽에 정리했다.

집중력을 높이고 의식을 단련하는 최고의 방법

명상은 말도 안 되게 단순하다. 속된 말로 '멍 때린다'고 할 정도로 단순하다. 실행하는 방법은 싱글태스킹과 유사하며 크게 힘들지 않다. 싱글태스킹과 마음챙김은 뭔가 다른 일을 처리하는 과정에 적용하는 기법인데 반해 명상은 그 자체를 실행하는 행위다. 명상이 가져다주는 이점이 한층 더 응집돼 있지만 근본적으로 이들의 이점은 동일하다. 언제 어디서 실행하는지가 다를 뿐이다.

명상하는 방법은 다음과 같다.

- 산만해지거나 방해받지 않는 조용한 장소를 찾는다.
- 바르게 앉는다. 명상용 매트나 다른 소품들을 일부러 구입할 필요는 없다. 대다수 사람들이 의자 하나면 충분하다. 허리를 곧게 펴고 앉아 등의 척추가 제자리를 잡고 정돈되도록 한다. 자세가 뻣뻣해서는 곤란하다. 이완된 느낌을 갖되 정신은 기민해야 한다.
- 눈은 감아도 좋고 떠도 괜찮다. 각자 원하는 대로 하면 된다. 어느 쪽이든 정신을 맑게 유지할 수 있는 방법을 취하는 것이 중요하다. 내 경우 명상 시점이 취침 시간에 가까울수록 눈을 약간 뜨는 편이 집중하는 데 도움이 된다.
- 명상을 얼마나 오래 할 것인지 정한 다음 타이머를 맞춘다. 내 경우 명상을 더 오래 하고 싶을 때에 대비해 알람 울리는 시간을 늦춘다.

마음챙김과 명상을 일상화하기

하지만 내가 아는 대다수 사람들은 명상 알람을 짧게 잡는다. 얼마나 짧게 맞추든 정신적인 저항감을 느끼지 않는 길이로 정하면 된다.

- 편안하게 느껴지는 만큼 알람을 맞춘 뒤에는 호흡에 집중한다(5분부터 시작할 것을 권한다). 코에서부터 식도를 거쳐 폐에 이른 뒤 몸 밖으로 빠져나가기까지 호흡이 몸 안팎을 흐르는 동안 느껴지는 모든 감각을 관찰한다. 호흡을 통제하는 것이 아니라 관찰하는 것이다. 분석하거나 다른 뭔가를 하려 할 필요도 없이 그저 자연적인 리듬을 의식하는 것이다.

- 마침내 주의력 근육이 단련되기 시작한다. 자신이 뭔가 다른 것에 집중하려 한다는 사실을 감지하면(때로 1~2분의 시간이 걸리기도 한다) 다시 호흡에 의식을 집중한다. 명상하는 동안 이 행위를 여러 차례 반복해야 할 것이다. 이건 지극히 정상적인 현상이다. 이것이 바로 당신의 실행 기능을 향상시킬 것이다. 어떤 생각이나 느낌이 떠오를 때 이를 정죄하지 않는다. 고속도로를 달리는 자동차들을 보면서 지나가듯, 이런 생각과 느낌도 그냥 의식하기만 하면 된다. 정신이 산만해질 때면 인간의 정신이 처음부터 그렇게 프로그래밍이 돼 있다는 것을 기억해야 한다. 마음이 어디로 흘러갈 것인지 호기심을 갖고 명상에 접근하면 그만큼 더 많은 것을 얻을 수 있을 것이다. 나는 가끔 생각이 떠돌 때 웃음을 터뜨린다. 이건 누가 보더라도 우스꽝스러운 광경이다.

이것이 명상에 관한 전부다. 마음챙김은? 마음챙김은 단순히 말

하자면 싱글태스킹이다. 업무 주변에 주의력 공간을 만들어 자신이 느끼고 생각하는 것을 의식하도록 한다. 명상은 집중에서 나오는 마음챙김이다.

이처럼 단순하기 이를 데 없는 행위에 이토록 많은 이점이 있다는 게 믿기지 않겠지만 사실이다. 지난 10여 년간 수많은 신경학 연구를 통해 명상이 말할 수 없이 이롭다는 사실이 밝혀졌다. 적어도 생산성과 관련해 가장 핵심적인 사실은 명상이 실행 통제력을 높이는 한편 주의력 근육을 강화시킨다는 것이다.

하버드의과대학의 신경과학자인 세라 라자르Sara Lazar는 직접적 체험을 통해 이 효과를 연구했는데, 오랫동안 명상을 해온 사람들은 뇌의 후방대상피질posterior cingulate cortex 활동이 저조하다는 사실을 밝혀냈다.[19] 후방대상피질은 뇌에서 생각의 방황에 관여하는 부분이다. 라자르에 따르면 "후방대상피질을 강력하게 통제할 경우 생각이 방황할 때 이를 포착해 자연스럽게 업무로 돌리는 데 효과적이다."[20] 명상을 하면 주의력(더 나아가 뇌)에 대한 통제력을 회복하고 원하지 않을 때 생각이 방랑하는 것을 방지할 수 있다.[21]

이런 이유만으로도 명상과 마음챙김은 충분히 가치 있는 것이다. 하지만 명상을 하면 이와 더불어 적지 않은 간접적 이점을 경험할 수 있고 그 결과 명상의 가치가 두 배로 높아진다. 명상의 이점을 한 권의 책에 모두 담기에는 한계가 있을 수밖에 없다. 명상은 코르티솔의 수치를 떨어뜨리고 뇌로 유입되는 혈류량을 늘리며 뇌의 노화를 지연시킨다. 뇌에서 근육 통제와 시각, 청각, 기억력, 감정, 언어를 담당하는 부분인 회백질의 양을 늘린다. 심지어 명상이 시험 점수를 끌어올린다는 사실도 밝혀졌다. 팀에 소속돼 일한다면 마음챙김을 자주 할수록 팀의 성과가 높아진다. 신경과학의 연구로 입증된 이 모든 것들이 당신의 생산성을 높여줄 것이다.

명상 과정에서 당신은 변연계가 전두엽 피질에 선전포고하는 현상을 직접 체험하게 될 것이다. 변연계는 당신이 아주 따분한 인간이라고 일갈할 것이다. 짜증과 가책, 근심, 뒤척임······. 명상을 처음 시작할 때는 이런 변연계의 묘략에 한두 번쯤 넘어갈 수 있다. 당신의 미래에 관한 무언가나 과거에 일어났던 민망한 기억 혹은 정신 나간 공상으로 이어질 수 있다. 이건 지극히 규칙적인 흐름의 뇌 활동이다. 생각을 제자리로 돌려놓을 때마다 주의력 근육이 한 차례 더 단련된다. 미루기와의 전투를 벌일 때와 마찬가지로 뇌를 점화시키게 될 것이다.

난생처음 요가 수업에 발을 들여놓기 전에 명상이라는 단어를 듣고 관심을 끊어버렸던 나와 유사하다면, 지금 이 순간 당신의 변연계는 명상이라는 생각에 매우 저항하고 있을 것이다. 중요한 것은 바로 이 부분이 명상을 가치 있게 한다는 사실이다. 당신이 명상을 하는 1분마다 10분에 해당하는 생산성을 얻게 될 것이다. 명상을 하면 보다 깊이 집중할 수 있고 시간 낭비가 줄어든다. 더욱 의식적으로 일할 수 있고, 성과가 높은 일을 보다 쉽게 가려낼 수 있으며, 시간이 지나면서 뇌의 변연계에 저항하게 된다. 집중과 의식은 주의력 근육을 이루는 양대 축이다. 이들을 단련하는 데 싱글태스킹과 명상보다 더 나은 방법은 없다.

사소한 목표 정하기

마음챙김이나 의식적인 것과 거리가 먼 도시를 꼽으라면 나는 즉각적으로 뉴욕을 떠올린다. 적어도 내 경험상 뉴욕은 거주했던 도시들 가운데 평온함과 인내심, 마음챙김을 기준으로 최하위에 해당한다. 그런데도 샤론 셀즈버그Sharon Salzberg는 뉴욕에서 살기로 결정했다. 셀즈버그는 놀라운 여성이다. 열여섯 살까지 다섯 가정을 전전하며 산전수전을 겪은 그녀는 대학에서 아시아 철학 강의를 듣던 중 접하게 된 불교에 심취하게 됐다. 이를 계기로 셀즈버그는 인도로 건너가 명상에 깊이 천착했다.

오랜 세월이 지난 지금, 셀즈버그는 1970년대 불교와 명상을 서방에 전한 인물로 널리 알려져 있다. 인도에서 돌아온 뒤 그녀는 조지프 골드스타인Joseph Goldstein, 잭 콘필드Jack Kornfield와 함께 손잡고 통찰명상회Insight Meditation Society를 설립한 것이 발판이 됐다. 셀즈버그는 다수의 베스트셀러를 낸 작가이기도 하다.《일터에서의 진정한 행복Real Happiness at Work》에서 셀즈버그는 업무 성과나 생산성을 포기하지 않고 마음챙김을 업무에 접목하는 기법을 제시했다.

셀즈버그를 인터뷰하기 위해 나는 뉴욕 맨해튼에 있는 그녀의 아파트를 찾았다. 유니온스퀘어에서 도보로 5분 거리인 셀즈버그의 아파트는 이 세상에서 명상 전문가가 거주하리리라고 생각하기 가장 어려운 장소 중 하나였다. 그렇지만 그녀를 만나면 많은 것이 이해된다. 셀즈버그는 평범한 뉴요커와 비슷한 말투를 지녔지만 상대를 위해 이 세상 모든 시간을 할애한다는 느낌을 주었다. 또 평온하고 의식적인 생활을 하면서도 뉴욕이라는 도시의 풍조와 매우 잘 융합되어 있다. 대부분의 사람들에 비해 좀 더 의식해서 걷는다는 점을 제외하면 뉴욕이라는 도시와 완벽한 조화를 이룬다. 누구도 많은 사람들 속에서 셀즈버그를 명상 강사로 지목하지 못할 것이다.

명상과 불교에 심취해 보낸 세월에도 불구하고 셀즈버그는 오늘날 세상에서 유념하며 살아가는 것이 얼마나 어려운가에 대해 어떤 환상도 갖지 않는다. 그녀는 명상이 특정 신념과 결부돼야 한다거나 "명상을 하기 위해 꽈배기 같은 자세를 취해야 한다"고 생각하지 않는다. 사람들이 명상에 얼마나 많은 시간을 투입할 수 있는가에 대해 비현실적인 생각도 하지 않는다.

대화 도중에 셀즈버그는 머릿속을 정돈하고 일과 삶을 바라보는 시각을 완전히 바꾸는 데 하루 5~10분가량의 명상이면 충분하다는 연구 결과를 언급했다. 셀즈버그는 명상에 대해 실용적인 접근을 취한다. 그녀는 명상을 더욱 의식적으로 생활하고 자기 자신과 만나고 더 행복하게 살아가는 길로 여긴다. 깨우침을 얻겠다고 가진 것을 다 내팽개치고 수도원에 들어가 생활하는 것이 아니라는 얘기다.

대화 도중에 그녀가 언급했던 얘기 중 가장 흥미로운 대목은 마음챙김을 일상에 접목해 업무 주변에 더 많은 주의력 공간을 만들면서 사소한 목표를 정한다는 발상이었다. 사람들이 매일 마음챙김을 행하도록 도울 수 있는 방법을 고민하던 중 셀즈버그는 찰스 두히그와 같이 이미 우리의 업무 환경에 수많은 신호들이 내재돼 있다는 사실을 발견했다. 즉 규칙적으로 일어나는 각각의 일들이 마음챙김을 적용하도록 하는 도화선이 될 수 있다는 것이다. 마음챙김을 실천함으로 말미암아 잠시 시간을 갖고 업무에서 한발 물러나 호흡과 감정을 관찰하고 하루 종일 차분함을 유지할 수 있다. 예를 들어 전화벨이 세 번 울릴 때까지 그냥 두는 것만큼 단순한 일이다. 우리는 몇 초 동안 여유를 갖고 느긋하게 자기 자신과 만날 수 있다. 혹은 이메일의 '보내기' 버튼을 누르기 전 몇 초 동안 시간을 갖고 한두 번 호흡을 가다듬으며 이메일 내용을 다시 읽어본다. 아니면 다른 사무실로 이동하는 데 걸리는 시간을 이용해 단순히 걸으면서 존재감을 인지하고 빠져든다.

마음챙김을 하면 매 순간 의식적으로 일할 수 있다. 실제로 업무

마음챙김과 명상을 일상화하기

에서 한발 물러나 성취하고자 하는 일과 자신의 느낌, 고민하는 부분에 대해 생각할 수 있기 때문이다. 셀즈버그에 따르면 하루 동안 이를 행할 수 있는 기회는 무한하다. "대화를 나누기 전과 회의에 참석하기 전, 또 다른 형태의 접촉에 앞서 잠시 물러나 목적이 무엇인지 스스로를 점검해보세요. 대화를 통해 가장 원하는 것이 무엇인가요? 감정에 휘둘리는 것이 아니라 목적을 지향하는 것이죠." 마음챙김을 하면 하루 동안 사소한 목적을 정할 수 있고 하루를 마칠 때까지 축적되는 사소한 목적으로 말미암아 당신은 훨씬 더 생산적이게 된다.

생산성의 핵심은 매 순간을 의식적으로 보내는 데 있다. 즉 단순히 보편적인 측면에서가 아니라 일에서 완전히 한발 물러서는 것이다. 일을 기계적으로 할 때는 의식적인 자세를 취하거나 생산성을 통제하기가 어렵다. 틀림없이 습관이 생겨나게 되므로 상당한 주의력 공간이나 강력한 주의력 근육 없이 의식적으로 일한다는 것은 불가능하다. 마음챙김을 하면 일에서 한발 물러나 업무 주변에 주의력 공간이 생겨 더욱 의도적으로 일할 수 있다.

인터뷰 도중에 셀즈버그 뒤편의 책상 위에 놓인 스마트폰의 알람이 끊임없이 울려댔다. 알람을 끄기 위해 일어설 수도 있었지만 셀즈버그는 알람이 울릴 때마다 아무런 반응을 하지 않았다. 그녀는 대화 도중에 어떤 메시지가 들어왔는지 확인하고 싶은 생각이 없어 보였다. 1~2분에 한 번꼴로 새로운 메시지가 들어왔지만 셀즈버그는 집중력이 흐트러지지 않았다. 다음 일정을 위해 택시를 타고 이동하는 도중에도 끊임없이 알람이 울렸지만 셀즈버그는 단한 번도 주머니에서 스마트폰을 꺼내지 않았다.

셀즈버그는 마음챙김과 명상의 힘을 보여주는 대표적인 사례다. 매번 변연계를 압도할 만큼 뇌를 강력하게 훈련하는 일은 결코 쉽지 않지만 셀즈버그는 이를 해냈다. 힘겨운 성장기를 거치고 아홉 권의 베스트셀러를 집필하는 일도 물론 쉽지 않은데 셀즈버그는 이 역시 이뤄냈다. 뉴욕에서 셀즈버그만큼 사람들에게 인정을 베푸는, 혹은 생산적인 사람도 많지 않을 것이다.

마음챙김과 명상이 요가에 한정된 개념이라는 발상은 이제 설 자리를 잃었다. 시간경제에서 지식경제로 일터가 옮겨진 순간 그런 개념은 사라졌다. 가장 생산적인 사람들은 의식적으로 일하는 사람들이다. 의식적으로 일하기 위해 강력한 주의력 근육을 단련하고 방어하는 것보다 더 나은 방법은 없다.

마음챙김과 명상을 일상화하기

| 도전 과제 | 과제 소요 시간 하루 5분씩 일주일 |

싱글태스킹을 할 때보다 주의력 근육이 더 많이 단련될 것이다. 그 결과 매 순간 장기 목표를 염두에 두는 한편 더욱 의식적으로 행동하게 될 것이다.

에너지 및 집중력   가치   재미

앞으로 7일 동안 매일 5분씩 명상이나 마음챙김을 실천해서 주의력 근육을 단련하라.

뇌가 다른 도전 과제보다 더 강력하게 저항한다면 그건 지극히 정상이다. 명상과 마음챙김은 뇌의 본능적인 변연계를 압도하게끔 생각을 단련하는 방법이기 때문에 처음 명상 자세를 하고 앉으면 변연계가 전쟁을 걸어올 것이다. 하지만 방랑하는 생각을 다잡아 호흡에 집중한다면 주의력 근육이 더 단단해지고 업무를 더욱 의식적으로 처리할 수 있다.

뇌가 이런 도전 과제를 거부하는 것은 정상적인 현상이므로 놀

라지 말고 살짝 재미를 더해보자. 일단 며칠 동안 이 실험을 해보고 무슨 일이 일어나는지 관찰한다. 이후 생각과 감정이 어떻게 달라졌는가를 중점적으로 살펴보라. 5분 동안 할 수 있는 일은 무수히 많다.

아울러 지금 당장 내일 처리할 업무에 사소한 목표 한 가지를 도입해보라. 그 도화선이 회의 참석 전이나 업무 혹은 프로젝트 시작 전, 혹은 스마트폰과 이메일 확인에 앞서 성취하고 싶은 것을 의식하기 위한 간단한 일이어도 상관없다. 내일 업무에서 한발 물러나 감정과 생각, 성취하고자 하는 것을 점검하는 데 동원할 도화선을 지금 당장 생각해보라.

주의력 근육을 단련하는 것은 쉽지 않지만 바로 그 이유 때문에 이 과정이 가치를 갖는다. 뇌를 단련해 그 자체를 정복하도록 하는 것은 경이로운 일이다.

The
Productivity
Project

CHAPTER 7

에너지
재충전하기

22

작은 변화로
식습관 개선하기

점진적으로 쌓여가는 개선의 저력은 그 자체로는 대단하지 않지만 몇 주, 몇 달에 걸쳐 더해지면서 장기적으로 경탄할 만한 결과를 창출하는 데 있다. 작은 변화들이 큰 결과를 낳는다. 특히 음식과 관련해서는 더욱 그러하다.

유일하게 실패한 실험

내가 완전하고 처절하게 실패한 생산성 실험이 딱 한 가지 있다. 열흘 동안 완전히 고립된 상태로 생활하는 실험은 매우 힘들었지만 실패한 사례는 아니다. (이에 대해서는 차후에 따로 얘기할 것이다.) 내가 실패한 실험은 일주일 동안 소일렌트Soylent (실리콘밸리에서 처음 등장해 히트를 친 간편 유동식-옮긴이)만 먹는 일이었다.

소일렌트 실험에 깔린 발상은 사실 매우 훌륭했다. 소일렌트는 가루 형태의 대체식품인데, 영양학적으로 하루 동안 신체에 필요한 모든 것들이 다 들어 있다. 이 가루를 물에 풀어 하루에 몇 번씩 마시면 된다. 맛은 오트밀과 비슷한데 걸쭉한 게 그리 나쁘지 않다. 소일렌트를 먹으면 하루 동안 다른 음식은 전혀 섭취할 필요가 없다. 실험을 위해 나는 이 혼합물을 갖고 내 나름의 레시피를 만들었다. 인터넷에 있는 레시피를 그대로 따랐는데 동일한 상품명으로 식품업체가 판매한 것과 유사했다.

레시피에는 탄수화물 공급을 위한 오트밀 가루와 단백질을 보충하기 위한 콩 단백질 가루, 섬유질을 섭취하기 위한 마 가루가 들어 갔다. 여기에 맛과 탄수화물을 더하기 위한 흑설탕과 미네랄, 비타민 보충을 위한 복합 비타민, 심지어 지방 공급용으로 올리브 오일도 첨가했다. 가루를 물에 풀 때마다 나는 올리브 오일을 챙겨 넣었다.

작은 변화로 식습관 개선하기

소일렌트의 가장 큰 장점은 레시피를 수정해 각자에 맞게 필요한 영양분을 보충할 수 있다는 점이다. 단백질이 좀 더 필요한가? 레시피에서 탄수화물 대비 단백질의 비율을 높이면 된다. 겨울철에 우울증을 극복하기 위해 비타민 D가 좀 더 필요한가? 알약을 몇 개 더 갈아 넣어 레시피에 추가하는 것이 전부다.

소일렌트 실험에 깔린 발상은 최고다. 한꺼번에 대량으로 준비해두면 시간이 절약된다. 음식 준비를 위해 하던 일을 중단할 필요 없이 계속 일에 집중할 수 있어 주의력도 절약된다. 뿐만 아니라 돈도 절약된다. 실험 기간 동안 이걸로 연명하며 계산해봤더니 단백질 가루를 추가했는데도 매일 7달러 98센트밖에 들지 않았다. 단백질 가루를 더하지 않았다면 하루 식비가 채 5달러를 넘지 않았을 것이다.

음식에 대한 애착 때문에…

소일렌트를 통해 필요한 영양분은 모두 채웠지만 나의 강렬하고 변치 않는 식탐을 해소하지는 못했다. 솔직히 나는 고급스러운 레스토랑에서 먹는 만찬부터 가게에서 사다 먹는 간단한 음식까지 거의 모든 끼니를 기억한다. 소일렌트 실험에 관한 소감을 피력하며 작성한 다음 블로그 글은 나의 음식에 대한 애착을 매우 훌륭하게 압축하고 있다.

(……) 대학 생활 첫 1년을 보내고 나는 혼자만의 유럽 여행을 위해 비행기에 몸을 실었다. 불과 몇 년 전의 일이었지만 여행에 대해 기억나는 것은 많지 않다. 하지만 그곳에서 먹었던 것들은 모두 기억한다.

폴란드 크라쿠프시 중심부에 위치한 미슐랭 스타를 받은 레스토랑에서 먹었던 부드러운 토끼 요리를 기억한다. 파리 거리를 걷던 중 손에 든 거대한 바게트를 쪼개서 허겁지겁 먹느라 지나가는 사람들에게 차마 말을 건네지 못했던 일도 생생하다. 오늘 아침(오트밀 가루로 만든 팬케이크와 사과), 점심(밥과 홈메이드 칠리), 저녁(채소, 빵, 후무스와 함께 밥과 칠리)에 무엇을 먹었는지도 기억한다. 물론 어제 먹은 것과 그제 먹은 것도 생각난다. (……)

예를 들어 음식의 식감만큼 단순한 뭔가를 떠올려보라. 나는 신선한 샐러리를 베어 물 때의 느낌을 무척 즐긴다. 섬유질로 꽉 찬 채소 줄기가 치아의 중량감 아래 석조로 된 성처럼 바스러지는 느낌을 좋아한다. 내게 음식은 시poem다. 나의 하루가 안팎으로, 사방으로 엮이는 직물 그 자체다. 내가 곧 다가올 특정 날짜에 대해 들떠 있었다면 대개 그날 먹을 것에 대해 들뜬 것이다. (……)

작은 변화로 식습관 개선하기

소일렌트 실험이 이틀째 되던 날, 나는 음식이 절절하게 그리웠다. 실험 첫날이 헤쳐 나가야 할 도전이었던 반면에 둘째 날은 아침에 일어나 잘 차려진 아침 식사 대신 온종일 오트밀 맛이 나는 스무디 혼합물을 마셔야 한다는 생각에 몹시 괴로웠다. 그날 오후 강연을 마치고 집에 오는 길에 버스 안에서 나는 창밖을 간절하게 내다보며 실험이 끝나고 먹을 음식들을 모두 떠올렸다. 실험을 마치기로 결심한 것은 바로 그 순간이었다.

소일렌트가 요리 시간을 얼마나 아껴주든, 100퍼센트 올바른 식사를 하지 않을 때와 비교해 얼마나 많은 에너지를 공급하든 상관없었다. 심지어 당시 주머니 사정이 극심하게 얄팍했지만 소일렌트가 얼마나 많은 돈을 아껴주든 중요하지 않았다. 더욱 생산적이기 위한 일이라면 물불 가리지 않고 할 용의가 있었지만 이 실험만큼은 끝까지 하지 않기로 했다. 생산성보다 지옥의 한 주에서 나 자신을 구제하는 것이 더 가치 있었다.

해 질 무렵, 나는 한 정류장 먼저 버스에서 내려 버거킹으로 걸어가 그곳에서 가장 큼직한 햄버거와 점보 사이즈의 다른 먹거리들을 주문했다. 접시에 남은 것은 하나도 없이 깨끗하게 다 먹어치웠다.

에너지에 영향을 미치는 것들

표면적으로는 먹는 것과 운동 여부, 수면 시간과 같이 에너지에 영향을 줄 수 있는 사안들이 일의 성취도에 큰 영향을 주지 않는 것으로 느껴진다. 하지만 몇 가지 실험에서 배운 것처럼 싱글태스킹이나 명상과 마찬가지로 이는 전혀 사실이 아니다. 에너지는 더욱 생산적이기 위해 하루 동안 태우는 연료이고, 에너지 없이 생산성은 허물어지기 십상이다.

특히 신경학적 차원에서 지속적인 에너지를 확보하는 것은 중차대한 문제다. 뇌 세포는 신체의 다른 세포보다 두 배의 에너지를 소모한다.[1] 뇌가 신체 용적에서 차지하는 비중은 겨우 2~3퍼센트에 불과하지만 우리가 섭취하는 총에너지의 20퍼센트를 소모한다. 생산성에 투자하면서 강력한 정신력을 갖는 것이 중요해졌다. 충분히 많은 에너지를 갖는 것도 마찬가지다. 무엇보다 많은 업무가 시간만큼이나 주의력과 에너지를 요구하는 지식경제시대에 중요한 부분이다.

소일렌트 실험 이외에 (적어도 부분적으로)실패한 또 한 가지 실험은 체지방을 17퍼센트에서 10퍼센트로 떨어뜨리는 일이었다. 실제로 이 실험은 소일렌트 실험과 매우 유사했다. 체지방 10퍼센트에 도달하기 위해 정말 먹고 싶은 것들을 식단에서 제외시켜야 했기 때문이다. 나는 이 실험을 두 부분으로 설계했다. 한 가지는 체지방

작은 변화로 식습관 개선하기

을 17퍼센트에서 10퍼센트로 떨어뜨리는 것이고, 다른 한 가지는 순수 근육량 4킬로그램을 늘리는 것이었다. 실험이 끝났을 때 나는 근육량이 6킬로그램 가까이 늘어났다. (이와 관련해서는 24절에서 얘기하겠다.) 그런데 프로젝트가 끝났을 때도 체지방은 여전히 15퍼센트 선이었다.

이후 나는 체지방을 10퍼센트로 떨어뜨리는 것이 멋진 목표이긴 하지만 실행이 엉망이었다는 사실을 알게 됐다. 실험에 대한 본래 동기 의식이 시들해지자 이 실험을 계속해야 한다는 사실이 싫었다. 과격한 변화를 단행해 목표를 더 빨리 달성하려 했기 때문에 실험 자체가 현실적이지 않았다. 과거의 크리스는 미래의 크리스가 따라야 할 실험을 계획했을 때 현실적이지 않았고, 실제 변화가 가능할 것인지를 감안하지 않았다.

소일렌트 실험과 마찬가지로 나는 음식을 심하게 좋아했던 것이다.

작은 변화들이 큰 결과를 낳는다

이는 생산성이 실제로 성취하기가 얼마나 어려운 것인가를 여실히 보여준다. 앞서 언급한 것처럼 더 많은 것을 성취하기 위해 당신은 종종 단기적으로 고통스럽지만 장기적으로 보상을 가져다주는 희생들을 감내해야 한다. 좀 더 솔직해질 필요가 있다. 지금까지 제시한 모든 희생들을 치러낸다면 이는 훌륭한 일이겠지만 그것들이 모두 당신에게 가치 있는 것은 아니다. 여기서 핵심은 시간과 노력을 들일 가치가 있는 변화가 무엇이며, 그렇지 않은 변화는 무엇인가를 인식하는 일이다.

내게 맛있는 식사는 세상에서 가장 즐거운 일 중 하나다. 하루를 마칠 때 음식이 가져준 기쁨보다 생산성에 약간 더 많은 가치를 부여하지만 거의 비슷한 수준이다. 희생할 만한 가치가 있을지 모르지만 단기간에 과도한 변화를 일으키려 하면 지속할 수 없다. 특히 음식에 관한 습관은 매우 강력하게 자리 잡고 있었기 때문에 변화가 더욱 어려웠다. (먹는 데서 기쁨을 찾는 것이 나만이 아니라는 사실을 알고 있다. 연구에 따르면 치즈버거를 먹을 때 뇌에서 분비되는 도파민이 오르가슴을 느낄 때와 같은 것으로 밝혀졌다.[2])

프로젝트를 끝마치고 약 1년이 지나 원고를 쓰는 지금, 나는 체지방이 약 13퍼센트로 내 생애 최고의 외모인 상태다. 하지만 체지방 13퍼센트 도달은 하룻밤 사이에 이루어진 일이 아니다. 식습관에 작지만 점진적인 개선을 이루어낸 결과다. 너무 큰 부담이 되지 않을 정도로 작지만 장기적으로 축적되면서 의미 있는 차이를 이끌어낼 만큼 큰 변화가 지금의 내 모습을 가능하게 했다. 거대한 야망을 갖는 것은 전혀 잘못된 일이 아니다. 오히려 그렇게 해야 한다. 하지만 거대한 야망을 이루기 위해 시도하는 변화들이 극단적

작은 변화로 식습관 개선하기

일수록 장기적으로 변화가 지속될 여지는 낮다.

　예를 들어 프로젝트 종료를 일주일 앞두고 나는 크림 두 스푼과 설탕 두 스푼을 넣은 커피 대신 블랙커피를 마셨다. 그로부터 1~2주가 지났을 때 아침 식사로 먹는 오믈렛에 소시지 대신 시금치와 다른 채소들을 넣었다. 두 가지 모두 그 자체로는 책에 언급할 만큼 대단한 변화가 아니다. 하지만 시간이 지나면서 변화가 누적됐고, 점진적으로 체지방이 13퍼센트 선으로 떨어질 만큼 충분한 효과를 봤다. 그리고 점증하는 개선을 지속적으로 이루어가면서 체지방 수치는 꾸준히 떨어지고 있다. 작은 변화와 습관은 시간이 지나면서 더해진다.

　하룻밤 사이에 식습관을 완전히 정비하려 하면 처음 가졌던 흥미와 동기는 희석되고, 시도하는 변화들은 결국 너무 버겁고 위협적이어서 장기적으로 계속해나갈 수 없게 된다. 그러나 작지만 점증하는 변화는 정반대다. 작은 변화들은 두렵지 않고 지나치게 큰 부담을 주지 않기 때문에 장기적으로 지속될 것이다. 그리고 이런 변화들이 더해지면서 동기가 충만해져 더 많은 변화를 이루게 될 것이다.

　내가 가장 좋아하는 개념 가운데 하나가 복리다. 오늘 100달러를 은행 계좌에 넣어두면 이 원금에 대해 매년 8퍼센트의 이자를 받는데, 9년째가 되면 돈벼락을 맞게 된다. 처음 예치한 돈은 두 배 이상 불어나 205달러가 된다. 같은 금액을 25년간 묻어두면 100달러는 일곱 배 이상 불어나 734달러를 손에 쥐게 된다. 원금은 이렇게 계속 몸집을 불려나간다.

　습관으로 시도하는 점진적인 변화도 복리와 같다. 체중을 빠르게 줄이기 위한 최고의 방법은 최신 유행 다이어트에 뛰어드는 것이다. 하지만 거의 늘 그렇듯 처음 가졌던 동기가 사라지고 나면 예전의 식습관으로 돌아가고 체중도 금세 제자리로 복귀하고 만다. 작지만 점증하는 변화를 생활과 업무에 도입하는 데서 나오는 효과를 주제로 책을 쓰는 이들은 많지 않다. 아마 발상이 그다지 매혹적이지 않아서일 것이다. 하지만 이 방법은 내가 시도했던 다른 어떤 기법들보다 큰 효과를 냈다. 은행에서 지급하는 이자처럼 인생의 포트폴리오를 구성하는 모든 핫스팟에 점진적인 향상을 이뤄내면 습관이 축적되어 시간이 지날수록 놀라운 배당금을 지급할 것이다.*

　금상첨화로 이런 습관은 실제 삶에 깊이 뿌리내린다.

에너지를 위해 먹기

　더 잘 먹는 방법을 얘기하는 데 이 책이나 혹은 어떤 형태든 다

---

* 또한 복리는 독서와 학습의 투자를 대단히 효과적이게 하는 원리다.

　작은 변화로 식습관 개선하기

이어트에 관한 책은 실상 필요하지 않다. 가끔 올바른 방향으로 인도받는 것은 좋은 일이지만, 누구나 더 많은 에너지를 위해 식생활을 어떻게 개선해야 할 것인지 적어도 한 가지는 알고 있을 가능성이 크다.

프로젝트를 진행했던 그해, 먹는 음식을 중심으로 에너지 수위를 측정하면서 나는 에너지(그리고 생산성)를 위해 먹는 것이 무척 단순하다는 사실을 알게 됐다. 이번 절에서는 음식을 건강이 아니라 에너지(그리고 생산성)의 관점에서 분석하고 있고, 이 경우 두 가지는 곧 하나이며 동일하다. 두 가지 원칙을 따라 생활할수록 더 많은 에너지로 충만했다. 나만큼 애식가라면 두 가지 원칙을 실제로 적용하기 어려울 수 있지만 습관을 벗어던지고 두 가지 원칙을 따를수록 더 많은 에너지를 갖게 될 것이다.

두 가지 원칙은 다음과 같다.

1. 가공식품을 완전히 배제하고 소화하는 데 시간이 걸리는 비가공식품을 더 많이 먹는다.
2. 언제 배가 부르고 언제 식사를 멈추는지 확인하고 배가 부를 때 숟가락을 내려놓는다.

이 원칙들은 물론 말하는 것보다 실행하는 것이 더 어렵다. 하지만 내 경험에 비춰볼 때 두 가지 원칙은 다른 어떤 것보다 더 많은 영속적인 에너지를 공급하므로 시간을 두고 조금씩 다듬어갈 가치가 있다.

음식이 에너지를 공급하는 것은 우리가 무엇을 먹든 신체가 이를 포도당으로 전환시키기 때문이다. 포도당은 신체와 뇌가 에너지를 발산하기 위해 태우는 단순한 당이다. 정유회사가 원유를 자동차가 달리는 데 필요한 휘발유로 바꾸는 것처럼, 인간의 소화기는 우리가 먹고 마시는 것을 몸이 달리는 데 필요한 포도당으로 전환한다. 신경학적 차원에서 뇌에 포도당을 보유하고 있을 때 정신적 에너지를 지니게 된다. 지치거나 피곤할 때 이는 대개 뇌에 정신적 에너지로 변환할 포도당이 지나치게 많거나 혹은 지나치게 부족하기 때문이다. 연구 결과에 따르면 혈류 속 포도당의 최적의 양은 25그램이다. 이는 바나나 한 개에 들어 있는 포도당의 양에 해당하는 수치다.[3] 정확한 수치는 그다지 중요하지 않다. 정말 중요한 것은 포도당 수치가 지나치게 높거나 혹은 지나치게 낮을 수 있다는 사실이다.

일반적으로 비가공식품은 소화하는 데 시간이 걸리기 때문에 신체가 이런 음식을 포도당으로 전환하는 속도도 느리다. 이 때문에 하루 동안 포도당(그리고 에너지) 공급이 한순간 쏟아졌다가 급격하게 떨어지는 것이 아니라 꾸준한 속도로 이루어진다. 어떤 면에서 가공식품은 기계로 이미 소화를 시킨 셈이다. 우리의 몸이 이런 음식을 잽싸게 포도당으로 바꾸는 것도 이 때문이다. 도넛이 사과만

작은 변화로 식습관 개선하기

큼 지속적인 에너지를 공급하지 못하는 이유도 여기에 있다.

두 번째 원칙, 즉 언제 배가 부르고 언제 식사를 멈추는지 확인하는 것도 유사한 효과를 낸다. 처리해야 할 음식물로 몸에 과부하가 걸리지 않는 동시에 한순간 포도당 수치가 천정부지로 치솟는 일이 벌어지지 않도록 뇌와 신체에 하루 동안 꾸준한 속도로 포도당을 공급하기 때문에 두 번째 원칙 역시 더 많은 에너지를 공급한다. 과식을 할 때 피로감을 느끼거나 나른해지는 것은 몸이 처리해야 할 음식물을 지나치게 많이 먹어댔기 때문이다. 몸에 포도당을 한꺼번에 대량 주입하는 것이 아니라 꾸준한 속도로 공급할 때 지속적인 에너지를 확보하게 된다.

명상 실험을 하는 동안 나는 앉거나 걸으며 명상하는 것 외에 몇 차례에 걸쳐 의식적으로 식사를 했다. 어느 날 아침, 오믈렛을 천천히 그리고 의식적으로 먹는 사이 나는 흥미로운 사실을 발견했다.

• 혈당지수GI라는 것도 있다. 음식이 포도당 수치에 어떻게 영향을 미치는가를 0에서 100까지의 범위에서 측정한 수치다. 특정 음식의 혈당지수가 낮을수록 생산성에 더 효과적이다. 이런 음식은 신체가 더 느린 속도로 태워 에너지를 한꺼번에 방출하지 않기 때문이다. 지수는 유익한 정보를 제공하므로 만약 에너지 수위를 한두 단계 끌어올리기를 원한다면 한번 확인해보는 것이 좋다. 내 경우엔 목록이 실제로 참고하기에 다소 짜증이 났다. 일부 건강에 관심이 뜨거운 이들은 이런 얘기에 이의를 제기하겠지만 나는 실제 적용하기 쉬운 원칙이나 시스템을 선호한다. 물론 비가공식품 중에서도 일부는 혈당지수가 높다. 구운 감자나 백미가 여기에 해당한다. 하지만 지수가 낮은 범주에 속하는 것들은 채소나 과일, 견과류, 콩류, 곡류, 해산물, 육류 등 대부분 비가공식품이다. 모든 비가공식품이 이로운 것은 아니지만 대부분은 그렇다. 나는 다른 어떤 것보다 가공식품 섭취를 줄이는 방법으로 많은 에너지를 얻었다.

내가 먹는 음식물에 더 많은 주의력을 쏟을 때 배가 부른 것을 훨씬 더 쉽게 알아차렸고, 과식하기 전에 먹는 것을 멈출 수 있었다. (그뿐만 아니라 먹고 있던 음식을 그만큼 더 즐겼다. 두 배 천천히 먹었더니 음식을 즐길 수 있는 시간도 두 배 늘어났다. 음식에서 오는 즐거움이 두 배 더 커졌고, 특히 먹는 동안 다른 일에 신경 쓰지 않았을 때 행복감으로 충만했다.)

실험 기간과 실험 후에 의식적으로 식사할수록 더 큰 즐거움을 얻었고, 배가 얼마나 부른가를 정확히 인식하고 너무 많이 먹지 않도록 포크를 내려놓을 수 있었다. 위장이 뇌에 양이 찼다는 것을 알리는 데는 최소한 15분이 걸리는 것으로 여러 연구에서 확인됐다.[4] 먹는 데 더 많은 신경을 기울일수록 배가 부르기 전에 식사를 멈추고 하루 동안 더 많은 에너지를 확보할 여지가 높다.

이 두 가지 원칙은 내게 이전까지 오랫동안 유지했던 것보다 더 많은 정신적, 신체적 에너지를 공급했다. 음식 및 먹는 방법과 관련해 시도한 변화가 작을수록 그 변화들이 생활 속에서 지속됐고, 상승효과를 냈다.

생산성에 관한 한 이 두 가지 원칙을 염두에 두는 것이 중요하다.

작은 변화로 식습관 개선하기

에너지 수위가 한결 더 안정될 것이다. 신체와 뇌에 꾸준한 양의 포도 당을 공급해 하루 종일 에너지로 태울 것이기 때문이다.

에너지 및 집중력   가치   재미

세상에서 가장 으뜸가는 식생활은 이미 당신이 하고 있는 그것에 작은 폭으로 차츰 한 가지 개선을 더해가는 것이다. 이 방법이 하룻밤 사이에 허리 사이즈를 몇 인치 줄여주지는 못하지만 장기적으로 지속할 수 있는 식생활이다. 이것이 중요한 것이며 시간이 지나면서 체중이 줄게 될 것이다.

이번 과제는 먹는 방법과 관련해 작고 점증하는 개선을 시도해보는 것이다. 비가공식품을 더 많이 먹거나 얼마나 먹고 있는가를 의식해 배가 부를 때 알아차릴 수 있는 변화여야 한다. 모닝커피에 설탕을 전혀 넣지 않는 것이든, 게임을 하면서 간식으로 포테이토

칩 대신 채소 한 접시를 먹는 것이든, 혹은 컴퓨터 앞에서 먹는 행위를 중단해 배가 부를 때 알아차리는 것이든, 아니면 TV 앞에 앉아 식사하지 않고 가족과 함께 먹으며 음식 섭취에 더 많은 주의를 기울이는 것이든, 식습관에 대해 작지만 점증적인 한 가지 변화를 이루어내는 것으로 충분하다. 더 많은 에너지를 얻기 위해 먹겠다는 본래의 동기가 사라졌을 때도 지속 가능한 변화여야 한다.

지금부터 일주일이나 한 달 뒤에 핫스팟을 점검할 때, 이를 식습관에 또 하나의 점증적인 개선을 이끌어내도록 상기시키는 매개체로 활용해 한 단계 도약한다. 나와 비슷하다면 그때쯤에는 식생활에 더 크고 많은 변화를 일으키고 싶어 견딜 수 없을 것이다. 이것이 핵심이다. 작은 변화들이 의지력에 부담이 되지 않기에 오래 지속되고, 이는 때가 왔을 때 한층 점증하는 개선을 이끌어내는 데 필요한 에너지를 공급한다.

점증하는 개선의 저력은 그 자체로는 중요하지 않지만 몇 주, 몇 달에 걸쳐 더해지면서 장기적으로 경탄할 만한 결과를 창출하는 데 있다.

23

영리하게
카페인 섭취하기

 예상 소요 시간 **13분 7초**

다행히도 뇌에 이로운 것이 신체에도 이롭다. 에너지를 얻기 위해 마시려면 알코올과 설탕 음료를 적게 섭취하고 생수를 많이 마셔야 한다. 생수는 뇌 건강에 절대적이다. 아울러 카페인을 전략적으로 섭취하는 방법을 배워 습관적으로 마시는 것이 아니라 실제로 에너지를 향상시킬 수 있을 때 마시도록 한다.

물만 마시기

또 한 가지 실험으로 나는 한 달 동안 모든 카페인과 알코올, 설탕이 들어간 음료수를 식생활에서 완전히 배제하고 오직 물만 마셨다. 한 달 사이 마시는 것과 관련된 뿌리 깊은 습관이 얼마나 많이 드러나는지 믿기지 않을 정도였다. 나는 그 사이 내가 마셨던 모든 것들이 내 생산성에 실제로 영향을 미쳤는지, 정말 그렇다면 그 실태를 확인하고 싶었다.

이번 실험으로 나는 돈을 엄청 아꼈을 뿐 아니라(매달 커피와 알코올에 의외로 많은 돈을 쓴다) 내가 마시는 것들이 생산성에 어떤 영향을 미치는가에 대해 많은 것을 배웠다. 가공식품을 완전히 배제하고 배가 부를 때 숟가락을 내려놓는 것이 에너지를 높이는 훌륭한 방법이지만 에너지를 위해 마시는 것은 파악하기가 더 어렵다. 무엇보다 카페인과 같은 일반적인 음료와 알코올은 포도당 수치를 거의 떨어뜨리지 않기 때문이다.*

이 중 44퍼센트는 설탕 함량이 높은 음료수에서 나오는데, 이들은 포도당을 대량 주입한 뒤 급격하게 떨어뜨린다. 이 실험을 진행하는 동안 나는 설탕이 든 음료수를 마시지 않았다. 가끔 스무디를 마시기는 했지만 단맛이 나는 음료수를 습관적으로 마신 일은 전

* 평균적인 사람들이 매일 음료를 통해 섭취하는 칼로리는 무려 356칼로리나 된다.[5]

영리하게 카페인 섭취하기

혀 없었다. 나는 가급적 실제 음식물을 통해 칼로리를 섭취하려 노력했다. 설탕이 든 음료수를 마시는 것에서 기대할 수 있는 생산성의 이점은 전혀 없기 때문에 해당 상품 근처에도 가지 않았다. 겉보기에 건강에 매우 좋을 것 같은 과일 주스조차도 포도당 수치를 위험 수위까지 끌어올린 뒤 에너지를 급격하게 떨어뜨린다.

이런 이유로 나는 실험 기간에 카페인과 알코올을 식생활에서 차단하는 데 중점을 뒀다.

음주가 에너지에 미치는 비용

실험 전에도 나는 커피나 술을 과하게 마시지 않았다. 거의 매일 한두 잔의 녹차를 마셨고(녹차 한 잔의 카페인 함량은 커피의 약 20퍼센트다) 커피는 사람들과 만나거나 하키 게임을 보면서 매주 한두 잔 마신 것이 전부였다. 물만 마시기 실험 전에는 내가 언제 무엇을 마시는가를 전혀 의식하지 않았다. 하지만 알코올과 카페인이 생산성에 얼마나 영향을 미치는가를 점검하는 기회를 가지면서 달라지기 시작했다.

신체에 생리학적 영향을 미치는 것은 약으로 간주되며, 카페인이나 알코올도 이 원칙에서 예외가 아니다. 예를 들어 카페인과 알코올 모두 뇌의 주요 쾌락 화학물질인 도파민을 크게 상승시킨다.

23

뇌의 신경회로가 생산하는 도파민의 증가는 근본적으로 카페인과 알코올 소비에 대한 보상에 해당한다. (도파민이 전적으로 해로운 것은 아니다. 도파민 없이는 동기를 부여하기 어렵다. 하지만 이는 다른 화학물질에 비해 더 많이 보상하는 물질을 만들어낸다.)

카페인과 알코올을 끊은 동안 어떤 금단 현상도 겪지 않았지만 대단히 흥미로운 사실을 발견했다. 실험 기간인 한 달이 다 지났을 때 나는 굉장한 에너지를 갖게 됐는데 특히 주말에 이 현상이 두드러졌다. 그뿐 아니라 내가 가졌던 에너지의 양이(특히 주말 동안) 매주 카페인과 알코올을 한두 차례 정도 마셨을 때만큼 오르락내리락하는 일 없이 놀라울 정도로 안정적이었다.

이 사실을 발견하고 좀 더 깊이 파고들기 위해 몇 가지 조사를 한 뒤 나는 생산성을 이유로 설탕만큼 알코올도 마실 가치가 없다는 생각에 이르렀다. (음주는 신체의 스트레스 호르몬을 줄이는 데도 영향을 주지 않는다.) 알코올을 마시는 사이 약간의 에너지가 더 공급되거나 창의력이 향상될 수도 있다. 하지만 거의 매번 에너지와 생산성 측면에서 얻는 것보다 잃는 것이 더 크며, 목표한 것을 더욱 성취하기 어렵게 한다. 특히 이 약이 주는 신바람이 사라진 뒤에 더 그렇다.

나는 알코올 섭취를 다음 날 쓸 에너지를 미리 당겨쓰는 것이라 생각한다. 다음 날 아침 당겨쓴 에너지에 대해 이자를 지불해야 하기 때문에 에너지 측면에서 순손실이 발생한다. 알코올을 설탕이

나 카페인과 섞으면 그 손실이 더 커질 뿐이다. 물론 이는 수많은 사람들이 기꺼이 지불하려 하는 비용이고, 이 부분이 바로 책의 첫머리에서 언급했던 의미 있는 변화 창출의 핵심이다. 때로 나는 이 비용을 감안하려 한다. 밖에서 친구를 만날 때 가끔 한두 잔씩 술을 마시지만, 이로 인해 발생할 에너지 비용을 따져보고 그것이 가치 있는 것인지 마음속으로 판단한 후에 마신다. 광란의 밤을 보내고 싶다면 그렇게 해도 좋다. 힘이 불끈 솟을 것이다. 다만 그에 따르는 비용을 감안해야 한다.

물만 마시기 실험 이후 나는 한두 잔씩 음주할 때 에너지 순손실이 발생할 것이라는 사실을 이해하게 됐고, 술을 마시는 경우 보통 그날 밤과 다음 날 아침에 물을 더 많이 마셔 파장을 약화시키려 한다. 음주를 하지 않았을 때 얼마나 많은 에너지를 가졌는지 알아낸 이후 나는 알코올 섭취를 절반으로 줄였다. 애초에 과음을 하지 않았기 때문에 절반이 대단히 많은 양은 아니다. 술을 한두 잔 마실 것인지 여부를 결정할 때 알코올이 자신의 에너지와 생산성에 큰 영향을 미친다는 사실을 생각해보기 바란다.

내가 읽은 수많은 생산성과 다이어트 책은 알코올을 식생활에서 전면적으로 몰아낼 것을 권한다. 하지만 대부분의 사람들에게 이는 장기적으로 지속하기에 너무 가혹하거나 혹은 하기 싫은 일이다. 적어도 음주가 에너지 수위와 생산성에 미치는 비용을 이해하면 자신이 내리는 결정에 따른 충격을 인식할 수 있다. 그러면 그에 맞춰 습관을 바꿀 것인지 여부를 결정하면 된다.*

커피에 적응하기

음주가 다음 날 쓸 에너지를 당겨쓰는 것이라면 카페인 섭취는 그날 몇 시간 후의 에너지를 빌려 쓰는 행위다. 몇 시간 뒤 에너지를 고갈하지 않고 카페인을 섭취하는 방법이 있다면 그건 생산성에 관한 한 전적으로 생각할 필요가 없는 문제다. 그런데 불행히도 현실은 전혀 그렇지 않다. 카페인을 섭취한 뒤 8~14시간이 지나면 신체는 이를 시스템 바깥으로 배출하는 대사 작용을 하는데[7] 이 때문에 에너지가 급격하게 떨어진다. (정확한 시간은 사람마다 다르다.)

인간의 몸에는 아데노신이라는 화학물질이 있는데 이는 뇌에 피로감을 알리는 기능을 한다. 카페인은 뇌가 아데노신을 흡수하지 못하도록 차단한다. 즉 몸이 피곤하다는 사실을 뇌가 알아차리지 못하도록 하는 것이다. 그런데 쟁점은 이것이다. 카페인이 뇌의 아데노신 흡수를 방지하는 사이 이 화학물질은 카페인이 뇌의 흡수를 용인할 때까지 계속 축적된다는 것이다. 그러다가 몸과 뇌는 이

* 밤에 자기 전 수면을 돕기 위해 일명 '밤술'을 즐긴다면 주의해야 한다. 알코올은 더 빨리 잠들게 하지만 전반적인 수면의 질을 떨어뜨린다. 특히 수면 시간의 후반부를 해친다.[6]

영리하게 카페인 섭취하기

피로감을 일으키는 화학물질을 한꺼번에 통째로 흡수하고 이 때문에 에너지 수위가 급격히 떨어진다. 이런 파장을 일정 부분 완화할 수 있는 방법이 있지만(이후에 다룰 것이다) 이 현상을 완전히 차단하는 길은 없다.

　무엇이든 카페인이 함유된 것을 먹은 뒤에는 예외 없이 에너지 수위가 급격히 떨어지게 마련이지만, 생산성 측면에서 카페인은 자유자재로 이용할 수 있는 강력한 도구가 되기도 한다. 눈치 챘겠지만, 이는 카페인을 습관적으로 마시는 것이 아니라 의식적으로 마실 때의 얘기다. 매일 아침마다 일상적으로 따뜻한 커피를 준비한다고 해보자. 하루를 시작하는 낭만적인 방법이지만 에너지 수위에는 그다지 훌륭할 것이 없다. 커피를 마시는 것이 그날 하루 중 나중에 쓸 에너지를 당겨쓰는 셈이기 때문이다. 매일 아침 커피 한 잔을 마시는 것은 그날 오후 같은 시간에 에너지 수위를 급격히 떨어뜨리는 행위다.

　카페인의 대사작용에는 평균 8~14시간이 걸리기 때문에 아침에 일어난 뒤 커피를 마시면 오후 같은 시간대에 에너지가 떨어지고, 밀려드는 나른함을 견딜 것인지 아니면 커피를 또 한 잔 마실 것인지 결정해야 한다. 오후에 마시는 두 번째 커피의 대사 작용은 잠들기 한두 시간 전에야 시작되기 때문에 수면을 양보하는 상황이 벌어질 수 있다. 이는 상당수의 사람들이 빠져드는 악순환이다.

　습관적으로 커피를 마실 때 간과하기 쉬운 또 하나의 불이익이 있다. 신체가 카페인의 소모량에 적응하게 된다는 점이다. 바꿔 말하면 매일 아침 커피 한 잔씩 마실 경우 신체가 차츰 익숙해져 그만큼의 카페인이 결국 또 하나의 정상적인 행위가 돼버린다.

사실 뇌는 당신이 섭취하는 카페인의 양에 순응하는 사이 새로운 아데노신 수용체를 양성하기 시작한다.[8] 처음에 커피를 전혀 마시지 않다가 한 잔씩 마시면 에너지와 생산성의 거대한 폭발을 맞게 된다. 이 피드백은 즉각적으로 나타나는데 이는 커피라는 새로운 습관을 더욱 강화한다. 하지만 몸이 일단 그만큼의 커피에 적응하고 나면 차이가 느껴지는 카페인 수치에 이르기 위해 매일 아침 두 잔의 커피가 필요하다. 당신의 몸이 한 잔에만 적응했기 때문이다. 아침마다 매일 커피 한 잔을 마시면 잠에서 막 깨어난 시점보다 나을 것이 없다는 사실이 과학적으로 밝혀졌다.

한 달 동안 물만 마시는 실험을 하면서 나는 카페인 금단 현상을 전혀 겪지 않았다. 하지만 실험 시작 후부터 커피를 마셨던 시각이면 아쉬움을 느끼기 시작했다. 업무 환경에서 커피나 차를 마시는 습관을 유발했던 요인들과 우연히 마주칠 때 그런 현상이 발생했다. 예를 들어 중요한 회의에 참석한다든지 영향력이 높은 업무를 처리할 때, 아니면 헬스장에 갈 때가 대표적인 경우다.

이 일을 계기로 나는 카페인을 언제 섭취할 것인가를 신중하게 결정해야 한다는 사실을 깨달았다. 습관적으로 카페인을 섭취하면 몸이 카페인 소모량에 적응한 뒤 궁극적으로 생산성이 정체된다.

그러나 전략적으로 카페인을 섭취하면 생산성은 크게 상승한다. 대량의 에너지나 집중력 혹은 두 가지 모두를 요구하는 업무에 더 많은 에너지와 주의력을 쏟는 데 따른 이점을 얻게 되기 때문이다.

전략적으로 카페인 섭취하기

이 글을 쓰는 현재 시각은 오전 10시 30분이다. 나는 집에서 가까운 작은 카페에서 블랙커피를 마시고 있다. 커피를 많이 마시는 편은 아니지만 오늘 같은 날은 마시는 것을 좋아한다. 카페인을 섭취하면 글 쓰는 데 더 많은 에너지와 집중력을 쏟아낼 수 있기 때문이다. 이는 나중에 치러야 할 비용만큼의 가치가 있다고 생각한다. 하루 중 특정 시간대에 에너지를 추가로 확보하고자 할 때 카페인이 큰 효과를 내는 경우가 있는데, 내게는 지금이 그런 시간이다.*

카페인 섭취하기를 습관적인 행위에서 전략적인 행위로 격상시키는 것은 힘겨운 일이다. 하지만 조금씩 개선할 가치가 충분하다.

---

* 카페인은 내향적인 사람들이 계량적인 업무를 처리하거나 시간에 쫓기며 일할 때 성과를 떨어뜨리는 것으로 밝혀졌다. 반면에 외향적인 사람들에게는 정반대의 효과가 나타났다. 이는 내향적인 사람들이 본질적으로 환경에 더 많은 자극을 받는데 추가적인 카페인이 이들을 극한으로 몰아갈 수 있기 때문이다. 양쪽 다 해당하는 나는 두 부류의 어느 중간 지점에 해당한다.[9] 적정한 양의 카페인은 거의 모든 상황에서 업무 성과에 긍정적으로 작용한다.

예를 들어 커피에 제대로 발목을 잡혀 매일 두 잔씩 마신다면 디카페인 커피를 컵의 4분의 1만 채워 마셔보는 방법이 있을 것이다. 굉장한 사실은 커피를 습관적으로가 아니라 전략적으로 마시기 시작하면 마술 같은 일이 벌어진다는 점이다. 갑작스럽게 에너지가 필요할 때 언제든 끄집어 쓸 수 있는 대형 에너지 저장고에 접근할 수 있게 된다. 부담이 큰 업무일수록 추가로 갖는 에너지가 업무를 처리하는 데 큰 이점을 줄 수 있다. 프로젝트 기간, 특히 물만 마시기 실험을 마친 후에 나는 다음과 같은 일을 하기 전 늘 카페인을 마셨다.

- 중요한 프레젠테이션하기
- 중요한 원고 작성하기
- 세 가지 목표 중 한 가지 처리하기
- 복잡한 연구 논문 탐독하기
- 집중해서 운동하기(카페인은 운동 결과에 긍정적인 영향을 준다)

시간과 관련된 쟁점과 함께 카페인을 전략적으로 마시는 데 필요한 몇 가지 조언은 다음과 같다.

- 설탕이나 알코올이 첨가된 카페인 음료는 마시지 않는다. 이런 음료는 에너지 수치를 더욱 급격하게 떨어뜨린다.

- 창의력을 요구하는 업무를 처리하기 전에 카페인 섭취를 주의한다.[10] 카페인은 창의력과 관련된 업무 성과를 해치는 것으로 나타났다.

- 잠들기 전 8~14시간 이내에는 가급적 커피를 마시지 않는다.

- 생산성 측면에서 타당하다면 오전 9시 30분에서 11시 30분 사이에 카페인을 섭취한다. (아침 6시에서 8시 사이에 일어나는 경우에 한해서다.) 이 시간대에 자연적으로 코르티솔 수치가 낮아 에너지가 저하되기 때문에 카페인이 에너지 수위에 가장 큰 효과를 낸다. 오후 1시 30분에서 5시 30분 사이에도 카페인은 대단한 효과를 발휘한다.[11] 하지만 카페인이 대사되는 데 8~14시간이 필요하기 때문에 이때의 효과는 수면에 미치는 파장을 감내할 가치가 있다고 보기 어렵다.

- 좀 더 나은 카페인 공급원을 찾는다. 예를 들어 녹차나 말차가 이에 해당한다. 이 두 가지 차는 항산화 물질과 L-테아닌 함량이 매우 높기 때문에 이후 에너지 수치가 급격히 떨어지는 현상을 완화할 수 있다. 말차는 일반적인 차나 커피에 비해 좀 더 비싸지만 그만한 값어치를 한다. 돈을 약간 더 들여 몇 시간 뒤에 쓸 수 있는 에너지를 더 많이 확보하는 셈이다. 에너지 수위가 업무 성취도에 얼마나 큰 영향을 미치는가를 감안한다면 좀 더 높은 비용은 대개 그만한 가치를 한다.

- 에너지가 급격히 떨어지는 것을 전략적으로 활용한다. 나는 보통 야간 비행을 하기 12시간 전에 큼직한 컵에 커피를 마신다. 정확한 시간에 에너지가 떨어져 비행 시간 내내 잠을 자기 위해서다. 해외로 여행할 때는 아침에 일어난 뒤 몇 시간 지나서야 커피를 마시는데, 평소와

다른 취침 시간에 맞춰 곯아떨어지기 위해서다.

카페인의 전략적 섭취를 위해 한발 물러나면 생산성의 가능성은 무한하다. 이는 더 의식적인 자세가 대단한 힘을 갖는 또 다른 이유다.

물을 사랑하는 이들에게

물만 마시기 실험을 했을 때 본래 의도는 식생활에서 카페인과 알코올을 제거하면 생산성에 어떤 일이 발생하는가를 살펴보는 것이었는데, 한 달 내내 물만 마셨을 때 에너지를 얼마나 얻을 것인가도 예측했어야 했다.

물은 명상과 유사하다. 지극히 단순하지만 너무도 순수하고 강력하다. 음료에 관한 한 단연코 가장 기본적인 것이지만 실험 후에 물은 내가 가장 선호하는 음료가 됐고, 지금까지 내 옆에 늘 물병이 있다. 매일 아침에 일어나면 가장 먼저 하는 일은 1리터의 물을 마시는 것이다. 대개 취침할 때까지 물마시기를 멈추지 않는다.

무수한 연구 결과가 물이 건강과 생산성에 얼마나 큰 효과를 내는가를 보여주고 있다. 한 연구에서는 아침에 일어나 가장 먼저 물을 마시면 신진대사가 24퍼센트 향상되는 것으로 나타났다. (대체로 잠에서 깰 때 수분이 부족하다. 8시간 동안 아무것도 마시지 않은 상태이기 때문이다.)[12] 또 다른 연구에서는 식사 전마다 물 한 잔을 마신 실험 참가자들이 3개월 사이 4.5파운드의 체중을 줄인 것으로 나타났다. 식사 전에 물이 위장의 일부를 채우기 때문에 제로 칼로리의 식욕 억제제가 된 셈이다.

그뿐 아니라 물은 보다 명확하게 생각하는 데 도움이 되고(뇌 조직의 75퍼센트가 물로 구성돼 있다) 안색을 맑게 하며 상당수의 질병과 질환에 걸릴 위험을 대폭 줄인다. 물을 많이 마시면 돈도 아낄 수 있다. 나는 검소한 생활 예찬론자인데 내가 마시는 물 한 잔은 마시지 않은 값비싼 음료수 한 잔이다. 한 달 동안 물만 마시면서 가격은 더 비싸고 건강에는 좋지 않은 다른 음료수를 구입하지 않아 아낀 돈이 무려 150달러였다.

그렇다. 물은 음료수라는 관점에서 보면 따분하다. (물에다 탄산이나 향을 첨가해서 마시는 것이 아니라면.) 하지만 차후에 에너지를 빼앗는 알코올이나 설탕 함유 음료, 혹은 의식적으로 마시지 않으면 에너지 수위를 급락시킬 수 있는 카페인과 달리 물은 어김없이 마신 시점보다 더 많은 에너지를 공급한다는 사실을 간과해서는 안 된다. 물을 마시면 놀랄 만큼 더 많은 에너지를 확보하게 되며, 무엇보다 평소 수분 공급이 충분하지 않을 때 더 큰 효과가 나타난다. (최적의 효과를 얻으려면 권장량인 하루 8컵, 2리터 정도의 물이 필요하다는 사실을 알게 됐다. 미국의학연구소US Institute of Medicine를 포함한 수많은 기관들도 같은 사실을 밝혀냈다.)[13] 물을 충분히 마시지 않으면 피로감과 졸음, 근심을 유발하고 집중하기 어렵다.[14] 이는 모두 생산성에 흠 집을 내는 요인이다.

물만 마시기 실험을 마친 후 나는 1리터 크기의 물병을 구입해 항상 휴대하고 다닌다. 물을 더 많이 마시고 에너지를 훔쳐 가는 음 료수를 덜 마시는 것은 단순한 기법이지만 충분한 수분 섭취를 통 해 하루 종일 지속적으로 활력을 갖는 데 도움이 된다. 많은 사람들 이 물을 두 배 더 마시고 그만큼 더 기분을 향상시킬 수 있다.

영리하게 카페인 섭취하기

하루 동안 에너지 추락을 겪는 빈도가 줄어드는 한편 전반적인 에너지 수위가 한 주 내내 높아질 것이다. 에너지는 더욱 생산적이기 위해 태우는 연료다. 물을 더 많이 마시는 동시에 알코올이나 설탕, 카페인 음료 섭취를 줄이면 하루 그리고 한 주 동안 태울 에너지를 더 많이 확보하게 된다.

에너지 및 집중력　　　　　　　가치　　　　　　　재미

일주일 동안 평소 마시는 음료에 작고 점진적인 개선을 이루어 보라. 그런 변화들이 장기적으로 자리 잡기를 원한다면 하루아침에 마시는 음료를 완전히 정비하는 것은 불가능에 가깝다. 당신이 시도해볼 만한 습관에 관해 몇 가지 아이디어가 있다.

▶ 설탕이 함유된 음료 적게 마시기: 설탕이 든 음료수는 포도당 수치를 급격하게 상승시킨 뒤 엄청난 에너지 추락을 초래한다. 생산성 한 가지만 생각하더라도 이런 음료는 마실 가치가 없다. 카페인이나 알코올까지 든 설탕 음료는 에너지 수위를

급격하게 떨어뜨릴 수 있다.

▸ 카페인 허용치 줄이기: 시간이 지나면서 이는 카페인을 전략적으로 마시는 데 도움을 줄 것이다. (카페인 섭취량 줄이기는 특히 매일 여러 잔의 커피를 마시는 경우 효과적이다. 하루에 다량의 커피를 마시면 장기적으로 만성 피로를 일으키고 스트레스를 초래한다.)

▸ 카페인 전략적으로 마시기: 부담이 큰 업무를 시작하기 전이나 그 밖에 에너지가 많이 필요할 때, 예를 들어 대부분의 사람들은 오전 9시 30분부터 11시 30분 사이에 마시는 것이 좋다.

▸ 음주 줄이기: 알코올은 흥분제이며 그 즐거움은 때로 비용을 감내할 만한 가치가 있다. 하지만 알코올 섭취량을 장기적으로 줄여 나가면 놀랄 정도로 더 많은 에너지를 갖게 된다.

다행히도 뇌에 유익한 것이 몸에도 유익하다. 더욱 생산적인 면모를 갖추는 것은 더욱 의식적으로 생활하고 일하는 것을 배우는 과정이다. 에너지 수위가 하루 동안 큰 폭으로 상승했다가 떨어질 때 당신이 먹고 마시는 것을 점검해볼 필요가 있다.

24

운동으로
뇌 기능 키우기

투입한 시간 대비 운동이 가져다주는 에너지와 주의력의 규모는 놀라울 정도다. 규칙적인 운동을 일상생활에 정착시키기 위해 도전할 만한 가치가 있다. 운동이 뇌에 얼마나 큰 영향을 미치는지 느끼고 나면 분명 규칙적으로 운동하고 싶어질 것이다. 그 느낌을 계속 유지하려면 규칙적인 운동만이 답이다.

새로운 습관을 들인다는 것

생산성에 관한 한 습관은 매우 강력한 영향을 미친다. 가장 기본적인 수준에서 습관은 환경 속의 각기 다른 신호에 반응해 자동적으로 점화되는 신경회로들로 구성돼 있다. 습관을 들이기란 언제나 쉬운 일이 아니지만 올바른 이유로 올바른 습관을 만들면 마지막에 가서 공들인 가치를 한다.

모든 습관을 들이는 데는 의지력과 인내가 필요하다. 습관을 들이는 게 쉬웠다면 우리는 이전보다 더욱 생산적이기 위해 단순히 일하는 방식에 거대한 변화를 주기로 결심만 하면 됐을 것이다. 우리가 매일 동원할 수 있는 의지력은 제한되어 있기 때문에 이를 아끼고 현명하게 사용해야 한다. 새로운 습관을 들이는 데 전략이 중요한 것은 이 때문이다.

새로운 습관이 몸에 배는 데 필요한 노력을 보여주기 위해 나는 생활 속에서 새로운 습관들을 실천하는 데 의지력이 얼마나 필요한지를 조사해 그래프로 작성했다. 그래프의 마지막 부분에 이르기 위해서는 노력이 필요하지만 올바른 습관들은 의지력을 쏟을 만한 가치가 있다.

3의 원칙부터 명상까지 이 책의 모든 전략들을 충분할 만큼 실천할 때 습관이 자리 잡는다. 습관의 연결고리를 이루는 세 가지 요소를 이해하고 이 기법들을 실행하도록 동기 부여를 하는 몇 가지

운동으로 뇌 기능 키우기

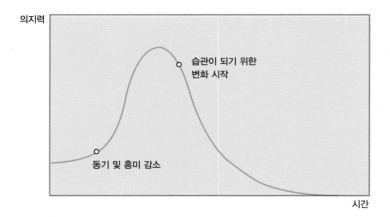

의지력

습관이 되기 위한
변화 시작

동기 및 흥미 감소

시간

신호들(특정 시간, 장소, 감정, 사람들, 혹은 선행하는 행동)을 파악한 뒤, 작은 것부터 시작해 미루는 버릇을 떨쳐내고 변화에 대한 저항감을 극복할 때 비로소 습관으로 자리 잡는다. 연구 결과에 따르면 우리가 가진 의지력의 크기는 하루 동안 소모하는 정도에 따라 꾸준히 줄어든다. 이 책에서 소개한 기법들을 따르며 슬기롭게 새로운 습관을 들인다면 실제로 자연스레 몸에 밸 것이다.

새로운 습관을 들이는 것은 뇌에 새로운 신경회로를 새기는 행위다. 새로운 습관을 몸에 배게 하려는 노력은 어떤 면에서 미시적인 차원에서 스스로에게 뇌 수술을 하는 것이나 다름없다. 결코 쉬운 일이 아니며, 이 신경회로를 새기는 데는 각고의 노력이 필요하다. 하지만 실행에 옮기는 즉시 더 이상의 의지력을 쏟을 필요가 없고 저절로 더욱 생산적이게 된다.

운동이 창의성을 높인다

오늘날 생산적으로 살아가기 어려운 주된 이유는 직장이 우리의 뇌보다 더 빠르게 진화하는 상황과 관련이 있다. 우리가 일을 미루는 이유는 전두엽 피질이 직장에서 비생산적인 일에 유혹당해 넘어가는 변연계보다 더 강력하게 진화하지 않았기 때문이다. 인터넷과 멀티태스킹이 사람들에게 큰 자극을 주는 것은 이들이 변연계에 사탕과 같은 존재이기 때문이다. 하지만 이들은 생산성을 해친다. 사람들이 과식하고 싶은 유혹을 느끼고 가공식품들을 먹게 되는 이유는 장기간 음식물이 없이 지내야 하는 기간에 필요한 지방을 축적하도록 진화했기 때문이다.

이 모든 특성들이 인간을 진화하고 생존하도록 했다. 하지만 산업혁명 이후 직장 세계의 구조가 인간의 뇌 구조보다 더 빠르게 변화했는데 이는 우리가 변화된 직장 세계에 적응하기 힘들게 만들었다. 지식경제시대에 더욱 생산적이기 위해 뇌를 개조하는 것은 고사하고 새로운 습관 회로를 형성하는 것조차 지극히 어려운 일이다.

운동도 예외가 아니다. 더 많은 운동, 특히 유산소 운동을 할 때 얻는 이점이 매우 대단한 것은 인류의 진화 역사와 관련돼 있다. 지식경제시대에 많은 직업이 육체 활동과 크게 관련되지 않은 것은 대단히 불행한 일이다. 오늘날 육체적 활동량은 그 어느 때보다도

운동으로 뇌 기능 키우기

줄었다. 최근 미국 신체활동위원회Physical Activity Council가 실시한 조사에서는 미국 인구의 28퍼센트가 2014년 한 해 동안 어떤 육체 활동도 하지 않은 것으로 나타났다.[15] 이는 건강뿐 아니라 생산성 측면에서 매우 끔찍한 일이다. 250만 년 전, 구석기 시대 이후 인간의 뇌는 조금씩 진화해왔지만 육체는 그렇지 않았다. 우리 몸은 사냥과 음식물 채집을 위해 매일 8~15킬로미터를 걷게끔 설계됐다. 매주 52시간씩 스크린을 들여다보도록 만들어진 것이 아니다.[16]

신체 활동의 감소는 업무 성과에 영향을 준다. 이는 뇌가 스트레스에 대처하는 방법 때문이다. 오늘날 사람들은 그 어느 때보다 덜 활동적일 뿐 아니라 더 산만해지고 더 많은 부담을 떠안고 있으며 일상적으로 더 많은 마감일에 직면해 있다. 인간이 날마다 끊임없이 지속되는 스트레스가 아니라 단기에 그치는 스트레스에 대응하도록 진화된 것은 말할 여지도 없다.

'싸우느냐 피하느냐fight or flight'라는 개념을 들어본 적 있는가. 이는 우리 몸과 뇌가 스트레스가 많은 상황에 어떻게 반응하는가를 보여주는 개념이다. 예를 들어 검치호(고양잇과의 화석 동물로 크기가 사자만 하고, 사벌형의 송곳니가 특징이다-옮긴이)와 정면으로 마주쳤다면 궁극적으로 우리는 이 호랑이와 싸우느냐 피하느냐를 결정해야 한다. 운동을 시작할 때, 특히 유산소 운동을 할 때 우리 뇌는 이를 싸우느냐 피하느냐의 상황으로 인식하고 러닝머신과 투쟁하도록 우리를 준비하게 하는 화학물질을 분비한다. 이 화학물질은 수천 가지 신경학적 이점을 갖는데, 특히 스트레스 완화 측면에서 갖는 효과가 크다. 생물학적으로 말하면 운동은 뇌가 더욱 생산적이고 통제된 형태로 스트레스와 싸우도록 한다.

운동은 스트레스 해소뿐 아니라 더 많은 것을 성취하게 하는 데도 효과적이다. 운동은 뇌로 유입되는 혈류량을 늘려 정신적 성과와 창의성을 향상시킨다. 이는 스트레스뿐 아니라 피로감과 싸우고 업무에 더 집중할 수 있도록 돕는다. 연구에 따르면 운동은 근육을 확장할 뿐 아니라 말 그대로 뇌를 더 크게 한다. 우리가 운동할 때 뇌에서 분비되는 뇌유래신경영양인자BDNF가 새로운 뇌세포를 만들도록 한다. 이 같은 유형의 성장은 상당 부분 뇌에서 기억을 담당하는 부분인 해마에서 일어난다. 운동은 기분을 좋게 하고 우울감으로 인해 손상된 뇌 영역의 세포를 되살린다.[17]

6킬로그램

운동이 몸과 뇌에 얼마나 유익한 영향을 미치고 엔도르핀을 포함해 그 밖의 훌륭한 화학물질을 얼마나 분비하는가에 관한 통계자료는 누구나 한 번쯤 접한 정보다. 프로젝트를 시작했을 때 나 역시 좀 전에 언급한 통계들을 상당수 접했고, 몸소 몇 가지 이점을 느껴보기도 했지만 이들 연구는 나를 고무시키지는 못했다. 이 통

운동으로 뇌 기능 키우기

계 자료가 과학적으로 사실이라는 것을 알았지만 소용없었다. 나의 이성적인 학구파 전두엽 피질은 통계 자료에 사로잡혔지만 통계 자료가 변연계에 동기를 부여해 실제로 운동을 장기적으로 할 만큼 관심을 갖게 하지는 못했다. 다름 아닌 이런 괴리가 동기가 되어 나는 운동이 생산성에 갖는 영향을 실험하게 됐다.

운동과 생산성을 실험하기 위해 나는 앞서 언급한 것처럼 약 4킬로그램의 순수 근육을 늘리는 한편 체지방을 17퍼센트에서 10퍼센트로 떨어뜨리기 위한 실험을 구상했다.

돌이켜보면 실험의 목표에는 잘못된 것이 없었지만 목표 달성을 위해 시도했던 변화들이 지나치게 거창해 장기적으로 유지될 수 없었다. 또 실험들이 지나치게 어렵고 모호하며 비체계적인 나머지 효과적이지 못했다. 결국 나는 실험을 지속하지 못했고, 프로젝트가 끝날 무렵 체지방을 약 15퍼센트로 줄이는 데 그쳤다. 하지만 식생활에 극단적인 변화를 시도했다가 몸부림쳤던 것과 달리 운동을 일상생활에 정착시키는 데는 성공했다.

보다 현실적인 실험을 위해 나는 일과 도중이 아니라 업무 이외 시간에 운동을 하기로 했다. 나는 운동을 매일 아침 극단적으로 일찍 일어나는 일상에 접목시켰다. 정말이지 운동을 위해서가 아니었다면 나는 매일 아침 5시 30분에 일어나는 실험을 훨씬 일찍 끝내버렸을 것이다. (이에 대해서는 다음 절에서 일정 부분 다룰 것이다.) 꽤나 책벌레 같은 구석이 있는 나는 운동을 계속하다 말기를 반복했으며 대개 헬스장보다 도서관에서 더 많은 시간을 보냈다. 그럼에도 이 실험을 본격화했을 때 과도한 운동에서 오는 급격한 체력 고갈에 시달리지 않고 거의 즉각적으로 대단한 쾌감을 느꼈다.

몇 달 사이 매일 아침 나는 5시 30분에 일어나 사무실까지 걸어 간 뒤, 카페인이 함유된 음료를 마시고 도보로 약 10분 거리에 위치한 헬스장에 걸어가는 일상에 정착했다. 헬스장에 도착하면 디지털 기기를 꺼두는 나의 규칙 때문에 여전히 모바일과 차단된 상태여서 30분 동안 심폐 운동, 45분 동안 근력 운동을 하며 팟캐스트나 오디오북, 아니면 테일러 스위프트의 최신 앨범을 들었다. 처음에는 아침 30분으로 시작했지만 점차 저항감이 줄어들고 매일 함께 운동하는 친구를 알게 되면서 운동량을 늘려나갔다. 작게 시작한 것이 지속할 수 있는 원동력이 됐으며 운동의 이점이 계속할 수 있는 동기를 부여했다.

시간대를 좀 더 뒤로 옮겼을 뿐 지금도 계속하고 있는 운동 습관을 돌이켜보면 당시에는 알아차리지 못했지만 내게 완벽한 일상을 설계한 셈이었다. 편안하게 느껴지는 수준에서 매일 아침 30분씩 작게 시작해 시간이 지나면서 저항감이 줄어들자 운동을 조금씩 강화했다. 나는 태양 아래 거의 모든 습관 신호를 다 지니고 있었다. 시간은 오전 6시이고, 장소는 매일 아침 같은 헬스장이다. 운동 전 드링크나 커피를 마신 뒤 에너지로 충전된 듯한 느낌을 경험했고, 운동을 같이하는 친구들은 내가 알고 있던 사람들의 존재에 해

운동으로 뇌 기능 키우기

당한다. 또 선행 동작으로 일찍 일어나는 부분도 있다.

나는 이 습관에 큰 저항감을 느끼지 않았고 오디오북이나 팟캐스트를 들으며 재미를 더했는데, 이는 상당한 도움이 됐다. 많은 사람들이 말하는 것처럼 새로운 습관이 일상으로 자리 잡기까지 특정 기간이 걸리는 것은 아니다. 예를 들어 매일 아침 초콜릿을 먹는 습관을 갖고 싶다면 습관이 정착하기까지 하루나 이틀이면 충분하다. 반면에 유리 위를 걷는 습관의 경우라면 정반대일 것이다. 내 경우 헬스장에 가는 것은 매우 신나는 일이었다. 특히 신체 활동과 무관하고 정신적 고양에 크게 맞물린 다른 요소들을 감안할 때 행복감을 느꼈다. 일관된 운동을 규칙적으로 한 것은 프로젝트 기간에 내가 생산적이었던 이유 중 하나다. (프로젝트가 끝날 무렵까지 나는 21만 6897단어를 작성했다.)

가장 긍정적인 것은 규칙적인 운동이 일상으로 정착됐을 때(매주 3~5일씩 운동했다) 스트레스가 줄어들었고 이는 나 자신에 대한 보다 생산적인 관점으로 이어졌다. 더 이상 정신적 피로감에 시달리지 않았고, 아이러니하게도 헬스장에서 더 많은 에너지를 쏟아낼수록 하루 중 나머지 시간에 일할 때 더 많은 에너지로 충만했다. 겨울 내내 나는 훨씬 더 행복했고 긍정적이었다. (캐나다의 혹한기에 나는 대개 기분이 가라앉는다.) 업무상의 난관들에 직면하더라도 전혀 굴하지 않았다. 오히려 위기 상황이 돌발할 때 더 많은 탄력을 발휘했다. 명상과 마찬가지로 운동은 과거 경험과의 관계를 변화시켰다. 매일 아침 나는 헬스장에서 스트레스를 떨쳐버렸고, 하루 종일 더 많은 에너지를 얻고 더욱 생산적일 수 있었다.

몇 개월 동안 이런 점진적인 변화들이 누적됐고 그와 함께 근육량도 점차 늘어갔다. 그리고 앞서 언급한 것처럼 프로젝트가 끝나는 시점까지 약 6킬로그램의 근육이 늘었다. 내가 목표했던 것보다 50퍼센트 높은 수치였다. (식품점에서 판매하는 6킬로그램의 살코기를 상상해보라. 다만 고기가 아니라 사람의 근육질을 떠올려야 한다.)

시간 비용 따져보기

물론 생산성의 이유에서 운동에는 한 가지 문제가 있다. 운동에 소모하는 시간을 어디에선가 빼와야 하는데 당장 운동보다 더 중요하다고 느껴지는 일에서 시간을 빼온다는 것이다.

지금까지 나는 시간을 투입할 가치가 있다고 생각되는 식습관과 운동을 언급했고 다음 절에서 수면을 다룰 예정이다. 하지만 이번 장의 기법들 및 명상을 포함해 이 책의 다른 한두 가지 기법들에 대치되는 대목은 바로 이 부분이다. 보통 사람들은 30분간 일을 더 할 것인가 아니면 유산소 운동을 할 것인가를 놓고 결정을 내릴 때 (혹은 잠을 더 자거나 더 멋진 식사하기 아니면 명상하기 등) 적어도 생산성에 관한 한 30분 동안 일을 더 하는 것이 바람직한 선택으로 보

운동으로 뇌 기능 키우기

인다는 사실이다. 일을 더 하는 것이 운동보다 더 쉽고 자극적이며 자책감을 덜 느끼게 하기 때문이다.

하지만 실제로는 단기적으로 30분 사이에 더 많은 일을 할 수 있다 하더라도, 장기적으로는 잠깐의 성취감보다 에너지 수위를 보충함으로써 더 많은 것을 성취할 수 있다. 에너지 수위를 보충하면 궁극적으로 시간을 절약할 수 있다. 업무에 더 많은 에너지와 집중력을 쏟아낼 수 있고 같은 양의 일을 더 짧은 시간에 성취할 수 있기 때문이다. 이 책의 다른 기법들과 마찬가지로 운동은 시간을 더욱 효율적으로 사용하게 한다. 더 유익하게 섭취하고 충분한 수면을 취하는 데 소모하는 시간도 같은 논리가 성립한다. 이들 세 가지 활동 모두 매 순간 해내기는 무척 어렵지만 시간과 생산성 측면에서 순이익을 제공한다.

그렇다고 해서 식습관과 운동, 수면에 전적으로 시간을 투입할 가치가 있다는 의미는 아니다. 분명 더 잘 먹거나 헬스장에서 시간을 보내는 것보다 일을 더 많이 하는 데 가치를 두거나 혹은 둬야 할 때가 있을 것이다. 밤새도록 자는 것보다 밖에서 즐기는 데 가치를 두는 상황도 있을 것이다. 하지만 전반적으로 매주 더욱 생산적이기 위해 궤도를 수정하고 점진적인 발전을 도모하는 사이 이들 세 가지가 시간을 들일 만큼 충분히 가치 있다는 사실을 깨닫게 될 것이다.

운동 실험 이후, 또 프로젝트를 끝마친 이후 나는 운동 대신 일을 더 하자는 발상에 몇 차례 넘어가고 말았다. 술도 다시 마시며 궤도를 이탈했지만 그때마다 나는 곧바로 제자리로 복귀했다. 블로그에 올린 글대로 생활하지 않는 데 대한 자책감 때문이 아니라 성취도가 떨어지고 훌륭한 일을 하기 위한 에너지가 줄어들었기 때문이다.

《운동화 신은 뇌Spark》에서 존 레이티John Ratey는 운동은 "뇌 기능을 최적화하기 위해 가져야 할 단 한 가지 가장 강력한 도구"라고 말했다. 그는 이렇게까지 강조했다. "운동이 알약 형태로 나온다면 세기의 블록버스터 약이라는 찬사가 전 신문 1면을 도배하게 될 것이다." 나는 이 말에 전적으로 동의한다. 운동은 시간을 쏟을 만한 가치가 있고, 더욱 생산적이기 위해 할 수 있는 최고의 일들 중 하나다.

더욱 활동적일수록 더 많은 에너지를 태워야 할 것이다.

운동으로 뇌 기능 키우기

도전 과제   과제 소요 시간 15분

운동의 놀라운 신경학적 이점들을 경험하게 된다. 에너지와 집중력, 힘, 회복력, 기억력이 향상되고 스트레스와 피로감은 줄어든다. 운동은 시간을 들일 가치가 있다.

에너지 및 집중력   **가치**   **재미**

내일 15분 동안 심박동 수를 늘려본다. 걷기나 조깅, 아니면 운동 기구나 다른 형태의 유산소 운동 중 어떤 것이든 평소보다 심박동을 빠르게 하는 것이어야 한다. (15분간의 운동에 대해 강력한 정신적 저항감을 느낀다면 도전에 대한 저항감이 사라지는 수준까지 시간을 줄인다.)

이번 과제는 특히 현재 육체적 활동량이 제한적인 이들이나 운동을 하다가 중단한 이들을 위한 것이다. 이미 규칙적으로 운동하고 있는 경우라면 운동의 수위를 높이고 운동요법에서 작고 점증하는 발전을 한 가지 이끌어낸다.

행동상의 지속적 변화를 확립하는 핵심은 최초 동기가 사라질 때 자신을 위협하지 않을 만큼 작은 변화들을 습관적으로 일으키는 것이다. 이는 특히 운동에서 중요하다. 동전의 양면과 같은 동기 부여와 미루기의 사이에서 운동은 특히 혐오스러운 도전이 될 수 있다.

많은 사람들에게 운동은 지루하고 짜증 나고 어렵고 모호하고 비체계적인 것이다. 사람들이 운동을 미루는 것은 어찌 보면 당연하다. 바로 이 때문에 작게 시작해 차츰 쌓아가는 것이 중요하다. 점진적인 향상을 이끌어내면 동기 부여와 탄력을 유지할 수 있다.

운동에 도전한 뒤에는 스스로에게 자문해본다. 어떤 느낌이 들었나? 머릿속은 말끔한가? 더 많은 에너지를 얻었는가? 스트레스를 덜 느끼는가? 피로감은 줄어들었는가? 하고 말이다. 운동이 뇌에 얼마나 큰 영향을 미치는가가 느껴질 때 규칙적으로 운동하는 한편 이를 습관으로 굳히고 싶어질 것이다. 당신이 쏟아부은 시간과 의지력의 대가로 운동이 제공한 에너지와 집중력의 증가분은 충분히 그만한 가치를 한다.

25

잠자리에 드는 시간 통제하기

 예상 소요 시간 10분 50초

잠을 줄이면 시간을 절약할 수 있지만 몸이 요구하는 적정량에 못 미치는 수면은 생산성 저하를 초래할 뿐이다. 우리가 놓치는 수면 시간 1시간마다 최소한 2시간의 생산성이 떨어진다. 충분한 수면을 취하지 않은 데 따른 비용은 실로 엄청나다.

재앙이 닥쳤다

믿거나 말거나, 지금 현재 좀비 대참사가 벌어지고 있다. 창밖을 내다보면 산송장처럼 걸어 다니는 사람들이 보일 것이다. 그들은 집중하지도 못하고 많은 것을 기억하지도 못한다. 안전하게 운전할 수도 없고, 충분한 에너지와 집중력으로 하루를 버텨내지도 못한다. 그저 아무 생각 없이 하루를 습관적으로 빈둥거리며 보낼 뿐이다. 이런 현상은 미국 질병통제예방센터Centers for Disease Control and Prevention가 '유행성'이라 진단을 내릴 정도로 만연했다. 이들 좀비는 매년 무려 8만 건의 교통사고를 유발한다.[18] 바로 우리 코앞에서 말이다. 당신도 그들 중 한 명일 수 있다. 그런데 영화에 등장하는 좀비와 달리 이 좀비들은 인육에 굶주린 것이 아니다. 그들은 그보다 훨씬 더 귀중한 것을 갈망한다. 바로 잠이다.

미국 인구의 절반가량은 수면 부족 상태로 돌아다니고 있다. 갤럽에 따르면 미국인 중 40퍼센트는 하루 평균 수면 시간이 권장량인 7~9시간에 못 미치는 것으로 나타났다.[19] 미국 질병통제예방센터는 이런 수면 부족을 '공공 건강 전염병'이라 지칭하고 있다. 충분한 수면을 취하지 못할 경우 엄청난 건강과 성과 손실이 발생하기 때문이다.[20] 수면 부족은 이들 좀비에게 대단한 비용을 초래한다. 수면과 생산성의 상관관계를 보면 이를 가늠할 수 있다.

영양과 운동, 생산성의 관계는 복잡하지만 생산성과 수면의 관계는 상대적으로 단순하다. 잠은 시간을 에너지와 교환하는 방식이다. 권장 수면 시간인 7~9시간 이내에서 더 많이 잘수록 다음 날 더 많은 에너지를 가진다. 수면과 에너지의 교환율은 매우 좋다.

잠이 부족할 때 업무 성과가 떨어지는 이유의 과학적인 배경에 대해서는 너무 깊이 파고들 필요가 없다. 아마 삶의 어느 시점에 이를 직접 체험했을 것이다. 충분히 수면을 취하지 않거나 수면의 질이 떨어질 경우 더 많은 실수를 하게 된다. 수면이 감정과 집중력, 문제 처리 방식, 학습, 기억까지 다방면에 영향을 미치기 때문이다. 수면 부족은 집중과 작동 기억, 수학적인 추론 능력에도 부정적인 영향을 미친다.[21] (이번 절은 수면, 즉 수면 부족에서 오는 손실이 엄청나다는 내용을 다루는 만큼 집중력 파트에 해당한다.)

수면 부족은 물과 커피 관련 절에서 언급했던 에너지 하강의 악순환을 가속화한다. 잠을 덜 자면 일의 효율성이 떨어지고 에너지도 감소한다. 따라서 업무 처리에 더 오랜 시간이 걸리고, 이는 다음 날 수면 시간까지 단축시키는 결과를 초래한다. 여기에 나쁜 식생활과 운동 부족까지 더해지면 에너지와 생산성 수위는 순식간에 통제 불능 상황에 빠져들게 된다.

프로젝트 기간에 나는 수면과 생산성을 위해 산다는 간단한 원칙을 세웠다. 내가 놓치는 수면 시간 1시간마다 2시간에 해당하는 생산성을 잃었기 때문이다. 이 원칙은 과학적인 근거가 전혀 없지만 내 경험에 비춰볼 때 부정적인 파장이 더 클 수 있다. 유사과학적 원칙에 관한 한 이는 상당한 타당성을 갖는다. 사람마다 체질이 다르기 때문에 필요한 수면 양도 다르고, 수면 부족에 대한 반응도 다르다. 잘 시간을 뺏기는 동기도 사람마다 제각각이다.[22] 하지만 내가 알아낸 바에 따르면 2시간도 매우 보수적인 축에 해당한다.

5시 30분 기상하기

지나고 보니 어이없는 일이지만, 생산성 실험 가운데 상당 부분에서 생산성의 이해라는 명분으로 나 자신을 지옥에 떠밀었다. 정말 재미있다고 할 만한 실험도 몇 가지 있었다. 한 주 동안 완벽하게 게으름뱅이가 되는 실험이나 테드 70시간 시청하기, 매일 오후 3시간씩 낮잠 자기가 손꼽히는 사례다. 그 밖에 상당수 실험은 말 그대로 강행군을 치러야 했다. 겨우 스물다섯 번째에 불과하지만 가장 재미없는 실험을 소개해야 할 때가 왔다. 다름 아닌 매일 아침 5시 30분에 일어나기 실험이다.

처음 아침 5시 30분에 일어나겠다고 정했을 때는 그저 이 습관을 일상에 정착시켜야겠다는 생각뿐이었다. 내가 지금 무슨 일을 벌이고 있는지 전혀 따져보지 않았다. 무엇보다 변화를 어떻게 이룰 것인가에 대해 어떤 계획도 없었다. 몇 시에 일어나고 몇 시에 취침할 것인지에 관한 많은 습관을 조금씩 허물어가는 것이 아니

잠자리에 드는 시간 통제하기

라 삶 속에 거대한 변화를 일으키는 데 모든 의지력을 소모하고는 전혀 적응하지 못했다.

일찍 일어났을 때 스스로에게 보상을 주지도 못했고, 일찍 잠에서 깨어나게 하는 신호를 규명하지도 못했다. 새로운 일상에 대한 저항감을 극복하기 위한 대처에 나서지도 않았다. 이들 모두 습관의 변화를 도모하는 데 중대한 사안들이다. 가장 중요한 것은 의식적으로 접근한 면이 눈곱만큼도 없었다는 점이다. 이 때문에 나는 실패에 실패를 거듭했다. 심지어 실험을 진행하고 한 달가량 지났을 때 '지금까지 나는 아침 5시 30분에 일어나는 데 대부분 실패했다'는 제목으로 글도 썼다. 이 글에 내가 몸부림쳤던 내용이 시간순으로 상세히 기록돼 있는데 지극히 형편없어 보이는 상황이었다.

이후 나는 한발 물러나 이 문제에 더욱 의식적으로 접근했고 일상에 정착시키기 위한 계획을 세웠다. 이상하게 들리겠지만 처음에는 습관을 삶에 뿌리내리게 하는 문제에 관한 글이나 연구 결과를 전혀 찾아보지 않았고, 이 사안에 대해 지혜로워지려는 노력도 기울이지 않았다. 단순히 매일 아침 5시 30분에 일어나려고 자신을 몰아세웠고, 이 때문에 종종 1시간 이상 잠을 설쳤으며 이는 다음 날 생산성에 심각한 영향을 미쳤다. 낮잠을 자지 않고서는 12시까지 버티지 못한 날이 수없이 많았고, 아침이면 잠을 더 자고 실패할 것인가 아니면 일어나 집중력과 에너지가 부족한 상태로 하루를 보낼 것인가를 놓고 고민한 날이 적지 않았다. 대개 나는 후자를 택했고, 실험은 장기간 지속하기가 힘겨워졌다.

새로운 습관 회로를 만들기 위해 뇌를 질책하면 성공을 거두기 어렵다. 실험을 한 달가량 진행하면서 나는 실패에 진저리가 났다. 이때 가서야 마침내 무엇이 잘못되었는가를 한발 물러나 생각해보았다.

다시 한번 덜어내기

새벽 기상을 일상에 정착시키기 위해 한발 물러섰을 때 몇 시에 일어나는지는 조금도 중요하지 않다는 사실을 깨달았다. 정말 중요한 것은 잠자리에 드는 시간이었고 이것이 바로 조금씩 덜어내야 하는 문제였다. 충분한 수면을 취하는 문제와 관련해 이는 반드시 염두에 둬야 할 사안이다.

충분한 수면을 취하기 위한 핵심은 늦잠을 자는 것이 아니다. 언제든 원하는 시간까지 잘 수 있는 호사를 누리는 사람은 많지 않다. 우리가 모두 스케줄을 통제할 수 있는 기업가라면 참으로 좋겠지만 대부분은 출근 시간이 정해져 있다. 우리가 통제할 수 있는 부분은 잠자리에 드는 시간이다. 잠을 충분히 자기 위해 적당한 시간에 취침하는 것이 핵심이다.

밤 시간의 일정을 짜서 일상에 뿌리내리게 하는 데 또다시 두어

달이 걸렸다. 하지만 억지로 일과를 일상에 정착시키려 해봐야 제대로 작동하지 않는다는 사실을 깨닫고는 충분할 만큼 점진적으로 일과를 개선해 새벽 기상을 굳히기로 마음먹었다. 내가 아침형 인간으로 타고나지 않았다는 사실을 차치하고, 다음 방법들은 적정 시간에 취침하는 데 초점을 맞추었기 때문에 몇 시에 일어나는 체질인가와 무관하게 효과를 낼 것이다.

다른 어떤 것들보다 효과적인 기법을 소개하면 다음과 같다.

첫째로, 밤 시간의 일상을 설계해야 한다. 나처럼 취침 목표 시간이 밤 9시라면 8시 45분에 뭔가에 집중하다 잘 준비를 하기란 무척 힘들다. 밤 시간의 일정을 짜면 양질의 수면을 취하는 문제를 더욱 의식하게 되는 한편 이를 위한 계획을 세우는 데 효과적이다. 불을 끄고 이불 속으로 들어가는 시각을 매우 구체적으로 정하고, 몇 시쯤 하루 일과에서 손을 뗄 것인가를 정해두는 것이 좋다. 약간의 재미를 더하기를 겁낼 필요 없다. 밤 시간의 일정은 편안하면서 의미 있도록 각자에게 맞게 구성되어야 하며, 하루 일과를 매끄럽게 마무리하고 다음 날로 넘어갈 수 있도록 해야 한다. 나는 명상과 하루를 돌아보는 시간, 그 밖의 다른 일과들을 포함시켰다.

둘째로, 청색 빛의 노출을 줄여야 한다. 잠들기 전 청색 빛에 많이 노출될수록 수면의 질이 떨어진다. 청색 파장에 속하는 빛은 몸과 뇌에 존재하며 수면을 돕는 화학물질인 멜라토닌의 생성을 억제하는 것으로 밝혀졌다.[23] 이를 방지하기 위해 잠자기 전 2~3시간 정도 전자제품의 전원을 끄는 루틴을 추천한다. (이는 뇌의 자동 조종 모드의 스위치를 내리고 감속하는 데도 도움이 된다.)

나는 청색 빛 차단용 안경도 가지고 있는데 밤에 전자제품을 사용하는 예외적인 상황에 이를 이용한다. 이 안경은 수면의 질에 놀랄 만큼 커다란 차이를 이끌어냈다. 이는 과학적으로도 입증된 사실이다. 연구에 의하면 안경을 이용한 실험 참가자들의 수면의 질이 50퍼센트 향상됐고, 잠에서 깼을 때 행복감이 40퍼센트 증진한 것으로 밝혀졌다.[24]

컴퓨터에 'F.lux Justgetflux.com'라는 앱을 다운로드받는 것도 방법이다. 이 앱은 컴퓨터 스크린의 색상을 바꿔 청색 빛의 발산을 줄인다. 처음에는 우스꽝스러워 보일 수 있지만 수면이 한층 개선된다. 낮 시간에 자연광에 더 많이 노출되면 수면이 나아지고 생산성이 향상되는 것으로 밝혀졌다. 한 연구에서는 창가에 앉은 콜센터 직원들이 다른 직원들에 비해 전화 업무 처리가 12퍼센트 빨랐던 것으로 나타났다.[25]

셋째로, 낮잠 자기를 두려워해서는 안 된다. 실험으로 그리 많은 것을 배우지는 못했지만 재미있었던 실험 중 하나는, 3주 동안 스페인에서 하듯 매일 오후 3시간 동안 낮잠을 자는 것이었다. 저녁 무렵 업무를 재개하기 전에 낮잠도 자고 식사도 하고 사람들과 교제도 나누며 오후에 여유로운 휴식을 가졌다. 그 결과 놀랍게도 휴식의 중요성이 확인된 것은 물론이고 생산성 측면에서 낮잠이 갖는 놀라운 이점을 발견하게 됐다. 밤의 수면과 마찬가지로 낮잠 역시 집중력과 정확성, 창의력, 의사 결정 능력, 궁극적으로 생산성을 향상시키는 것으로 확인됐다.[26]

카페에 걸어갔다가 돌아오는 데 걸리는 시간 동안 낮잠을 자면 에너지가 고갈되는 뒤탈 없이 카페인으로 얻는 것과 같은 양의 에너지를 충전할 수 있다. 직장에서 낮잠을 자는 것은 다소 불편할 수 있지만, 내가 만약 전형적인 사무 환경에서 다시 일하게 된다면 정신적인 충전이 필요할 때 언제든 수단과 방법을 가리지 않고 잠시 눈을 붙이는 짬을 가질 것이다. 만약 그만한 자유로움을 가질 수 있다면 일과 중 낮잠이 일정 양의 에너지, 더 나아가 생산성을 쾌속 충전하는 데 최고다.

넷째로, 잠자기 8~14시간 전 카페인 섭취를 중단해야 한다. 다시 한번 말하지만 카페인은 체내에서 빠져나가는 데 8~14시간이 걸린다. 적정한 시간에 카페인 섭취를 중단하지 않으면 수면의 질은 물론이고 다음 날 생산성을 극심하게 해칠 수 있다.

마지막으로 침실을 동굴처럼 만들 필요가 있다. 미국수면의학회 American Academy of Sleep Medicine는 침실을 동굴로 여길 것을 권한다.[27] 시원하면서 조용하고 어두워야 한다. 무엇보다 보온 측면에서 중립적이어야 한다.[28] 다시 말해 몸이 지나치게 춥거나 더운 환경에 절충하기 위해 열을 만드는 행위(떨림)나 열을 발산하는 행위(땀)를 할 필요가 없어야 한다.

나는 다른 사람들보다 시간에 높은 가치를 두지만 잠은 결코 양보하지 않는 부분이다. 새벽 기상 실험 이후 단 한 번도 잠을 양보한 일이 없다. 일을 더 많이 할 시간을 벌기 위해 수면 시간을 양보하는 것은 생산성 손실만큼의 가치가 없다. 잠을 제대로 못 자면 업무를 처리하는 데 더 오랜 시간이 걸리기 때문에 생산성 측면에서 순이익을 거두지도 못한다. 업무에 쏟을 에너지와 집중력이 줄어들고, 그 결과 실수를 더 많이 저질러 이를 바로잡는 데 더 많은 시간이 걸리게 된다. 수면을 줄이면 언제나 얻는 것보다 잃는 것이 더 크다.

언제 일어나든 중요하지 않다

프로젝트 기간에 소위 생산성 대가들이 왜 아침에 일찍 일어나는 것이 생산성에 기막히게 효과적인가에 대해 작성한 글을 여러 편 접했다. 이건 전혀 사실이 아니다. 여러 연구 결과에서 아침에 일어나는 시간이 사회경제적 지위나 인지적 성과 혹은 건강에 전혀 영향을 미치지 않는 것으로 밝혀졌다.[29] 생산성 측면에서 차이를 만들어내는 것은 아침에 일어난 뒤 무엇을 하는가 그리고 애초에 충분한 수면을 취했는지 여부다.

돌이켜보면 아침에 일찍 일어나는 것은 완전히 틀린 도시 괴담에 가까운 생산성 조언 중 한 가지였다. 모든 사람은 제각각 다르다. 만약 가족이 있고, 일찍 일어나 하루를 시작하기 전에 조용히 계획을 세우는 시간을 가질 수 있다면, 혹은 체질적으로 일찍 일어나는 부류에 해당한다면 이 일과가 적합할 수 있다. 하지만 일찍 일어나는 습관으로 아무런 혜택을 얻지 못하는 이들이 부지기수다. 완벽한 기상 시간이 따로 있는 것은 아니다. 중요한 것은 몇 시가 자신에게 최선인가 하는 점이다.

단순하면서 최선의 방법

많은 사람의 경우 처리해야 할 업무량이 이를 위해 할애할 수 있는 시간보다 더 많다. 이런 사람들이 가장 먼저 양보하는 것은 에너지다. 더 많은 일을 처리하려고 시간을 짜내다 보면 음식을 시켜 먹는 일이 많아지고 한계 수위를 넘는 카페인을 들이마시게 된다. 운동을 줄이고 늦은 시간까지 일하며 잠을 양보한다. 이 모든 희생들은 단기적인 생산성을 향상시키지만 장기적으로는 오히려 생산성을 떨어뜨린다. 나도 이런 함정에 여러 차례 빠졌고 심지어 프로젝트 기간에도 한두 번 경험했다.

사실 시간과 생산성에 대단한 가치를 두기 때문에 이 책에서 소개한 기법 중 효과를 내지 못하는 것들은 오래전에 내쳐버렸을 것이다. 이들 기법은 실천하기에 힘들고 또 귀중한 시간과 의지력을 다른 일에서 앗아갔지만 결국에는 제 몫을 한다.

식사를 제대로 하면 뇌에 충분한 포도당이 공급되어 업무에 더 많은 에너지와 집중력을 쏟게 된다. 카페인이나 알코올, 설탕 함량이 높은 음료수를 현명하게 마시거나 혹은 전혀 마시지 않으면 에너지 수위가 하루 동안 오르내리지 않고 생산성이 안정적으로 유지될 것이다. 운동을 하면 좋은 일을 할 수 있는 에너지와 집중력을 더 많이 갖게 되고 스트레스를 덜 받게 될 것이다. 충분한 수면을 취할 때 훨씬 더 효율적으로 일하며 하루 종일 좀비처럼 느끼지도 않을 것이다. 잠은 시간을 에너지와 교환하는 데 최선인 동시에 가장 단순한 방법이다.

업무에 더 많은 에너지를 쏟을 수 있기 때문에 일을 보다 효율적으로 처리해 결과적으로 시간을 절약하게 될 것이다. 그뿐 아니라 정신적으로 더 명료해지고 집중력과 단기 기억력, 문제해결 능력이 향상되며 실수도 줄어들 것이다.

에너지 및 집중력   가치   재미

매일 밤 충분한 수면을 취하고 있는지 점검해보고 그렇지 않을 경우 이를 바로잡기 위한 계획을 세워본다. 주말 동안 부족한 잠을 보충해야 하는가를 스스로에게 자문하는 일이 좋은 출발점이 될 것이다. 만약 그렇다면 주중에 충분히 잠을 자지 못하고 있을 여지가 높다. 또 적정한 시간까지 잠자리에 들 수 있도록 취침 시간 루틴에 투자할 필요가 있다. 도전 측면에서 볼 때 이는 작은 사안이지만 수면 부족에 따른 생산성 손실은 엄청날 수 있다.

새로운 취침 시간 습관을 들여야 한다면 잠자리에 들고 싶은 시간을 매우 구체적으로 정하고 이 시점부터 역으로 취침 시간 일정을 계획하는 것이 효과적이다. 불필요한 청색 빛에 얼마나 노출되는가, 잠들기 10시간 전까지 카페인을 얼마나 마시는가 그리고 수면 환경이 시원하고 편안한가를 유심히 살핀다.

잠을 줄이면 그만큼 시간을 벌 수 있지만 몸이 요구하는 적정선 미만에서 아끼는 시간은 생산성 손실만큼의 가치가 없다. 수면 시간을 1시간 놓칠 때마다 최소한 2시간에 해당하는 생산성 손실이 발생한다는 사실을 기억하라.

The
Productivity
Project

CHAPTER 8

프로젝트를
마치며

자신에게
관대해지기

  예상 소요 시간 21분 59초

매일 얼마나 많은 시간과 주의력, 에너지를 가졌는지 점검한 뒤 이에 부합하게
목표를 세우고 계획했던 모든 일들을 해낼 것이다.

느긋해지는 방법

프로젝트를 진행하는 과정에서 더 많은 일을 하도록 나 자신을 몰아세울 때마다 흥미로운 점을 발견했다. 자신에게 엄격해지지 않고서는 스스로를 몰아세워 더욱 생산적이게 한다는 것이 불가능에 가깝다는 사실이다. 솔직히 이는 생산성을 높이는 데 불리하다. 일을 잘못할 경우 그 과정에서 자신에게 엄격해지고 시작할 때보다 끝나는 시점에 행복감이 떨어진다. 대부분의 사람들이 행복감을 높이기 위해 생산성에 투자하므로 실상 애초에 생산적이고 싶었던 이유에 위배될 수 있다. 생산성에 대한 투자는 가치 있는 일이지만 그 과정에서 자신에게 불친절하기에는 인생이 너무 짧다.

좋은 소식이 있다. 연구에 따르면 생산성과 행복이 궤를 같이하는 것으로 밝혀졌다. 실제로 더 행복할수록 더 생산적이게 된다. 《행복의 특권》에서 숀 아처는 뇌가 행복할수록 "부정적이거나 중립적이거나 혹은 스트레스를 받을 때보다 훨씬 더 훌륭하게 일을 수행한다. 지능이 높아지고 창의력이 향상되며 에너지 수위 역시 상승한다"고 주장한다. 사실 그는 연구에서 행복한 사람이 31퍼센트 더 생산적이며 영업 실적이 37퍼센트 더 뛰어난 것으로 밝혀냈다.[1] 그뿐 아니라 더 멋지고 안정적인 일자리를 가지며 직장을 지켜내는 데도 우월하고 더 높은 회복력을 지닌 한편 녹초가 되는 빈도도 낮다는 사실이 연구에서 드러났다. 아처의 연구는 매우 심오

자신에게 관대해지기

한 개념을 보여준다. 행복에 투자하고 자신에게 친절할 때 생산성도 높아진다는 것이다.

지금까지 나는 생산성에 투자하는 과정에서 자신에게 친절하기 위한 여러 기법들을 제시했다. 사실 이 책에 소개한 많은 기법들 자체가 더 많은 것들을 해내기 위해 정진하는 가운데 스스로에게 다정하게 대하는 방법이다. 현실적이면서 성취하기에 너무 벅차지 않은 일간 및 주간 목표를 정할 때 이를 성취하도록 하는 동기가 부여될 것이다.

자신의 뇌가 작동하는 방식을 받아들일 때 꾸물대는 행위를 극복하고 시간 낭비를 멈추게 된다. 어떤 결정을 내릴 때 미래의 자신을 고려하면 이룰 수 없는 의무들로 미래의 자신에게 부담을 떠안기지 않게 된다. 사고하기 위한 주의력 공간을 정돈하면 자신에게 더 많은 명료함을 주는 한편 압박감을 덜 느끼게 된다. 작고 점진적인 개선을 만들고 자신에게 보상하는 일, 자신의 저항선을 찾아내고 의식적으로 일하며 집중력과 에너지 수위를 배양하는 것 모두가 생산성에 투자하는 과정에서 스스로에게 여유를 주는 동시에 즐기는 길이다.

프로젝트 과정에서 나는 생산성에 투자하면서 자신을 관대하게 대하는 몇 가지 재미있는 방법을 발견했는데, 대부분 목표를 달성하지 못한 데 대해 불필요하게 나 자신을 닦달한 뒤에야 깨우치게 됐다. 이상하게도 자신에게 더 너그러워지면 덜 생산적인 것으로 느껴지거나 심지어 자책감을 가질 수 있다. 그렇지만 이 방법이 하루를 마치는 시점에 더 많은 것을 성취하게 한다. 동기 부여가 지속되기 때문이다.

이 방법들은 앞서 소개한 25가지 기법과 완벽하게 부합하며 이 책을 마무리하는 데 이보다 더 나은 방법을 생각할 수조차 없다. 생산성을 신경 쓴다면 자신에게 관대한 태도는 무척 중요하다. 생산성을 향상하는 과정에서 스스로에게 너그럽기 위한 아홉 가지 방법은 다음과 같다.

1. 생산성에서 더 자주 단절되어라

대개는 지금보다 더 많은 휴식을 취해야 한다. 여기에는 일과 중 휴식과 업무 전반으로부터의 휴식이 모두 포함된다. 이것을 가장 먼저 언급하는 이유는 모든 기법들 중 가장 중요하기 때문이다. 휴식 시간이 과도하게 적으면 생산성이 완전히 무너질 수 있다. 더 많은 휴식을 가질수록 더 많은 에너지와 집중력을 갖게 되며, 피로감을 느끼는 빈도가 줄어든다.

휴식이 가져다주는 이점은 셀 수 없이 많고 놀라울 정도로 대단하다. 휴식을 취할수록 더욱 유념하며 의식적으로 일할 수 있고 새로운 아이디어가 솟아나는 한편 사고의 방랑 모드로 전환하는 데도 유리하다. 아울러 업무를 점검하고 진행 중인 일의 의미를 인식하고 궁극적으로 생산성을 높이는 데 도움이 된다. 한 연구에서는 생산성을 위한 이상적인 휴식 시간이 업무 시간 52분당 17분인 것으로 나타났다.[2] 모든 사람의 성향이 저마다 다르다는 면에서 나는 이 수치에 완전히 동의하지 않는다. 하지만 현재보다 훨씬 더 많은 휴식 시간을 가져야 한다는 수치 이면에 내포된 개념에는 동의한다.

토론토대학의 한 연구에서 휴식과 생산성의 상관관계를 파헤쳤는데, 무력감을 느끼는 것은 뇌의 생리학적 에너지가 제한적이기 때문이라는 사실이 밝혀졌다. 공동 연구자인 존 트루가코스John Trougakos 교수에 의하면 "행동을 통제하고 업무를 수행하고 집중하려는 모든 노력들이 생리학적 에너지 공급원에 의존한다.[3] 에너지 공급원이 고갈되면 모든 업무 처리의 효율성이 떨어지게 된다." 일과 도중에든 아니면 아예 전면적으로든 업무에서 완전히 분리되는 것은 이 에너지 공급원을 보충하는 데 도움이 된다. 나는 1시간마다 최소한 15분의 휴식을 갖는다. 그렇지 않을 경우 에너지와 집중력이 저하되는 것이 확인되기 때문이다.*

* 훌륭한 휴식 방법을 살펴보려면 17절을 참고하라. 스트레스를 완화할 수 있는 활동들이 제시돼 있다. 이들은 생산성에 몰입하는 상태에서 한발 물러나 에너지를 재충전하고 스트레스를 해소하는 한편 삶을 즐기는 데 도움을 준다.

2. 감사하는 세 가지를 떠올려라

아처는 최근 연구에서 더 행복하게 생각하도록 뇌를 실제로 훈련시킬 수 있는 몇 가지 방법을 발견했다. 아처가 전적으로 옹호하는 명상과 운동 외에 내가 선호하는 두 가지 기법은 '감사하는 세 가지를 떠올리는 것'과 '매일 하루를 마무리하면서 한 가지 긍정적인 경험을 기록해두는 것'이다. 아처가 말한 것처럼 매일 감사한 일 세 가지를 떠올림으로써 "의식적으로 긍정적인 일들을 살피면 뇌가 더욱 좋아지고 무의식 상태에서도 지속적으로 세상의 선한 측면을 살피는 새로운 행동 양식이 자리 잡게 된다."

이는 감사함이라기보다 삶을 긍정적인 면에서 고찰할 수 있는 능력이다. 이 습관이 매우 효과적인 것은 이 때문이다. 매일 밤, 심지어 힘들었던 하루를 보낸 뒤에도 나는 그날 하루 중 정말 감사한 세 가지 굵직한 일들을 적어본다. 도저히 떠올리기 어려운 날에는 일반적으로 감사한 것들 세 가지를 기록한다. 불과 1~2분밖에 걸리지 않는 기법이지만 그 효과는 절대적으로 심오했다.

3. 긍정적인 경험을 기록하라

아처에 의하면 신경학적 측면에서 하루를 마치고 긍정적인 경험을 기록하거나, 글쓰기에 흥미가 없을 경우 이 경험에 대해 얘기만 해도 뇌는 이를 의미 있는 것으로 새긴다. 시간이 지나면서 이 행위는 하루 중 가장 긍정적이고 의미 있는 부분을 떠올리게 해 더 행

자신에게 관대해지기

복하게 생각하도록 뇌를 훈련하는 데 효과적이다.

"뇌는 시각화와 실제 경험의 차이를 인식하지 못하며, 따라서 하루 중 가장 의미 있는 경험이 갑절로 불어나게 된다. 이 행위를 반복하면 뇌는 점들을 연결하고 전반적인 삶에 걸쳐 의미의 궤적을 확보한 것을 깨닫게 된다"는 아처의 말은 중요하다. 영속적이고 장기적인 결과를 내기 위해서는 몇 주 동안 이 기법으로 뇌를 더 행복하게 생각하도록 훈련해 이를 습관으로 자리 잡게 해야 한다고 아처는 권한다.

4. 업무 분류하기

일하는 것보다 비디오 게임이 훨씬 더 큰 보상을 주는 것으로 느껴지는 데는 그만한 이유가 있다. 비디오 게임은 이정표와 목표, 보상이 연쇄적으로 이뤄지는 데 반해 대부분의 업무는 훨씬 더 모호하고 비체계적이기 때문이다.

굵직한 프로젝트의 하위 목표를 정하고 체계성을 높이기 위해 프로젝트 구상에 더 많은 시간을 투입하는 한편 각 프로젝트마다 처리해야 하는 일의 목록을 지속적으로 관리할 때 업무에서 느껴지는 체계성과 보상, 호감이 높아진다. 한 조사에 따르면 이 같은 행위는 업무에 깊이 집중한 나머지 시간이 매우 빠르게 흐르는 것처럼 느끼는 이른바 '몰입' 상태에 이를 확률을 높이는 것으로 확인됐다.[4]

5. 스스로에게 조언을 구하라

난관에 부딪힐 때 더욱 생산적이기 위해 내가 선호하는 방법 중 하나는 나 자신에게 조언을 구하는 것이다. 친구나 가족의 의견에 가치를 두는 동시에 나는 늘 스스로에게 조언을 구한다. 다음에 난관에 부딪히게 되거나 주위에 기댈 수 있는 누군가를 찾게 될 때 자기 자신에게 기대보라. 자신에게 어떤 조언을 제시하겠는가? (이 기법은 짜증 나는 업무에 저항할 때 전두엽 피질을 점화시키는 데도 대단한 효과를 낸다.)

6. 스스로에게 보상을 줘라

이 책 전반에 걸쳐 자신에게 보상을 주는 문제를 언급했지만 한 번 더 얘기할 만큼 중요한 사안이다. 오랜 시간에 걸친 운동을 마칠 때마다 페이스북에서 15분 동안 노닥거리는 것이든, 매일 1달러를 망설이지 않고 소비하기 위한 푼돈 계좌에 넣어두는 것이든, 아니면 대형 프로젝트를 마친 뒤 고급 레스토랑에서 스테이크를 먹는 것이든 자신에게 보상을 주면 생산성에 투자하는 과정에서 확고한 습관을 굳히는 것뿐 아니라 즐기는 데도 도움이 된다.

7. 성장할 수 있다는 사실을 인지하라

스탠퍼드대학의 심리학자인 캐롤 드웩Carol Dweck의 연구에 의하면 성공적인 사람과 그렇지 못한 사람을 구분하는 핵심 요인은 자

자신에게 관대해지기

신의 지능과 능력이 고착된 것으로 느끼는지의 여부다.[5] 성장 사고 방식을 지닌 이들은 어려운 업무와 인내를 통해 더 많은 것을 성취할 수 있다고 믿는다. 이들은 난관을 방해물로 여기는 것이 아니라 극복해야 할 도전으로 받아들인다. 또 이들은 열심히 일하는 것을 기술을 통달하기 위한 유일한 길로 생각한다. 만약 지능과 능력이 고착돼 있다고 여긴다면 잘못된 생각이다. 자신이 항상 성장할 수 있고 지능과 기량이 고정된 것이 아니라는 사실을 상기하는 일은 더욱 생산적이기 위해 스스로에게 도전 과제를 주는 훌륭한 방법이다.

8. 성취 목록을 작성하라

지난 몇 년간 나는 성취 목록을 작성하고 대청소의 날이면 늘 이를 점검하고 보충하고 있다. 이건 단순한 목록이기 때문에 점검하는 데 오랜 시간이 걸리지 않지만, 매주 이를 통해 업무와 일상에서 한발 물러서는 한편 스스로를 격려하고 생산성 향상으로 말미암아 성취한 것들을 인식하게 된다.

목록을 작성하기 전, 나는 성취한 일들을 점검하는 시간을 갖지 않은 채 생산성에 투자했다. 매주 주말이면 목록을 점검하며 새로운 한 주를 향해 나아가는 동시에 더 많은 것을 성취하도록 동기를 부여했다. 이 기법은 결과가 당장 눈앞에 드러나지 않는 장기 프로젝트를 진행할 때 특히 효과적이었다.

9. 귀여운 아기 동물 사진 보기

귀여운 아기 동물을 들여다보면 '세상에~' 하는 탄성이 나오는 것은 물론이고 인지와 운동 성과를 높일 수 있다. 한 연구에서 다른 귀여운 이미지와 함께 귀엽게 생긴 새끼 동물 사진을 본 실험 참가자들의 인지 및 운동 성과를 분석했다. 그 결과 귀여운 동물 사진은 참가자들이 주의력을 관리하는 데 긍정적인 효과를 냈고, 그 밖에 귀여운 것들을 보는 것은 행동의 신중성을 요구하는 업무의 후속 성과를 향상시키는 것으로 확인됐다.[6] 이 기법은 다소 과장된 것일 수 있지만 재미있다는 데는 이견의 여지가 없다.

여행지에서 입원하기

나는 생산성을 이유로 업무에서 벗어나기를 적극적으로 옹호했다. 생각이 배회하도록 하고 자신에게 너그러워지며 생각과 아이디어가 흡수되고 연결점을 만들어내는 동시에 이리저리 굴리고 있는 아이디어를 생각해볼 수 있는 사고의 공간을 자신에게 제공하기 위해서다.

이 책을 쓰기 시작하고 3개월 후 나는 계획보다 앞서가고 있다는 사실을 발견했다. 머릿속을 정돈할 겸 나 자신에게 일주일간의 여행을 허락하고 아일랜드 더블린행 비행기에 올랐다. 일주일간의

자신에게 관대해지기

여행을 위해 나는 더블린 근교에 위치한 작은 어촌인 호스에서 지내기로 했다. 에어비앤비를 통해 마련한 숙소에서 외출할 때면 나는 늘 스마트폰과 노트북 없이 노트 한 권만 들고 나가 해변을 거닐었다. 생각이 배회하도록 한 뒤 뭔가 흥미로운 생각이나 연결점들이 떠오르면 종이에 기록했다. 2월이었기 때문에 밤에는 꽤 쌀쌀했는데 내게는 무척 따뜻하게 느껴졌다. (더블린의 2월 평균 기온은 섭씨 5도로 같은 시기의 오타와에 비해 4~5도가량 높았다.)

하지만 이틀도 지나기 전에 모든 것이 엉망이 되어버렸다. 밤 12시가 막 지났을 때 친구네서 숙소로 걸어가는 사이 나는 자갈로 된 가파른 비탈길에서 넘어졌다. 넘어진 뒤 대수롭지 않게 일어서려 했지만 몸을 일으켜 세울 수가 없었다. 몸의 무게를 오른쪽 다리에서 왼쪽 다리로 옮기는 데 (심지어 기네스 맥주를 1000cc 정도 마신 상태였음에도) 참을 수 없는 고통이 밀려왔고, 나는 다시 바닥으로 나뒹굴고 말았다. 주머니에서 스마트폰을 꺼냈지만 방전된 상태였다. 소리를 질러 도움을 청하려 했지만 인적이 드문 지역이었기 때문에 주위에 도와줄 사람이 없었다. 만약 있었다 해도 모두가 곯아떨어졌을 시간이었다. 그 자리에 누운 채로 1시간쯤 지났다. 당시 날씨가 추웠기에 통제할 수 없을 정도로 몸이 떨리기 시작했고, 체온을 유지하기 위해 몸을 공처럼 말았다. 한 발로 뛰어보려고 한두 차례 시도해보았지만 극심한 통증 때문에 다시 주저앉고 말았다.

3시간쯤 지난 뒤 마침내 두어 명의 사람들이 도와달라는 내 외침을 듣고 찾아왔다. 해 뜰 무렵 나는 구급차에 실려 병원으로 갔다. 나는 극심한 통증을 호소하고 있었고, 온통 캐나다로 돌아가고 싶은 생각뿐이었지만 그럴 수 없었다. 발목과 다리뼈가 으스러져 비행기에 탈 수 없었기 때문이다. 제대로 굴러 떨어질 경우 얼마나 엄청난 손상을 입을 수 있는지 확인하고는 놀랄 따름이었다.

장시간 재건 수술로 왼쪽 다리에 핀과 골판, 다리 길이의 절개 자국이 생겼고 그대로 3일 동안 병실에 누워 지냈다. 완전 기진맥진했다. 설상가상으로 더블린에 오기 전 가입한 여행자 보험이 수술 비용을 보장하는 것인지 확실치 않았기 때문에 며칠 동안 불안한 마음으로 지내야 했다. (나중에 보장이 되는 것으로 확인됐다, 휴!)

수술을 받고 하루 이틀 지난 후에도 도움 없이는 침대에서 일어날 수 없어 스마트폰에 이메일과 문자, 그 밖의 것들이 쌓이는 동안 속수무책으로 자리에 누워 있던 기억이 아직도 생생하다. 스마트폰으로 들어오는 사안들을 처리할 에너지와 집중력도 없었고, 몇 주 동안은 기력을 온전히 회복할 수 있을 것 같지 않았다. 회복하는 데 시간이 얼마나 걸릴 것인지 의사에게 물었을 때 그의 대답이 나를 더욱 참담하게 했다. 골절이 심했기 때문에 완전히 회복되려면 6개월가량 걸리고 그 기간 동안 물리치료가 필요하다는 얘기였다. 지금도 나는 동네를 걸어 다닐 때 지팡이가 필요하고 달리거나 뜀박질을 할 수 없다.

그런데 그 6개월간, 회복은 생각할 것도 없고 부상이 아니었더라

자신에게 관대해지기

면 이 책을 완성도 있게 쓰는 것은 차치하고 마감일을 지키는 것도 어려웠을 것이다. 나는 처리해야 할 일들 중 어떤 것도 고민하거나 손쓸 여력이 전혀 없는 거의 빈사 상태였다. 집에서 1만 리 떨어진 곳에 홀로 묶인 것이 아니라 깁스를 풀고 원고도 쓰고, 집으로 돌아가 내가 사랑하는 사람들 속에서 지낼 수 있도록 6개월이 초고속으로 지났으면 하는 바람뿐이었다.

매일 그리고 하루 종일 우리는 자기 자신에게 얘기한다. 이는 지극히 정상적인 행위다. 모든 사람은 하루 온종일 끊임없이 내면의 대화를 한다. 심리학자들은 이를 '내면의 독백' 혹은 '자기 대화'라고 지칭한다. 정기적으로 대화하는 사람들 가운데 자기 자신보다 더 많은 얘기를 나누는 사람은 단 한 명도 없다.

이 책에서 소개한 기법들을 시도해보았다면 자기 대화를 직접 체험해보았을 것이다. 일을 미룰 생각을 하고 있다는 사실을 알아차렸을 때 변연계와 전두엽 피질이 전투를 벌이는 상황을 지켜보면서 자기 대화가 늘어나는 사실도 알아차렸을 것이다. 파이카일은 최근 내게 일을 미룰 때 "자기 대화가 급격하게 는다"고 말했다. 명상을 하는 동안에도 뇌가 자기 자신과 열띤 대화를 나눈다는 것을 눈치 챘을 것이다. 혹은 각 장 끄트머리의 도전 과제를 실행할 것인지 고민할 때 자기 대화가 고조되는 것을 알아차렸을지 모른다. 특히 강한 저항감을 느끼는 도전을 맞이했을 때 이 같은 현상이 두드러졌을 것이다.

나 역시 프로젝트 기간에 자기 대화를 경험했다. 프로젝트가 진행되는 사이 자기 대화가 더 늘어났다. 신기하게도 대부분의 대화는 부정적이었지만 나는 스스로를 부정적인 사람으로 여기지 않는다. 생산성의 해 프로젝트에 착수하기 위해 취업 기회를 포기하기로 결정한 뒤 내 마음은 흥분과 긴장감, 의심, 두려움, 걱정, 자기 대화로 가득했다. 부담 백배인 연구 논문 읽기를 미루려 할 때마다 부정적인 자기 대화가 폭발적으로 늘었다.

프로젝트 시작을 앞두고 명상을 중단하고는 의식적으로 목적을 갖고 일하는 것이 아니라 더 빠르게, 더 열심히 일했을 때 자기 대화는 일하는 속도와 함께 수직 상승했다. 첫 번째 시간 일지 작성 후 한 주 동안 6시간 일을 미룬 데 대해 자신을 닦달할 때도 부정적인 자기 대화가 폭발적으로 늘었다. 체지방을 10퍼센트로 떨어뜨린다는 목표를 달성하지 못했을 때 나는 쓸데없이 자신에게 혹독하게 굴었다.

나는 버터가 흘러내리는 치킨을 입에 달고 살면서 하룻밤 사이에 체지방을 떨어뜨릴 수 있다고 생각했다. 한 주에 20시간 일했을 때 나는 또다시 자신에게 불필요하게 가혹해졌다. 일해야 한다고 느껴지는 시간만큼 일하지 않았기 때문이다. 〈뉴욕 타임스*The New York Times*〉가 내 인터뷰 기사를 실었을 때나 이 책의 출판 계약을 체결했을 때와 같이 프로젝트가 정상 궤도에 올랐을 때조차 나는 쓸

자신에게 관대해지기

데없이 자신에게 엄격했다. 한번은 심각한 가면증후군에 시달리면서 나 자신을 사기꾼이라 말했던 적도 있다.

1년간의 프로젝트가 절반가량 진행되던 시점에 나는 우연히 내 어깨 위의 수백 킬로그램짜리 납덩이를 치워줄 경이로운 사실을 발견했다. 부정적인 자기 대화는 절대적으로 완전하게 정상적인 현상이다. 심리학자인 섀드 헴스테터 Shad Helmstetter가 알아낸 바에 따르면 "우리가 생각하는 모든 것들 중 77퍼센트는 부정적이고 역효과를 불러일으키며 우리에게 불리하게 작용한다."[7] 경영학을 전공하는 학생들을 대상으로 실시한 또 다른 연구에서는 평균적인 학생들에게 자연적으로 떠오르는 생각의 60~70퍼센트는 부정적인 것으로 드러났다.[8]

자기 대화는 본질적으로 측정하기 어렵다. 다른 사람의 머릿속에서 일어나는 일을 무슨 수로 분석할 수 있겠는가. 하지만 나는 이들 통계 수치가 심오한 개념을 확인시켜준다고 믿는다. 머릿속에서 부정적인 자기 대화를 갖는 것은 단순히 평균적인 현상이 아니라 인간적인 면모다. 50건의 이메일 중 49건이 긍정적인 내용이고 단 한 건만 부정적인 경우를 본 적이 있는가? 그 한 가지 이메일을 나머지 49건의 이메일 전부를 합친 것보다 더 강렬하게 기억할 것으로 확신한다. 이는 단순히 우리의 본성이다. 매일 8~15킬로미터를 걷도록 진화한 것처럼 환경 속에서 위협을 인지하도록 발전한 셈이다. 이것이 부정적인 한 건의 이메일이 뇌리에 박히는 이유이고 당신의 자기 대화가 그토록 부정적인 이유를 설명하는 부분이기도 하다.

몇 개월 동안 나는 머릿속에 떠오른 부정적인 생각들을 모조리 모았는데 이들 중 상당수는 단순히 난데없이 나타난 것이었다. 여기 몇 가지 더 흥미로운 것들이 있다.

- 내가 처한 환경은 지극히 불편하다.
- 이 부분에서 나는 조금도 나아지지 않을 것이다.
- 나는 쓸모없는 인간이다.
- 그들이 거절할 것이 뻔하다.
- 나는 사기꾼이다.
- 내게는 말할 가치가 있는 것이 전혀 없다.
- 나는 자격이 없다.
- 이런 느낌을 갖는 것은 나뿐이다.
- 나는 이것을 해낼 수 없다.
- 나는 제대로 하는 것이 아무것도 없다.
- 그런 말을 왜 했을까.
- 이것을 알아듣지 못하는 건 분명 나밖에 없을 것이다.
- 사람들이 나를 좋아하지 않을 것이다.
- 사람들이 비웃을 것이다.
- 나만큼 가망이 없는 사람은 또 없을 것이다.

자신에게 관대해지기

정말이지 가혹한 말들이다. 나 자신에게 말하듯 친구에게 말했다면 내게 남은 친구는 한 명도 없을 것이다. 하지만 이 모든 것들이 단순히 뇌가 설정된 형태에 따른 결과라는 사실을 인식하게 된 순간 나는 또 하나의 수백 킬로그램짜리 납덩이가 어깨에서 내려진 듯했다. 순식간에 나는 대화에 휘말리는 것이 아니라 한발 물러서서 이를 관찰할 수 있게 됐다. 그리고 대략 60~77퍼센트에 이르는 허튼소리 중 어떤 생각도 대적할 수 있다는 것을 알게 됐다.

수술 후 머릿속이 천천히 정돈되기 시작하면서 불현듯 이 책의 원고 마감일을 넘기게 될 것이라는 생각이 들었다. 생산성에 관한 책을 쓰는 이른바 '당신이 만난 인물들 중 가장 스마트하게 사는 사람'이 정작 자신의 원고 마감일을 어기는 꼴이 될 상황이다. 헐!

소일렌트 실험 후 버스를 타고 집으로 돌아갔던 순간 또 한 번 패배를 인정할 준비가 돼 있었다. 그때까지 단 한 번도 나 자신에게 던지지 않았던 한마디를 내질렀던 기억이 생생하다. "나 포기했어." 하지만 이 생각이 떠오른 직후 나는 낄낄거리기 시작했다. 광적인 웃음이 아니라 명상 시간에 생각이 방랑하는 것처럼 작은 소리로 킥킥댄 정도였을 뿐 정신병동으로 옮겨지진 않았다. 어떤 면에서는 실제로 생각이 배회했다. 바로 그 순간에 머물렀던 것이 아니라 본래 생각이 설계된 방향, 즉 부정적인 곳으로 향했던 것이다. 부정적인 자기 대화를 극복하는 일은 매우 어려웠다. 하지만 마음 한편에서는 어떻게든 하루를 마치는 시점에 내 상태가 괜찮을 것이라는 사실을 알았다.

프로젝트 이후 줄곧 아침에 일어나 가장 먼저 하는 일 중 하나는
그날 하루 동안 해내고 싶은 일 세 가지를 정하는 것이었다. 예전의
신경회로는 여간해서 사라지지 않았고, 병원에 하루 이틀 누워 지
낸 뒤 에너지와 집중력을 서서히 회복하면서 나는 다시 생산성 모
드로 복귀해 매일 성취하기를 원하는 세 가지 일을 정했다.

생산성은 일반적으로 자신의 제약을 파악하는 과정이다. 수술
후 첫날 나는 최신형 철제 보조기구에 의존해 병동 주변을 한두 바
퀴 돌았다. 침대로 돌아와 앉으면서 무척 상쾌한 기분을 맛보았다.
육체적으로, 정신적으로 내가 부딪혔던 제약들을 파악하면서 정확
히 내가 목표했던 일을 성취했다. 처음 며칠 동안 나는 한두 가지
간단한 목표를 세웠다. 책 읽기라든지 중요한 이메일 한두 건 작성
하기, 비서와 업무 조율하기, 혹은 고향 친구나 사랑하는 사람들과
의 연락하기 등이 여기에 포함됐다.

나는 매일 얼마나 많은 시간과 주의력, 에너지를 가졌는가를 점
검한 뒤 이에 부합하게 목표를 세웠고 거의 매일 계획했던 모든 일
들을 해냈다. 최소한 두어 달은 왼쪽 다리에 전혀 무게를 실을 수
없었지만 생산성 측면에서는 그때까지 충분한 기틀을 마련했기 때
문에 곧바로 일어설 수 있었다. 당시 내게 가장 중요한 일이 무엇인
지 알고 있었고, 이는 집중하기 힘든 상황에서 내게 등불이 되어주
었다.

자신에게 관대해지기

나는 중요한 일을 해내기 위해 일간 및 주간 계획을 세우는 습관을 지니고 있었다. 성실하게 일했고 일정보다 앞서나갔기 때문에 미래의 나에게 친절해질 수 있었다. 나는 일을 간소화했고 성과가 낮은 일 중 많은 부분을 비서에게 넘겨 간신히 상황을 헤쳐 나가는 것이 아니라 중요한 일에 온전히 집중할 수 있었다. 머릿속에 처리해야 할 일의 목록을 쌓아두는 것이 아니라 종이와 디지털 기기에 저장했고, 이는 정신적 여력이 부족할 때 큰 도움이 됐다. 나는 또 인터넷을 차단하고 주변의 산만함을 다스리는 한편 싱글태스킹과 영양분 섭취, 충분한 수면 등의 습관을 들였고, 이를 통해 한발 앞으로 나아가고 제한된 에너지를 십분 활용할 수 있었다.

매일 단 몇 분이라도 시간을 내 명상을 했다. 이는 내가 겪은 상황에 어떤 변화도 가져다주지 못했지만 그 상황을 이해하는 방식을 전면적으로 변화시켰다. 비관적인 상황에서 긍정적인 면을 볼 수 있었고 더 커다란 회복력을 가져다주었다. 불과 하루 이틀 사이에, 특히 밤마다 감사한 일을 생각하는 일과 후에 나는 수천 마일 떨어져 있지만 사랑하는 사람들과 매일 얘기를 나눌 수 있고, 여행자 보험에서 수술비를 지급하고, 심지어 부상이 어느 날 재미있는 이야깃거리가 될 것이라는 사실에 감사한 마음을 갖게 됐다.

이 책이 출간된 건 순전히 내가 닦은 생산성 토대 덕분이다. 이 책은 내가 다소 특이한 방식으로 진행했던 생산성 연구의 산물이다. 발목이 부러지고 45일이 지난 뒤 나는 원고를 편집자에게 송고

했다. 다리는 아직도 완전히 회복되지 않았고 앞으로도 몇 개월이 더 걸릴 것이다. 하지만 이 책의 원고를 제 시간에 넘겼다.

사실 원래 일정보다 6주 먼저 전달했다.

열흘 동안 완전히 고립된 채 생활하기

1년간의 생산성 실험과 관련해 사람들에게 가장 자주 받는 질문 중 하나는 내가 가장 많은 것을 배운 실험이 무엇인가 하는 것이다. 초기에는 이런 질문을 받을 때면 대개 무슨 말을 해야 할지 몰라 쩔쩔맸으나 마침내 답이 명확해졌다. 내가 가장 많은 것을 배운 실험은 열흘 동안 완전히 고립된 채 생활한 것이었다.

대부분의 실험 이면에 깔린 의도는 내 일과 삶에서 생산성에 기여하거나 저해하는 것으로 판단되는 요소를 선택해, 일정 기간 집중적으로 파고들며 그것이 성과에 어떤 영향을 미치는가를 고민해보자는 것이었다. 35시간 동안 명상하기를 통해 한발 물러나 명상과 생산성의 연결고리를 발견하게 됐고, 스마트폰 사용 시간을 하루 1시간으로 제한한 실험을 통해 테크놀로지와 인터넷에 대해 생각해보게 됐다. 소일렌트만 먹는 실험을 통해서는 음식에 관해 고민해볼 수 있었다. (나는 원래 먹거리에 대해 많은 생각을 하지만 평소보다 더 많은 생각을 했다.)

자신에게 관대해지기

열흘 동안 완전히 고립된 채 생활하기로 했을 때(더 세부적으로는 창문이 없는, 고로 햇빛이 없는 방에서 지냈을 때) 나의 의도는 사람들이 생산성에 어떤 영향을 미치는가를 살펴보자는 것이었다. 때로 우리는 주위 사람들을 당연시하거나 그다지 이상적이지 않은 관계에 빠져들게 된다. 사람들과의 관계에 대해 한발 물러나 생각할 여유를 갖거나 혹은 이들이 삶에 어떤 의미를 부여하는가에 대해 생각할 시간을 갖지 않는다.

실험을 진행하면서 나는 난관에 부딪혔다. 내 여자친구와 함께 계산기를 두드려가며 프로젝트 종료 시점까지 예산을 짰으나 답이 나오지 않았다. 내게는 생산성 실험을 마무리할 때까지 1년간 버틸 만한 자금이 없었다. 프로젝트를 마치려면 최소한 파트타임 일자리라도 찾거나 대출을 받아야 했다. (웹사이트에 광고나 스폰서를 유치하지는 않았다. 돈을 벌겠다는 목적으로 만든 사이트가 아니었기 때문이다.)

생산성 프로젝트에 대한 개념이 공식적으로 존재하는 곳은 웹사이트뿐이었지만 생산성의 해는 내게 단순히 블로그 이상의 의미를 가졌다. 1년간의 프로젝트는 실험을 통해서든 아니면 자료 조사나 전문가 인터뷰를 통해서든 내 호기심을 모조리 탐구하고 이들을 최대한 많이 연결하기 위한 장이었다. 그런 다음 실험을 통해 내가 배운 모든 것들을 사람들과 공유하자는 의도였다.

예산을 맞출 수 없다는 사실을 깨달았을 때 나는 여자친구와 함께 털어놓기 다소 창피한 선택을 했다. 둘이 함께 여자친구의 부모님 집으로 들어가 살자는 것이었다. 아무리 프로젝트가 끝날 때까지라 해도, 6년간 독립해 생활한 여자친구와 내가 다시 부모님의 신세를 진다는 것은 수천 걸음을 후퇴하는 듯한 기분이었다. 특히 내게는 생산성 실험을 위해 두 건의 취업 기회를 마다한 터라 더욱 마음이 착잡했다. 부정적인 자기 대화가 내면에서 솟구쳐 올랐지만 이것이 올바른 선택이라는 생각이 들었다. (중요한 사실은 여자친구의 경우 부모님 집으로 들어갈 이유가 전혀 없었다는 점이다. 은행 통장에 넉넉한 예금을 모아두었던 여자친구는 순전히 나와 함께 지내기 위해 이런 결정을 내렸다.)

부모님 집으로 들어간 즉시 나는 프로젝트 규모를 대폭 줄였다. 무엇이든 제대로 하지 않을 것이라면 더 이상 할 필요가 없다고 생각했다. 내가 치르는 희생은 그만한 가치가 있어야 한다. 몇 주 후 나는 열흘 동안 완전히 고립된 채 생활하는 실험을 진행해 내 삶 속의 관계에 대해 고민해보기로 했다. 가족부터 친구, 애인, 심지어 길에서 마주치는 낯선 사람들까지 내 인생의 관계들로부터 한발 물러서자 사람들이 나의 생산성에 얼마나 중요한 존재인지가 명확하게 드러났다.

주위에 사람들이 없게 되자 일을 해내야겠다는 동기가 급격하게 추락했다. 연구 결과도 이를 뒷받침한다. 두 건의 연구에서 사무실 동료와 깊은 관계를 가질 때 업무 만족도가 50퍼센트 향상되는 것으로 확인됐다.[9] 또 친한 친구가 같은 직장에서 일할 때 업무에 깊

　　　　　　　　　　　　　자신에게 관대해지기

게 빠져들 확률이 7배 높은 것으로 나타났다.

아처에게 지금까지 자신의 연구에서 발견해낸 가장 흥미로운 사실이 무엇인지 물었더니 그는 "사회적 연결이 장기적인 행복감에 얼마나 대단한 예측 변수인가 하는 점"이라 답했다. 또 "사회적 관계가 자신의 수명을 당뇨나 고혈압, 흡연만큼이나 잘 예측해낸다는 사실"이라고도 말했다. 물론 사회적 관계의 예측은 다른 세 가지와 정반대 방향으로 성립한다.

보다 깊은 우정과 관계는 직장에서 더 많은 일을 성취할 수 있는 동력을 제공하고 우리를 더 행복하게 만들어 고무시킨다. 중요한 것은 업무 외의 영역에서 관계가 목적과 의미를 제공한다는 사실이다. 이는 전체 프로젝트 과정을 통틀어 내게 가장 강력한 깨달음을 주었다. 사람들 없이는 생산성도 무의미하다는 청천벽력 같은 깨우침이었다.

부모님 집의 지하실 방이 지독하게 불쾌했던 것만큼이나 나는 그곳에서 지내며 열정을 나만의 방식대로 펼칠 수 있다는 것이 얼마나 큰 행운인가를 깨달았다. 불과 며칠 사이에 나는 여기까지 이르는 데 도움을 주었던 모든 사람에게 감사함을 느꼈다. 여자친구와 그녀의 아버지가 아니었다면 프로젝트를 지속할 수 없었을 테고, 나는 어딘가에서 아무 의미 없는 일자리를 선택해야 했을 것이다. 나와 함께하고 내 웹사이트의 글을 읽은 사람들이 없었다면 내가 쓰는 글은 다른 사람들에게 아무런 도움이 되지 못했을 것이다.

사랑하는 가족이 없었다면 내 일에 대한 자신감은 현격하게 떨어졌을 것이다. 사랑하는 친구들이 없었다면 처음 프로젝트를 시작했을 때 끊임없이 기댔던 버팀목을 얻지 못했을 것이다. 내게 동기를 부여하고 목적을 제시했던 것은 나를 지지하고 도와주고 믿고 사랑해준 주위 사람들이었다. 나는 주위 사람들이 단순히 내 프로젝트가 존속할 수 있었던 이유가 아니라는 사실을 깨달았다.

내 프로젝트는 곧 그들을 위한 것이었다. 주위 사람들이야말로 내 일에 의미를 부여하고, 그때까지 진행했던 모든 일에 의미를 준 것도 바로 사람들이었다. 사람들은 우리가 하는 일을 계속하고 더 많은 것들을 성취하도록 스스로를 독려하는 이유다. 사람들 틈에 있을 때 우리는 더욱 행복하고 더욱 일에 빠져들게 되며 더욱 생산적이고 싶은 소망을 갖게 된다.

사람들이 곧 생산성의 이유다.

행복과 생산성의 상관관계

행복과 생산성은 늘 함께한다. 하지만 생산성에 투자하고자 하는 열정은 일정 부분 자신이 현재 상황에 완전히 만족하지 못하고 있다는 사실을 반영한다. 이는 내게 여러 차례에 걸쳐 한발 물러나 생산성을 끌어올리고 삶에 부여할 만한 가치가 있는 지점을 고민

자신에게 관대해지기

하게 한 몇 가지 갈등 중 하나였다. 한편으로 내 안의 불교 사상은 행복이 세상의 변화를 받아들이는 것에 지나지 않는다고 믿었고, 다른 한편으로 내 안의 투지는 늘 현재 위치에 만족하지 못한 채 어떤 이유에서든 더 많은 것을 성취하고 싶어 했다. 하지만 나는 지속적으로 행복을 높일 수 있는 방법을 찾아내는 한 온전하게 만족하지 않는 것이 긍정적이라는 사실을 깨닫게 됐다.

인류가 지난 수백만 년에 걸쳐 생존과 진화를 거듭한 것은 한 종種으로서 우리가 단 한 차례도 현재 상태에 진정으로 만족하지 않았기 때문이다. 우리는 늘 더 거대한 발명품과 건물과 아이디어와 진보를 이루고 싶어 했다. 수백만 년 동안 인류가 끊임없이 서로 그리고 스스로 진보하도록 동기를 부여한 사실은 매우 긍정적인 일이며, 당신이 지금 이 책을 읽고 있는 이유이기도 하다.

인쇄술이 없었다면 이런 생각과 8만 단어를 사람들에게 전파할 길이 없었을 것이다. 인터넷이 존재하지 않았다면 블로그를 통해 수백만 명의 사람들과 접촉하는 일은 생각조차 할 수 없었을 것이다. 언어가 없었더라면 지난 10년간 내가 연결한 점들과 이끌어낸 끈들을 표현할 수 없었을 것이다. 당신에게 더 나아지려는 소망이 없었다면 이 책을 집어들지 않았을 것이다. 패스트푸드 음식점의 슈퍼사이즈 메뉴들과 같이 진정한 만족감에 이르지 못했기 때문에 발생한 결과들이 있었지만 이들은 비용의 수백 배에 이르는 가치를 지닌다. 이런 불만족이 오늘날까지 인류가 진화해온 이유다.

프로젝트 과정에서 나는 생산성에 대한 최고의 자세는 매우 이상하지만 절대 만족하지 않는 것이라는 사실을 깨달았다. 다만 행복을 높이기 위한 방법을 끊임없이 추구해야 한다. 다행히도 생산성은 올바른 방향으로 이뤄질 경우 행복의 열쇠가 되는 데서 그치지 않는다. 행복은 생산성의 열쇠 중 한 가지다.

생산성을 높이는 과정에서 자신에게 너그러울수록 더욱 생산적으로 바뀔 것이다.

그리고 1년 후

예상 소요 시간 **2분 14초**

　고든 램지 Gordon Ramsay 같은 유명 요리사가 파리 날리는 음식점을 찾아 장소와 메뉴를 변신시키는 요리 방송을 볼 때마다 나는 살짝 실망한다. 방송이 나가고 1년쯤 지난 후 그 음식점을 다시 방문하지 않기 때문이다. 그런 방송은 일반적으로 모 아니면 도다. 절반가량의 음식점은 조언을 받은 대로 번창하지만 나머지 절반은 예전의 방식으로 돌아가거나 그보다 더 악화된다. 변신은 늘 흥미를 유발하는 방송 소재이지만 대부분 영속하지 못한다.

　나는 1년간의 생산성 실험을 마치고 1년 후에 이 책을 썼다. 프로젝트 종료 후 1년 이상 지난 셈이다. 내가 만약 이런 종류의 책을 읽었다면 가식적인 요리 방송을 보면서 느꼈던 것과 똑같은 의문을 품었을 것이다. 그 변화들이 일상에 뿌리내렸을까. 그 생산성 사나이는 예전의 방식으로 돌아가지 않았을까. 간단히 말하면 대답은 변화들이 일상에 자리 잡았다. 한 가지도 빠짐없이 모든 변화들이 지금까지 계속되고 있다.

1년간의 생산성 프로젝트에서 내가 가장 좋아하는 부분은 내가 읽었던 모든 것들을 실제 실험으로 옮겼고, 이를 통해 효과를 내는 기법과 그렇지 않은 것들을 가려냈다는 사실이다. 솔직히 말하면 내가 접한 간단한 조언이나 생산성 기법들 중 절반가량은 아무런 효과를 내지 못했다. 미루어 짐작하겠지만 이것들은 대부분 이 책에 소개하지 않았다. 모든 사람이 매일 더 많은 것을 해내고 싶어 하고 의미 있고 영향력 있는 일을 하기 위해 더 많은 시간을 갖기를 원한다.

간단한 생산성 기법들은 현란하지만 직장에서 유행하는 다이어트와 같다. 처음 몇 주 동안 약간의 체중을 줄일 수는 있겠지만 장기적으로 실질적인 성취는 전혀 없다. 실질적인 성취를 이루는 데는 실행이 따라야 한다. 이 책에 소개한 기법들 중 일부는 손쉬운 영역에 해당하지만 대부분은 많은 시간과 집중력과 에너지를 요구하며 실질적인 효과를 가져다준다.

나는 생산성에 큰 의미를 두기 때문에 이 기법들을 끝까지 고수했다. 이 기법들은 당신에게도 같은 효과를 낼 것이다. 중요한 것은 계속해나가는 힘이다. 이것만큼은 피할 수 없는 사실이다. 더욱 생산적으로 변하는 달콤한 상상에서 실제 매일 더 많은 것을 성취하는 단계로 도약하려면 반드시 공을 들여야 한다.

앞서 제시했던 것처럼 생산성은 세 가지 요소, 즉 시간과 주의력과 에너지로 구성된다. 지식경제시대의 최고 리더들은 이 세 가지를 모두 누구보다 잘 결합하는 이들이다. 마리 퀴리나 토머스 에디슨, 앨버트 아인슈타인, 제인 구달, 스티브 잡스는 모두 지금까지 인류가 목격한 가장 천재적인 아이디어와 발명품들을 세상에 탄생시켰다. 이들 역시 다른 사람들과 마찬가지로 하루 24시간의 시간을 가졌다. 이들과 다른 사람들, 혹은 기업 경영자들과 그들을 위해 일하는 직원들 사이의 차이점은 매일 얼마나 많은 시간을 가졌는가가 아니다. 그들은 시간과 집중력과 에너지를 효율적으로 관리하는 방법을 알고 각각을 보다 의식적으로 소모하기 위해 부단한 노력을 기울였다.

과거에 이 방법이 효과를 낸 것처럼 미래에도 마찬가지일 것이다. 생산성의 세 가지 요소를 모두 결합해 누구보다 더 의식적으로 일하는 사람들에게 미래가 열릴 것이다.

진짜 특별한 감사

한 가지 고백할 것이 있다. 이제까지 책을 읽으면서 감사의 말을 읽은 적이 거의 없었다. 그런데 이 책을 쓰면서 감사의 말이 얼마나 특별한 것인가를 깨닫게 됐다. 이 책이 세상에 나오기까지 지난 2년간 너무도 많은 사람들이 큰 힘이 됐다. 이들에 대한 고마운 마음을 전하는 데는 수천 쪽도 부족하다.

먼저 편집자 로저 숄^{Roger Scholl}에게 감사한다. 그는 시작부터 이 책에 믿음을 가지고 집필 과정에서 헤아릴 수 없이 많은 수정을 할 수 있는 재량을 허락했다. 집필에 필요한 자료 조사 과정에서 출판 인과 편집자가 함께 일하는 것이 무척 어렵다는 사실을 알고 약간

기겁했다. 하지만 나와 함께 일했던 펭귄랜덤하우스Penguin Random House의 모든 직원들은 이와 대조적이었다. 로저도 그중 한 사람이다. 그는 지금까지 내가 만난 사람들 중 가장 친절한 인물이다. 집필 과정에서 나의 성가신 질문들을 깊은 아량으로 인내했고 이 책을 훨씬 완성도 있게 만들었다. 마케팅에 힘써준 에일렛 그룬스펙트Ayelet Gruenspecht와 메건 페리트Megan Perritt, 캠벨 와튼Campbell Wharton, 오웬 해니Owen Haney 그리고 출판을 담당했던 티나 컨스터블Tina Constable에게도 고마움을 전한다. 이 프로젝트에 이보다 더 멋진 팀이란 상상할 수 없다.

물론 단순히 뉴욕의 랜덤하우스 타워에 걸어가 로저의 책상에 출간제안서를 툭 던졌던 것은 아니다. 내 에이전트 루신다 블루멘펠드Lucinda Blumenfeld가 도와주었고 그녀 없이는 이 책이 세상에 탄생할 수 없었을 것이다. 루신다는 시작 단계부터 마지막까지 프로젝트 과정에 나와 함께했고, 그녀보다 더 좋은 파트너는 생각할 수 없었다. 지난 2년 사이 루신다는 단순히 신뢰할 만한 비즈니스 파트너를 넘어 나와 내 커리어 그리고 그 이상의 것들을 숙고하게 해주는 좋은 벗이 됐다. 정말 고마워, 루신다!

내 여자친구 아딘이 생산성 프로젝트에 대해 듣고 친구들에게서 받은 질문 중 한 가지는 "그런 얼빠진 짓을 도대체 어떻게 참아줬어?"였다. 처음 프로젝트를 시작했을 때 수많은 사람들이 나를 미친 사람으로 여겼지만 아딘은 첫날부터 줄곧 나를 믿고 지지했다.

감사의 말

내 프로젝트와 이 책은 아딘이 없었더라면 단연코 이뤄질 수 없었을 것이다. 이 책은 내 것인 만큼 아딘의 것이다. 고마워, 아딘!

집필 과정에서 자료 조사를 도와준 빅토리아 클라센Victoria Klassen과 루이제 요르겐센Luise Jorgensen에게도 감사한다. 두 분 고맙습니다! 여기 몇몇 쪽의 실수는 전적으로 내 책임이다. 독자들이 알아차리는가를 알아보기 위해 고의적으로 몇 가지 오류를 집어넣었다.

생산성의 해에 도움을 준 모든 이들, 특히 순수하게 내가 뭔가 신선한 것을 만들어내는 데 힘이 되어주고 싶어 어떤 대가도 바라지 않고 기꺼이 지원해준 이들에게 감사한다. 여기에는 프로젝트의 초기에 아이디어를 구체화하는 데 도움을 주었던 짐 레일Jim Reil과 크리스 오고르맨Chris O'Gorman, 토드 루카사비트Todd Luckasavitch, 필 콜Phil Cole이 포함된다. ETC프로덕션의 새뮤얼 카론Samuel Caron과 알렉산더 데자르댕Alexandre Desjardins, 칼로스 로페즈Carlos Lopez는 생산성의 해의 마지막 동영상을 기획했고, 라이언 왕Ryan Wang과 잭 로바트Zack Lovatt, 크리스 소브Chris Sauve는 새해 목표 가이드북의 디자인과 애니메이션, 프로그램에 도움을 주었다. 웹사이트를 지원한 베벌리 미첼Beverly Mitchell과 라이언 월퐁Ryan Wilfong, 체지방 실험 과정에 힘이 되어준 레이첼 캐번Rachel Caven과 제니 비해리Jenni Beharry, 원고에 담을 사진을 촬영한 에린 머피Erin Murphy, 마지막으로 프로젝트에 기여해준 모든 분들에게 고마움을 전한다. 프로젝트를 시작했을 때 웹사이트에 구독자들이 내 작업이 가치 있다고 판단될 경우 기여할 수 있는 창구를 마련했다. 응원해준 모든 분들에게 감사한다.

그 밖에 프로젝트 과정에 개인적인 성원을 보냈던 이들에게도 고마움을 전한다. 내 누이 에밀리 베일리Emily Bailey와 부모님, 댄 트레비사누토Dan Trevisanutto, 스티브와 헬렌 노드스트롬Steve and Helene Nordstrom 부부, 더블린의 매리와 데스, 해리, 존 크롭Jon Krop과 앤드류 페요르Andrew Payeur에게도 감사하는 마음이다. 그리고 이 책을 선택하고 시간을 내어 글을 읽고 마지막까지 관심을 보여준 독자에게 고마움을 전한다. 당신은 멋지다.

마지막으로 캠프퀄리티의 모든 분들에게 감사한다. 특히 매슈 퍼킨스Mathew Perkins와 모든 캠프 참가자, 캠프 카운슬러들에게 고마운 마음을 전한다. 이들은 해마다 캠프에 참가해 어떤 대가도 바라지 않고 훌륭한 공동체에 자신을 바친다. 이들이 준 감동이 없었다면 이 책을 쓸 수 없었을 것이다. 이 책은 당신을 위한 것이다.

크리스 베일리

나만의 소망길을
찾아 나서다

"삶을 바꿀 수 있는 길은 가까이에 있다. Direction is more important than speed. Many go nowhere fast."

내 친구가 종종 하는 얘기다. 정곡을 찌르는 얘기다. 속도보다 방향이 더 중요하다. 그런데 얼마나 많은 사람들이 어디로 향하는가를 알지 못한 채 전력질주하고 있는가. 이 책의 저자도 같은 목소리를 내고 있다. "사방팔방에 존재하는 것은 어디에도 존재하지 않는 것이다."

개인적으로 나는 자기계발서를 즐겨 읽지 않는다. 실제 내 삶에 변화를 가져온 책이 지극히 드물기 때문이다. 실제 삶에 적용하기에는 지나치게 개념적이거나 추상적이거나 혹은 나와는 DNA 자체가 다른 이들이 살아낸 철칙에 감탄하며 나의 현주소를 다시 확인하는 데 그치는 일이 다반사였다.

책장을 넘길수록 저자인 크리스 베일리의 이야기에 빠져들었던 것은 내 일상과 동떨어지지 않은 현실을 무대로 크고 작은 변화를 실제로 이룰 수 있는 새로운 것들에 눈을 뜨게 했기 때문이다. 저자가 집어든 생산성이라는 주제는 사실 새롭거나 획기적인 발상이 아니다. 누구나 알고 있는 사안이고 수많은 기업들이 늘 고민하는 문제다.

세상 사람들 입에 늘 회자되는 주제를 십 대 시절부터 파고들었던 저자는 이를 더욱 심층적으로 연구하기 위해 사람들이 생각하는 '올바른 방향'과 전혀 다른 길을 택했다. 두 건의 취업 기회를 포기한 생산성 연구는 대학원 진학이나 그 밖에 일반적으로 생각해 낼 수 있는 방법과도 달랐다. 1인 연구소 형태를 취한 연구를 통해 저자는 보편적인 주제에서 새롭고 획기적인 개념들과 발상들을 끄집어냈다. 저자는 유행하는 다이어트와 같은 방법으로는 절대 생산성을 향상시킬 수 없다고 힘주어 말한다. 그리고 자신의 말대로 유행하는 다이어트가 아니라 '요요' 없는 건강한 생산성 전략을 제시했다.

일을 열심히 할 것이 아니라 지혜롭게 해야 한다는 조언은 시작에 불과하다. 왜 생산적이어야 하는가, 어느 부분에서 생산적이어야 하는가라는 문제에서 출발점을 제시한 저자는 더욱 생산적이기 위해 시간뿐 아니라 주의력과 에너지를 관리하기 위한 실질적인 전략을 내놓았다. 특정 업무를 누구나 기피하고 골치 아파하는 이유가 무엇인가, 그런 꼴 보기 싫은 업무와 친해져야 하는 이유가 무엇이며 또 어떻게 친해질 수 있는가를 생산성 측면에서 저자는 시원하게 답을 제시했다.

이 책에서는 기존의 발상에 대한 도전도 적지 않게 발견된다. 중요한 일을 할 때 시간 할애를 늘리는 것이 아니라 오히려 줄여야 한다거나, 일을 많이 하는 것이 아니라 적게 해야 한다는 주장은 고개를 갸우뚱하게 하지만 저자는 설득력 있게 얘기를 풀어낸다. 멀티태스킹이 유능함을 인정받을 수 있는 주요 통로로 인식되는 기존 시스템에서 그 허상을 과학적으로, 실험적으로 입증한 한편 싱글태스킹의 우월성을 밝힌 점도 저자의 역발상에 해당한다. 분주하지만 그로 인해 어떤 것도 성취하지 못한다면 게으른 것과 전혀 다를 바가 없다는 저자의 따끔한 충고는 업무로 인해 바쁘고 피곤하다는 이유로 열심히 살고 있다거나 혹은 생산적이라 착각하는 이들을 부끄럽게 한다.

책의 곳곳에서 새로운 발상을 접하게 되는 것은 저자의 얘기를 읽는 재미 가운데 한 가지다. 미래 시점의 자신을 만나도록 기회를 열어준 것이 대표적인 사례. 할 일을 미루는 것이나 미래 준비를 게을리하는 것, 건강 관리에 소홀한 것이 모두 짧게는 일주일 길게는 10년 후 만나게 될 미래의 자신을 낯선 사람으로 취급하는 태도라는 지적은 실생활 속에서 크고 작은 변화를 이끌어낸다.

몸소 단행한 25가지 실험을 기반으로 생산성에 대한 아이디어를 제시한 책의 특성상 속된 말로 빼먹을 것이 많다는 내 생각에 독자들도 공감하리라 믿는다. 이메일부터 페이스북까지 만들어내야 하는 패스워드가 수백 가지에 이른다 하더라도 고민하지 않고 한 가지 원칙으로 풀어낼 수 있는 해법을 책 속에서 찾아보길 바란다.

운동부터 회사 업무까지 해야 하지만 하기 싫은 일들을 재미있게 해낼 수 있는 '한 수'도 찾아내보길 바란다. 평소 혐오스럽다고 생각하는 일들이 실제로 생각하는 것만큼 혐오스럽지 않다는 사실을 깨우치는 보너스도 챙기길 바란다.

평소 습관 가운데 생산성을 크게 해치는 것들이 있는가. 습관적으로 스마트폰으로 게임을 하다가 시간을 뺏기거나 습관적으로 군것질을 해서 다이어트를 망치는가. 끊고 싶지만 매번 굴복하고 마는 많은 습관적인 행동들을 생각 속에서 깨끗하게 몰아낼 수 있는 비법 역시 이 책에서 찾을 수 있길 바란다.

나는 책을 읽고 옮기며 생산성에 관한 노하우를 배우는 것을 넘어 저자의 가치관에 대해 강한 인상을 받았다. 초등학교 입학 전부터 성공적인 삶을 위해 인습적인 진로와 소위 스펙을 바이블처럼 여기는 세상에 자신의 모든 것을 바쳐 몰입하고 싶은 무언가가 있다는 것이 많은 사람들에게 신선함을 느끼게 하기에 충분하다.

저자의 경쟁력은 남들과 다른 길을 택한 데서 그치지 않는다. 그는 자신이 결단한 일을 누구나 기대할 수 있는 수위를 넘어 말 그대로 훌륭하게 해냈다. 생산성이라는 주제를 파헤치기 위해 시간 관리나 시간 일지 작성은 물론 뇌 구조와 커피의 생물학적 영향, 숙면을 취할 수 있는 노하우까지 깊이 있게 연구했다. 대학교수들의 논문을 섭렵했을 뿐 아니라 심층적인 정보를 제공하기 위해 각 분야의 전문가들을 직접 만나 인터뷰했고, 다소 극단적이라 할 만한 실험들을 몸소 해내는 등 연구의 범위와 깊이가 또 한 차례 깊은 인상을 주었다.

남들과 다른 길을 택한 저자는 기존의 사회 시스템에 반항하는 철없는 젊은이 혹은 대학 졸업 후 생활의 전선에 뛰어들기를 꺼리는 나약한 캥거루족과 다르다는 점을 확실하게 보여주었다. 이 정도라면 두 건의 취업 기회를 마다할 만한 자격이 충분하다는 주제 넘는 평가를 하게끔 했다.

그 결과는 어떨까. 이후 저자의 삶은 어떻게 전개되고 있을까. 이 부분에 대해 그는 구체적인 언급을 전혀 하지 않았다. 다만 인습적인 관점에서 이런 궁금증을 가진 독자라면 한 가지 힌트를 엿볼 수 있다. 책의 어느 부분에 저자는 '스물여섯 살에 집을 소유할 수 있는 여건을 갖추었다'고 밝혔다. 대학 졸업 직후 1년간의 투자가 세상 사람들에게 소중한 책 한 권을 생산한 한편 저자의 개인적인 삶도 '세상적인' 시각으로 볼 때 꽤나 쏠쏠한 결실을 안겨준 사실을 엿보게 하는 대목이다.

미국 20~30대 청년의 절반 이상이 독립하지 못한 채 부모와 같이 생활하는 현실에 저자의 말대로 '한발 물러나 생각해볼 필요가 있는 문제'로 여겨진다. 방향에 대한 고민 없이 대다수의 사람들이 택하는 길을 따르는 것이 아니라 이 책을 계기로 자신만의 '소망길'을 찾아보면 어떨까.

뉴욕에서 황숙혜

주

들어가는 말·서문

1 Bureau of Labor Statistics, "American Time Use Survey," last modified September 30, 2014, http://www.bls.gov/tus/charts.

2 Charles Kenny, "Factory Jobs Are Gone. Get Over It," *Bloomberg Business*, January 23, 2014, accessed June 1, 2015, http://www.bloomberg.com/bw/articles/2014-01-23/manufacturing-jobs-may-not-be-cure-for-unemployment-inequality.

CHAPTER 1 중요한 일부터 먼저 한다

1 Catherine Gale and Christopher Martyn, "Larks and Owls and Health, Wealth and Wisdom," *British Medical Journal* 317, no. 7174 (1998): 1675–1677.

2 Brian Tracy, *Eat That Frog* (San Francisco: Berrett-Koehler Publishers, 2007).

3 *Zenhabits Blog*, "Purpose Your Day: Most Important Task (MIT)," February 6, 2007, http://zenhabits.net/purpose-your-day-most-important-task; Gina Trapani, "Geek to Live: Control Your Workday," *Lifehacker Blog*, July 14, 2006, http://lifehacker.com/187074/geek-to-live-control-your-workday.

4 Peter M. Gollwitzer, "Implementation Intentions, Strong Effects of Simple Plans," *American Psychologist* 54, no. 7 (1999): 493–503.

5 Jeanne F. Duffy, David W. Rimmer, and Charles A. Czeisler, "Association of Intrinsic Circadian Period with Morningness–Eveningness, Usual Wake Time, and Circadian Phase," *Behavioral Neuroscience* 115, no. 4 (2001): 895–899.

6 Sam Carpenter, *Work the System* (Greenleaf Book Group Press, 2011).

7 B. J. Shannon et al., "Morning-Evening Variation in Human Brain Metabolism and Memory Circuits," *Journal of Neurophysiology* 109, no. 5 (2013): 1444–1456, accessed June 1, 2015, doi:10.1152/jn.00651.2012; Olga Khazan, "When Fatigue Boosts Creativity," *The Atlantic*, March 20, 2015, http://www.theatlantic.com/health/archive/2015/03/when-fatigue-boosts-creativity/388221/.

8   Kaiser Permanente, "Keeping a Food Diary Doubles Diet Weight Loss, Study Suggests," *ScienceDaily*, July 8, 2008.

CHAPTER 2 생산적으로 일 미루는 법

1   Piers Steel, *The Procrastination Equation: How to Stop Putting Things Off and Start Getting Stuff Done* (New York: HarperCollins Pub-lishers, 2012), 11.

2   Aaron Gouveia, "2014 Wasting Time at Work Survey," accessed June 1, 2015, http://www.salary.com/2014-wasting-time-at-work/slide/2/.

3   Peter M. Gollwitzer, "Implementa-tion Intentions: Strong Effects of Simple Plans," *American Psychologist* 54, no. 7 (1999): 493–503.

4   Jonathan Haidt, *The Happiness Hypothesis* (New York: Basic Books, 2006), 11.

5   J. A. Vilensky, G. W. Van Hoesen, and A. R. Damasio, "The Limbic System and Human Evolution," *Journal of Human Evo-lution* 11, no. 6 (1982): 447-60.; Jonathan Haidt, "The New Synthesis in Moral Psychology," *The American Associaton for the Advancement of Science* 316, no. 5827 (2007): 998–1002.

6   Ibid.

7   IBIS World, "Tax Preparation Services in the US: Market Research Report," April 2015, http://www.ibisworld.com/industry/default.aspx?indid=1399.

8   *The Turbotax Blog*, April 11, 2013, http://blog.turbotax.intuit.com/2013/04/11/turbotax-top-10-procrastinating-cities-infographic/.

9   Rita Emmett, *The Procrastinator's Handbook: Master-ing the Art of Doing It Now* (New York: Walker Publishing Company, 2000).

10   Hal E. Hershfield, Daniel G. Goldstein, William F. Sharpe, Jesse Fox, Leo Yeykelis, Laura L. Carstensen, and Jeremy N. Bailenson, "Increasing Saving Behavior Through Age-Progressed Renderings of the Future Self," *Journal of Marketing Research* 48, no. SPL (2011): S23–S37.

11   Hal E. Hershfield, Taya R. Cohen, and Leigh Thompson, "Short Horizons and Tempting Situations: Lack of Continuity to Our Future Selves Leads to Unethical Decision Making and Behavior," *Organizational Behavior and Human Decision Processes* 112, no. 2 (2012): 298–310, doi:10.1016/j.obhdp.2011.11.002.

12   Nicholas Carr, *The Shallows: What the Internet Is Doing to Our Brains* (W.W. Norton&Company, 2011).

13   Aaron Gouveia, "2014 Wasting Time at Work Survey," Salary.com, accessed June 1, 2015, http://www.salary.com/2014-wasting-time-at-work/slide/6.

CHAPTER 3 오래 일하지 마라

1   Charles Kenny, "Factory Jobs Are Gone. Get Over It," *Bloomberg Business*, January 23, 2014, accessed June 1, 2015, http://www.bloomberg.com/bw/articles/2014-01-23/manufacturing-jobs-may-not-be-cure-for-unemployment-inequality; Bureau of Economic Analysis, U.S. Department of Commerce, "New Quarterly Statistics Detail Industries' Economic Performance. Statistics Span First Quarter of 2005 through Fourth Quarter of 2013 and Annual Results for 2013," April 25, 2014, http://www.bea.gov/newsreleases/industry/gdpindustry/2014/pdf/gdpind413.pdf.

2   Ben Hughes, "Why Crunch Mode Doesn't Work," *InfoQ Blog*, January 10, 2008, http://www.igda.org/?page=crunchsix lessons.

3   Sara Robinson, "Bring Back the 40-Hour Work Week," *Salon News*, March 14, 2012, http://www.salon.com/2012/03/14/bring_back_the_40_hour_work_week/.

4   Bob Sullivan, "Memo to Work Martyrs: Long Hours Make You Less Productive," *Today*, January 26, 2015, http://www.today.com/money/why-you-shouldnt-work-more-50-hours-week-2D80449508.

5   "Maker's Schedule, Manager's Schedule," *Paul Graham Blog*, July 2009, http://www.paulgraham.com/makersschedule.html.

6   Winifred Gallagher, *Rapt: Attention* 107 *and the Focused Life* (New York: Penguin Books, 2010).

CHAPTER 4 주의력은 무조건 사수한다

1   William Beaty, "The Physics Behind Traf-fic Jams," *SmartMotorist.com*, accessed June 1, 2015, http://www.smartmotorist.com/traffic-and-safety-guideline/traffic-jams.html.

2   Karen Renaud, Judith Ramsay, and Mario Hair, "'You've Got E-Mail!'... Shall I Deal with It Now? Electronic Mail from the Recipient's Perspective," *International Journal of Human-Computer Interaction* 21, no. 3 (2006): 313–332.

3   Verizon, "Meetings in America: A Study of Trends, Costs, and Attitudes Toward Business Travel and Teleconferencing, and Their Impact on Productivity," accessed June 1, 2015, https://e-meetings. verizon business. com/global/en/meeting sinamerica/uswhitepaper.php; OfficeTeam, "Let's

Not Meet," accessed June 1, 2015, http://officeteam.rhi.mediaroom.com/ meetings.

4   Karen Renaud, Judith Ramsay, and Mario Hair, "'You've Got E-Mail!'... Shall I Deal with It Now? Electronic Mail From the Recipient's Perspective," *International Journal of Human-Computer Interaction* 21, no. 3 (2006): 313–332.

5   Oxford Dictionaries, Oxford University Press, "The OEC: Facts about the Language," accessed June 1, 2015. http://www.oxford dictionaries.com/ words/the-oec-facts-about-the-language.

CHAPTER 5 더 나아가기 위한 점검

1   Thomas C. Brickhouse and Nicholas D. Smith, *Plato's Socrates* (New York: Oxford University Press, 1994); Walter J. Ong, *Orality and Literacy: The Technologizing of the Word* (New York: Routledge, 2002), http://dss-edit.com/ prof-anon/sound/library/Ong_orality_and_literacy.pdf.

2   George A. Miller, "The Magical Number Seven, Plus or Minus Two. Some Limits on Our Capacity for Processing Information," *Psychological Review* 101, no. 2 (1994): 343–352.

3   Bluma Zeigarnik, "Das Behalten erledigter und uner-ledigter Handlungen," *Psychologische Forschung* 9 (1927): 1–85.

4   Steve Whittaker et al., "Am I Wasting My Time Or-ganizing Email? A Study of Email Refinding," IBM Research-Almaden, 2011, http://people.ucsc. edu/~swhittak/papers/chi2011_refinding_email_camera_ready.pdf.

5   Ayelet Fishbach and Ravi Dhar, "Goals as Ex-cuses or Guides: The Liberating Effect of Perceived Goal Progress on Choice," *Journal of Consumer Research* 32, no. 3 (2005): 370–377.

6   Mary Meeker, "Internet Trends 2015–Code Conference," Kleiner, Perkins, Caufield, Byers, 2015, http://www.kpcb.com/internet-trends.

7   Bureau of Labor Statistics, "American Time Use 170 Survey," last modified September 30, 2014, http://www.bls.gov/tus/charts.

8   Ap Dijksterhuis et al., "On Mak-ing the Right Choice: The Deliberation-Without-Attention Effect," *Science* 311, no. 5763 (2006): 1005–1007.

9   J. David Creswell, James K. Bursley, and Ajay B. Satpute, "Neural Reactivation Links Unconscious Thought to Decision Making Performance," *Social Cognitive and Affective Neuroscience* 8, no. 8 (2013): 863–869,

doi:10.1093/scan/nst004.

10 Jonathan Hasford, "Should I Think Care-fully or Sleep on It?: Investigating the Moderating Role of Attribute Learning," *Journal of Experimental Social Psychology* 51 (2014): 51–55; J. D. Payne, M. A. Tucker, J. M. Ellenbogen, E. J. Wamsley, M. P. Walker, D. L. Schacter, et al., "Memory for Semantically Related and Unrelated Declarative Information: The Benefit of Sleep, the Cost of Wake," *PLoS ONE* 7, no. 3 (2012): e33079, doi:10.1371/journal.pone.0033079.

11 Ronald W. Clark, *Einstein: The Life and Times* (New York: World Publishing, 1971), 106.

12 Kelly McGonigal, *The Willpower In-stinct* (New York: Avery, 2012).

CHAPTER 6 주의력 근육 단련하기

1 Matthew A. Killingsworth and Daniel T. Gilbert, "A Wandering Mind Is an Unhappy Mind," *Science* 330, no. 6006 (2010): 932.

2 Yi-Yuan Tang and Michael Posner, "Attention Training and Attention State Training," *Trends in Cognitive Sciences* 13, no. 5 (2009): 222–27.

3 Matt Richtel, "Lost in E-Mail, Tech Firms Face Self-Made Beast," *New York Times,* June 14, 2008, accessed June 1, 2015, http://www.nytimes.com/2008/06/14/technology/14email.html.

4 Steve Lohr, "Is Information Overload a $650 Billion Drag on the Economy?" *Bits Blog New York Times*, December 20, 2007, http://bits.blogs.nytimes.com/2007/12/20/is-information-overload-a-650-billion-drag-on-the-economy/.

5 Maggie Jackson, *Distracted* (Amherst, NY: Prometheus Books, 2008); Marci Alboher, "Fighting a War Against Distraction," *New York Times,* June 22, 2008, http://www.nytimes.com/2008/06/22/jobs/22shifting.html.

6 Gloria Mark, Victor M. Gonzalez, and Justin Harris, "No Task Left Behind? Examining the Nature of Fragmented Work." *Proceedings of the SIGCHI Conference on Human Factors in Computing Systems*, ACM, 2005.

7 Sam Anderson, "In Defense of Distrac-tion," accessed June 1, 2015, *New York* magazine, http://nymag.com/news/features/56793/.

8 Shawn Achor, *The Happiness Advantage: The Seven Principles of Positive Psychology That Fuel Success and Perfor-mance at Work* (New York: Random House, 2011).

9   D. O. Hebb, *The Organization of Behav-ior* (New York: Wiley & Sons, 1949).

10 "The Addicted Brain," Harvard Health Publication, June 9, 2009, http://www.health.harvard.edu/mind-and-mood/the_addicted_brain.

11 Daniel Levitin, *The Organized Mind: Thinking Straight in the Age of Information Overload* (Westminster, Lon-don: Penguin UK, 2015).

12 John Medina, *Brain Rules: 12 Principles for Surviving and Thriving at Work, Home, and School* (Edmunds, WA: Pear Press, 2008); Joshua Rubinstein, David Meyer, and Jeffrey Evans, "Executive Control of Cognitive Processes in Task Switching," *J Exp Psych* 27 (2001): 763–771; N. F. Ramsey, J. M. Jansma, G. Jager, T. Van Raalten, and R. S. Kahn, "Neurophysi-ological Factors in Human Information Processing Capacity," *Brain* 127 (2003): 517–525; Stephen Monsell and Jon Driver, *Control of Cognitive Processes: Attention and Performance XVIII* (Cambridge, MA: MIT Press, 2000).

13 Eyal Ophir, Clifford Nass, and Anthony D. 195 Wagner, "Cognitive Control in Media Multitaskers," *Proceedings of the National Academy of Sciences* 106, no. 37 (2009): 15583–15587.

14 Adam Gorlick, "Media Multitaskers Pay Mental Price, Stanford Study Shows," *Stanford Report*, August 24, 2009, http://news.stanford.edu/news/2009/august24/multitask-research-study-082409.html.

15 Mark W. Becker, Reem Alzahabi, and Christopher J. Hopwood, "Media Multitasking Is Associated with Symp-toms of Depression and Social Anxiety," *Cyberpsychology, Behavior, and Social Networking* 16, no. 2 (February 2013): 132–135, doi:10.1089/cyber.2012.0291.

16 Bill Breen, "The 6 Myths of Creativity," *Fast Company*, December 1, 2004, http://www.fastcompany.com/51559/6-myths-creativity.

17 Matthew A. Killingsworth and Daniel T. Gilbert, "A Wandering Mind Is an Unhappy Mind," *Science* 330, no. 6006 (2010): 932.

18 Ibid.

19 Sara W. Lazar et al., "Functional Brain Mapping of the Relaxation Response and Meditation," *Neuroreport* 11, no. 7 (2000): 1581–1585; Sara W. Lazar, "The Neurobiology of Mindfulness," in *Mindfulness and Psychotherapy*, ed. Christopher K. Germer, Ronald D. Siegel, and Paul R. Fulton (New York: Guilford, 2013), 282–295.

20 Caroline Williams, "Concentrate! How to Tame a Wander-ing Mind," BBC, October 16, 2014, http://www.bbc.com/future/story/20141015-concentrate-how-to-focus-better.

21 Daphne M. Davis and Jeffrey A. Hayes, "What Are the Benefits of

Mindfulness?," *Monitor on Psychology* 43, no. 7 (2012), http://www.apa.org/monitor/2012/07-08/ce-corner.aspx; Sue McGreevey, "Eight Weeks to a Better Brain," *Harvard Gazette*, January 21, 2011, http://news.harvard.edu/gazette/story/2011/01/eight-weeks-to-a-better-brain; Erik Dane and Bradley J. Brummel, "Examining Workplace Mindfulness and Its Relations to Job Performance and Turnover Intention," *Human Relations* 67, no. 1 (2013): 105–128, doi:10.1177/0018726713487753; Sara Lazer et al., "Medita-tion Experience Is Associated With Increased Cortical Thickness," *Neuroreporter* 16, no. 17 (2005): 1893-1897; Michael Mrazek et al., "Mindfulness Training Improves Working Memory Capacity and GRE Performance While Reducing Mind Wandering," *Psychological Science* 24, no. 5 (2013): 776–81.

CHAPTER 7 에너지 재충전하기

1 Ferris Jabr, "Does Thinking Really Hard Burn More Calories?" *Scientific American*, July 18, 2012, https://www.scientificamerican.com/article/thinking-hard-calories. 219 (I know I'm not the only Richard A. Rawson, "Meth and the Brain," *Front-line*, February 14, 2006, http://www.pbs.org/wgbh/pages/frontline/meth/body/methbrainnoflash.html.

2 E. Leigh Gibson, "Carbohydrates and Mental Function: Feeding or Impeding the Brain?" *Nutrition Bulletin* 32, no. s1 (2007): 71–83; Michael Parsons, and Paul Gold, "Glucose Enhancement of Memory in Elderly Humans: An Inverted-U Dose–Response Curve," *Neurobiology of Aging* 13, no. 3 (1992): 401–404.

3 "Guide to Behavior Change," National Heart, Blood and Lung Institute, accessed June 1, 2015, http://www.nhlbi.nih.gov/health/educational/lose_wt/behavior.htm.

4 Liwei Chen et al., "Reduction in Con-sumption of Sugar-Sweetened Beverages Is Associated with Weight Loss," *American Journal of Clinical Nutrition* 89, no. 5 (2009): 1299-1306, http://www.ncbi.nlm.nih.gov/pmc/articles/PMC2676995/.

5 Irshaad O. Ebrahim et al., "Alcohol and Sleep I: Effects on Normal Sleep," *Alcoholism: Clinical and Experimental Research* 37, no. 4 (2013): 539–549.

6 "Sleep and Caffeine," American Academy of Sleep Medicine, August 1, 2013, http://www.sleepeducation.com/news/2013/08/01/sleep-and-caffeine; David M. Mrazik, "Reconsidering Caffeine: An Awake and Alert New Look at

America's Most Commonly Consumed Drug," 2004 Third Year Paper, http://nrs.harvard.edu/urn-3:HUL.InstRepos:8846793.

7   Joseph Stromberg, "This Is How Your Brain Becomes Addicted to Caffeine," Smithsonian.com, August 9, 2013, http://www.smithsonianmag.com/science-nature/this-is-how-your-brain-becomes-addicted-to-caffeine-26861037/?no-ist.

8   Brian R. Little, *Me, Myself, and Us: The Science of Personality and the Art of Well-Being* (New York: PublicAffairs, 2014).

9   Maria Konnikova, "How Caffeine Can Cramp Creativity," *The New Yorker*, June 17, 2013, http://www.newyorker.com/tech/elements/how-caffeine-can-cramp-creativity.

10   Steven Miller, "The Best Time for Your Cof-fee," October 23, 2013, *The BrainFacts Blog*, http://blog.brainfacts.org/2013/10/the-best-time-for-your-coffee; Miguel Debono et al., "Modified-Release Hydro-cortisone to Provide Circadian Cortisol Profiles," *Journal of Clinical Endocrinology & Metabolism* 94, no. 5 (2009): 1548–1554.

11   M. Boschmann et al., "Water Drinking Induces Thermogenesis Through Osmosensitive Mechanisms," *Journal of Clinical Endocrinology & Metabolism* 92, no. 8. (2007): 3334–3337, http://www.ncbi.nlm.nih.gov/pubmed/17519319.

12   American Chemical Society, "Clinical 233 Trial Confirms Effectiveness of Simple Appetite Control Method," August 23, 2010, http://www.acs.org/content/acs/en/pressroom/newsreleases/2010/august/clinical-trial-confirms-effectiveness-of-simple-appetite-control-method.html.

13   The Institute of Medicine, "Dietary Reference Intakes: Water, Potassium, Sodium, Chloride, and Sulfate," February 11, 2004, https://www.iom.edu/Reports /2004/Dietary-Reference-Intakes-Water-Potassium-Sodium-Chloride-and-Sulfate.aspx.

14   Susan M. Shirreffs, Stuart J. Merson, Susan M. Fraser, and David T. Archer, "The Effects of Fluid Restriction on Hydration Status and Subjective Feelings in Man," *British Journal of Nutrition* 91 (2004): 951–958, doi:10.1079/BJN20041149.

15   Sara Germano, "American Inactiv-ity Level Is Highest Since 2007, Survey Finds," *Wall Street Journal*, http://www.wsj.com/articles/american-inactivity-level-is-highest-since-2007-survey-finds-1429796821.

16   Daniel Lieberman, *The Story of the Human Body: Evolution, Health and Disease* (Westminster, London: Penguin UK, 2013), 217.

17   Matthew T. Schmolesky, David L. Webb, and Rodney A. Hansen, "The

Effects of Aerobic Exercise Intensity and Dura-tion on Levels of Brain-Derived Neurotrophic Factor in Healthy Men," *Journal of Sports Science & Medicine* 12, no. 3 (2013): 502–511; Chris C. Streeter et al., "Effects of Yoga Versus Walking on Mood, Anxiety, and Brain GABA Levels: A Randomized Controlled MRS Study," *Journal of Alternative and Complemen-tary Medicine* 16, no. 11 (2010): 1145–1152; M. Rottensteiner et al., "Physical Activity, Fitness, Glucose Homeostasis, and Brain Morphology in Twins," *Medicine & Science in Sports & Exercise* 47, no. 3 (2015): 509–518, doi:10.1249/MSS.0000000000000437.

18   U.S. Department of Transportation, National Highway Traffic Safety Administration, National Center for Statistics and Analysis, "Drowsy Driving," March 2011, http://www-nrd.nhtsa.dot.gov/pubs/811449.pdf.

19   Jeffrey M. Jones, "In U.S., 40% Get Less Than 246 Recommended Amount of Sleep," Gallup, December 19, 2013, http://www. gallup.com/poll/166553/less-recommended-amount-sleep.aspx.

20   Centers for Disease Control and Prevention, "Insufficient Sleep Is a Public Health Epidemic," last modified January 13, 2014, http://www.cdc.gov/features/dssleep.

21   Division of Sleep Medicine at Harvard Medical School, "Sleep, Performance, and Public Safety," last modified December 18, 2007, http://healthysleep. med. harvard.edu/healthy/matters/consequences/sleep-performance-and-public-safety.

22   Ibid.

23   Harvard Health Publications, "Blue light has a dark side," May 1, 2012, http://www.health.harvard.edu/staying-healthy/blue-light-has-a-dark-side.

24   K. Burkhart and J. R. Phelps, "Amber Lenses to Block Blue Light and Improve Sleep: A Randomized Trial," *Chronobiology International* 26, no. 8 (2009): 1602–1612, doi:10.3109/07420520903523719.

25   Derek Croome, *Creating the Productive Work-place* (London: E & FN Spon, 2000).

26   Catherine E. Milner and Kimberly A. Cote, "Benefits of Napping in Healthy Adults: Impact of Nap Length, Time of Day, Age, and Experience with Napping," *Journal of Sleep Research* 18, no. 2 (2009): 272–281, doi:10.1111/j.1365-2869.2008.00718.x.

27   WebMD, http://www.webmd.com/sleep-disorders/features/cant-sleep-adjust-the-temperature.

28   Sleep Number, "How to Sleep at the Perfect Tem-perature," accessed June 1,

2015, http://www.sleepnumber.com/eng/individual Needs/sleepTemperature.
cfm.

29   Catherine Gale and Chistopher Martyn, "Larks and owls and health, wealth,
      and wisdom," *British Medical Journal* 317, no. 7174 (1998): 1675–1677.

CHAPTER 8 프로젝트를 마치며

1   "Shawn Achor: The Happy Secret to Better Work," TED Talk,
      TEDxBloomington, 2011, http://www.ted.com/talks/shawn_achor_the_
      happy_secret_to_better_work?language=en; Shawn Achor, *The Happiness
      Advantage: The Seven Principles of Positive Psychology That Fuel Success and
      Performance at Work* (New York: Random House, 2011).

2   Lisa Evans, "The Exact Amount of Time You Should Work Every Day," *Fast
      Company*, September 15, 2014, http://www.fastcompany.com/3035605/how-
      to-be-a-success-at-everything/the-exact-amount-of-time-you-should-work-
      every-day.

3   John P. Trougakos et al., "Making the Break Count: An Episodic Examination
      of Recovery Activities, Emotional Experi-ences, and Positive Affective
      Displays," *Academy of Management Journal* 51, no. 1 (2008): 131–146.

4   Mihaly Csikszentmihalyi, *Flow* (Nether 259 lands: Springer, 2014).

5   Carol Dweck, *Mindset: The New Psychology of Success* (New York: Random
      House, 2006).

6   Hiroshi Nittono et al., "The Power of Kawaii: Viewing Cute Images Promotes
      a Careful Behavior and Narrows At-tentional Focus," *PLoS ONE* 7, no. 9
      (2012): e46362.

7   Shad Helmstetter, *What to Say When You Talk to Your Self* (New York: Simon
      and Schuster, 1990).

8   Raj Raghunathan, "How Nega-tive Is Your 'Mental Chatter'?" *Psychology
      Today*, October 10, 2013, https://www.psychologytoday.com/blog/sapient-
      nature/201310/how-negative-is-your-mental-chatter.

9   Gallup, "State of the American Workplace," 2012, http://www.gallup.com/
      services/178514/state-american-workplace.aspx; Tom Rath, *Vital Friends: The
      People You Can't Afford to Live Without* (New York: Gallup Press, 2006).

옮긴이 황숙혜

서강대학교 사학과를 졸업했다. 머니투데이에서 사회생활을 시작해 경제 및 금융기자로 일했고, 아시아경제 국제부 데스크를 거쳐 12년간 뉴스핌의 뉴욕 특파원으로 근무했으며 현재 뉴스핌 GAM(Global Asset Management)부 데스크로 있다. 지은 책으로《핵심 인재의 이력서에는 무엇이 있을까》,《증권 개념어 사전》등이 있고, 옮긴 책으로《미래 경제》, 《조지 소로스, 금융시장의 새로운 패러다임》,《저커버그처럼 생각하라》,《세계와 협상한 은행가》,《미스터 버핏, 한 수 부탁드립니다》등이 있다.

일하는 시간을 줄여드립니다

1판 1쇄 발행 2023년 11월 15일
1판 3쇄 발행 2024년 8월 19일

지은이 크리스 베일리
옮긴이 황숙혜

발행인 양원석 **편집장** 차선화 **책임편집** 박시솔
영업마케팅 윤우성, 박소정, 이현주, 정다은, 백승원

펴낸 곳 ㈜알에이치코리아
주소 서울시 금천구 가산디지털2로 53, 20층 (가산동, 한라시그마밸리)
편집문의 02-6443-8890   **도서문의** 02-6443-8800
홈페이지 http://rhk.co.kr
등록 2004년 1월 15일 제2-3726호

ISBN 978-89-255-7582-7 (03190)